地球まつりの旅

上

日垣宮主再臨紀行集

今日の話題社

馬は　時　を表わす
神は　瞳　に心を宿す
今　此の時　新生の神躍を招び奉らむ

題字　日垣宮主天栄人命書
本扉画・飛躍　日垣宮主天栄人命筆

祭祀の進行とともに
ピラミッド霊体が出現。

ポンペイの柱の前で祀る時
戦力湧出の光を撮る。

ヒマラヤ満月祭

宮主よりヒマラヤの神を祀る霊気が湧出し躍動する。

中国の神霊と宮主の交流神光。

ソルトレイクのまつり

8万柱の亡魂を鎮め祀る神光がみなぎる湖前。

黒龍潭の玄神が召請された。

巻頭の言葉

日垣宮主天栄人命　述

輪廻転生と言う
人は必ず生れ更《かわ》る
是れは理屈では無い　事実である。
私は其の前生に於いて幾度か　中国　泰西《たいせい》等に生れ数奇な運命を辿っている。
今　長年に亘る修行の一端を　まつりの旅と題して　日本国より発刊できることを無上の喜びとする。
人生は喜怒哀楽の音楽と知る。
然しながら
此の大地が　此の山河が　同じく喜怒哀楽の情念を湧かせ　其の情念の響きが地上の天候に及ぶとは知る者が少い。
ましてや天上の星が　人間の情念にも通う響きを表しているなど想像の外と思う。
私は　幼くして死の恐怖におの丶き　生への道をひたすら求め続け　其処《そこ》に神の道を知ったが　其の神は　頼り且つ祈る神では無かった。

私と共に地球と人類の栄光を希《ねが》う創造の神光であった。

其の光を　心の灯　に翳《かざ》して私は日本国中の神社や山々を訪れ　やがて海外に旅することになった。

私の旅は神との語り合いであった。

私にとって遊びとは祭祀である。

人に　一人〳〵の人生がある。

その人生は　悉《ことごと》く意義ある人生と思う
然《しか》しながら現在の私が地球の神々と語り且つ祈る人生図を　その人々に御覧いただき　お読みいたゞくことは　全ての人々の人生に地球の意識を伝える　伝え得る意味で　皆様方に無縁の　紀行文では無いと確信する。

私が初めて中国を訪れ　中国の聖地に於いて地球新生の祭祀をすることを希った時　中国の国土の精霊が私に向って言った。
〝中国と日本の間に昔から往来があって人々の交流があったが　其の折々　日本の国で亡くなった人々の霊魂を中国に戻して貰いたい。
その祭祀をして呉れたら　代りに　日本の国民が中国で亡くなっている　その人々の霊魂を日本国に差し戻しましょう〟と。

明治　大正　昭和　三代に亘って戦争が続き沢山の日本兵が中国で亡くなった。

けれどその亡き人々の霊魂は　日本国に帰国することを許されていないという幽界の事情があったのだ。

何故？

それは皆《み》んなで考えて貰いたい。

その人達の霊魂を故国に戻して差しあげることが出来る。

中国と日本国の友好は霊界から始まると言うことである。


その祭祀を　山東省　済南の趵突泉《ほうとつせん》で執り行うことが出来た。

今の世に生れた私が中国に於ける仕事始めである。

真心はどんなに尽しても尽くし足りないと思うのだが　写真に撮れている様に趵突泉全体が霊魂祭の斎場に変り　霊魂祀りをする霊魂の躍動が　光彩　になって出現した。


私は今迄にスイス・フランス・エジプト等々　さま〴〵な聖地で　其の国の民族の神々に交流し続け　地球崩壊と人類滅亡の予言を不要の物語にしたいと希い　天地を結ぶ祭祀をして来たが　時の流れが　私の紀行文を今出版してくれる事になった　それは天意であると信じている。

私の人生に光を灯してくれる心の友が世界中に居ることを信じて此の文を綴る。

一九九八年十一月十一日

地球まつりの旅　上巻　目次

十　旅はヒマラヤへ――288

十一　中国への初旅――335

下巻 目次

地球まつりの旅　上巻

はしがき

一九九八年二月　私は　私の心の命ずるまゝに　フィリッピン　ナスブの海で　戦火消滅の祭祀をしてきた。
危機をはらんでいた世界動乱の火が俄《にわか》に消えたのは此の祭祀のお陰であるなど、思い上っては居ないが　間違い無く　戦乱の火は寸前に消された。

第二次世界大戦が終って　地球に平和と繁栄が訪れると思った。
ところが　とんでもない方向に動乱の火が点《つ》いていた。
人間が　智力　を尽くして開発する行手《ゆくて》に人類と地球の崩潰《ほうかい》と滅亡の未来図が出てきた。
地球の空に穴が開いて太陽から殺人光線が地球に降ってくる。
羊や牛が人工的に作り出される手法で　人間の複製　クローン人間　が出来るかも知れない。
世界中の気候が人間の常識を遥かに越えて不安定になってきた。

食品食物が汚染されるので　食べた人間が不具者として悩むことになってきた。
文化人と思い上った人間の世界に次の世代を負う筈の　子供　が生れなくなってきた。
等々〳〵
此の地球を　あなたなら　どうなさいますか。
此の人類最大の危機を　どうして安定させますか。
政治家も思想家も　全力を傾けている　けれど　何一つ解決されていない。
私は生れながらに神を求め続けた求道者《ぐどうしゃ》の一人にすぎないけれど　私なりに努力をしている。
その私の目に映る地球　心に結んでくる地球の思いのかず〴〵がある。
人間が肉体を持ち想念を持つ様に地球には地球の想念があった。
そして更に私の心は太陽に結び　月に結ぶ努力を続けた。
昔から有名な予言者が　地球と人類の崩潰を告げているが　斯く言う私に其の予言が肯《うなず》けなかっ

た。
何を根拠に地球崩潰　人類絶滅を予告するのか不思議であり信じられなかった。
愈々《いよいよ》一九九九年になる
世紀末になる
そして　私の地球への思いが深くなるにつれて　地球崩潰は有り得ると思い始めた。

これは予言や予告では無い
私と地球の　心の交流の結果と言える。
長い間続けた地球神魂との交流に依って私が感覚したことを述べさせて貰う。

私は太陽
私は月
私は地球

太陽と月と地球は　正三角形の様に神力を互いに結んで存在するので　その中の一つが消滅する時

残りの二つも存在価値が無くなる。

取り別け地球が崩潰する公算が多いので太古以来　必要に迫られ　太陽の炎　の神力を以て地球を炎の中に包み込んで新生させたこともあれば　月の水の神力を以て　地球を大洪水の中に包み込んだこともある。

一九九九年　世紀末
太陽と月と地球が　最良の環境を欲して急激な動きを開始しつゝある。

此の事を予言する者が　地球と人類の終りを告げるものと思うのだが　まことに無責任である。

如何《いか》にして此の危機を乗りきったら宜敷《よろし》いかを予言していない。

私は日垣宮主
日本国に生れた地球民族の一人。

日本国は一個の生命体であり　世界各国も夫れぐ〵に生命体である。

生命に　中心点　があって使命を内在する。

地球に於ける使命があるから　国　の存在が神許されている。

私は幼い頃から茨城県の鹿島神宮と千葉県の香取神宮に親しんで育った。
一九四八年（昭和二十三年）から　腰を据えて神道の修行に励み　二十ヶ年の後　鹿島神宮神修（毎年六月の終り　七日間　断食と無言と神池の身禊）満願の朝　見神《けんしん》の境に入った。

以後　日本の神々と共に　再臨の道　を歩み続けた結果　地球の心に触れた。

四国の高知県　桂浜《かつらはま》の龍王岬で　肉体を持った儘　地球神界へ入って地球神魂を背負って戻り
香川県由佐の冠綏《かんえい》神社内に　地球新生神魂を祀り　地球新生神宮と名付けた。
此処から地球新生祭が開始された。

日本列島　北は北海道サロマ湖　南は沖縄石垣島に到る迄　旅が続いた。

その旅が海外に及ぶ。

スイスが振り出しになった。
私の孫娘　名前は　さくら。
中学生の悩みを聞いているうち〝さくらは中学校を卒業したらスイスの高校へ行きなさい〟と言う答を出してあげたら

〝ハイッ　然《そ》うします〟

中学生のお嬢さんは一人でスイスへ行って入学の手続きを済ませてきた。

スイスの国はドイツ・イタリー・フランス・オーストリヤと言う諸国に囲まれた永久局外中立国で風光明媚。

其の中で最も美しいレマン湖の精が三十数年前　此処に　ハイスクール　カレッジ　ドゥ　レマンを創立し　世界中の民族を生徒に吸収しはじめた。

めでたく入学した孫娘。

其の学校に　ハイスクール　の精霊が居て寝食を忘れさせる程の勉強をさせてくれた。

其の精霊が日垣宮主を招《よ》んだ。

話は遡る

昭和五十年三月九日　日本の神々の里と言われる出雲の国へ行って　日本海に大漁の旗を立てゝおまつりする　恵比寿様の神社（美保神社）に参拝した。
右が海
遠く大山《だいせん》が雪嶺をのぞかせている。

左が山
山を背にして美保神社が建っている。
笛・太鼓　そして清《きよ》ら乙女《おとめ》の舞う中に参拝を済ませ　神社の裏側へ行った。
私は神社参拝の折　正面と裏を拝むことが多いので此の日も裏で合掌した。

忽然
目の前に神の姿が立った。
左の腕で抱きかゝえる様に大きな魚。
右手で前方を指す。
豊かな髪
豊胸露《あら》わ
厳しさの中に和風　匂い立つ。
そして私に語りかけた。
〃前方の岩の中に五千年前から刺し籠《こも》る龍神を　宮主の力で　再び　活動の舞台に差し戻して貰いたい〃と言う。

何故？

此の龍神は　伊弉那美《いざなみ》大神の分神で　三十三体の龍神群を以て構成されている夜《よる》の食国《おすくに》の神々であるが　五千年前　故あって　その悉くが岩座《いわくら》へ封印されたそうである。

私に出来るのかどうか　一瞬　迷う。

肚《はら》の底が自然に承知している。

向きを変え
神殿の奥の岩に双手《もろて》を翳《かざ》し　戸隠山の岩戸開きの神を念じた。

開いたッ
光の箭《や》が九十度の広さで散ってゆく。

三十三体の龍神群が何処と何処に刺し龍つているのか知らない。
けれど　此処が大きな踏み出しである。
美保ヶ関
文字を変えてみれば　水火《みほ》ヶ関　である。
出雲の神界は　素盞鳴《すさのほ》大神　が造った神界で　素盞鳴は　風　の神。
風と水と火が揃ったとき　現世が動くと知るなら　此の岩戸開きの持つ意義は大きい。

人間の身体が生きる為　水火風　が動く。
水――腎臓
火――心臓
風――肺臓

地球が動き続ける為にも　水火風　が働く。

水――月
火――太陽
風――星

斯《こ》うして私と出雲神界の縁が結ばれた。
出雲の国に大国主の神がおまつりされているが　私と大国主様の縁も同じ様に　深い絆《きずな》で結ばれている。

それから十二年経《た》った十二月十三日の美保ヶ関。
此処は　地蔵岬　の先端。

星空
暗黒の海
風は強風
寒い
その中で
此の世に私を導き給う　誕生の神縁　に感謝の祈りを捧げる降誕の祭祀をした。
祭祀が終る頃
雨・風・雪が舞い始めた。
出雲の神楽舞《かぐらまい》である。

翌日　美保神社から米子に在る　足立美術館　へ行った。
良いネ
良い眺めです。
横山大観と言う有名な絵画きが居た　其の人の絵が際立《きわだ》って良い。
絵に見入っている私の奥で　絵心　が微《かす》かに鳴り出した。

此の絵が画けるッ

帰宅した私の手に絵筆が握られた。
水彩絵の具が溶かれ
雅仙紙が絵の具を吸いはじめた。
絵が生れた。

生きているッ
動いている絵が画け始めた。

娘の知人にドイツ人が居て　私の絵をドイツで展示したいと言ってきたので　私も乗り気になった。
そのつもりでいたところ　ドイツの展示会が進行を止めた。
その一瞬　私の中を海外の呼び掛けが　鈴を鳴らす様に鳴って行った。
そうだ
スイスへ行こうと思った。

絵を画き始めて六ヶ年経っている　一九九三年（平成五年）九月四日　スイス国へ行くことに決めた。
どうして然《そ》うなったかは理屈で分らない。
私の魂が決めたことである。

日本の国　四国は　香川県　愛媛県　高知県　徳島県　と四ツに分れている　その中で　香川県の由佐《ゆさ》と言う所に　私は　地球新生神宮　を造って御奉納申しあげ　毎月　一度　地球新生まつりを執《と》り行《おこな》っている。

地球新生神宮は高松飛行場の近くに在《あ》るが本当は　地球新生神宮の近くに高松飛行場が出来た訳である。

地球全体をおまつりする神宮が誕生する迄には　沢山〳〵お話があるけれど　それは後から述べることにして　平成五年八月八日のまつりを記さねばならない。

ヨーロッパに旅立つ私に地球新生の神々が何を期待するのであろうか。

八月八日　ヨーロッパへの旅立ちまつりをした。

其のまつりの庭に

神々が地中海を招《よ》んだ。

そして

私の旅が地中海に結ばれた。

一瞬　ナポレオンの姿が　私の心をかすめ去った。

ナポレオンは地中海の小島の生れの筈である。

次に

八月九日　徳島県の剣山へ登って　剣山の神に御挨拶申しあげた。
ヨーロッパと剣山の関係は何処にあるのかと思う。
徳島県剣山の伝説の一つに　ソロモン王の秘宝が剣山に埋まっていると言う話がある。けれど　此の謎は未だに解明されていない。

只　今　言えることは　地球は地軸の回転で動くこと。
緯度が回転する時　時の流れ　が天地創造力を発動させ　地球が創造の波を立てること。
剣山の緯度
地中海の緯度　クレタ島
アメリカ　アリゾナ　の緯度
そして　不死鳥の名で知られるフェニックスなどが一つの波動に乗っていることであった。

剣山の神の波動が　やがてフェニックスに伝わるのか。
では其の波動に乗ってみることにする。
剣山神社に到着。
豪雨が襲来した。
社殿が振動するほどの雷鳴が轟《とどろ》き　稲妻が社殿の中まで光線を白く輝かせて走る。

其の光の中に　少名彦那《すくなひこな》と申しあげる神が
出現して　私に　天地を結ぶ力　を下さった。
此の力を　神剣　と言う。

此処が剣の山なればこその神秘である。

雷鳴と共に神の声

＊　＊　＊

今から宮主が赴くヨーロッパ　フランス国
に　八百年の昔　フランス国を築いた人々の
みたまが宮主を待っている。
そのみたま達
殺し　殺された　因果の根を洗い清めて貰
いたいと希《ねが》っている。

更に続く神の声

〃フランスに　ドンレミ村があり　其処に

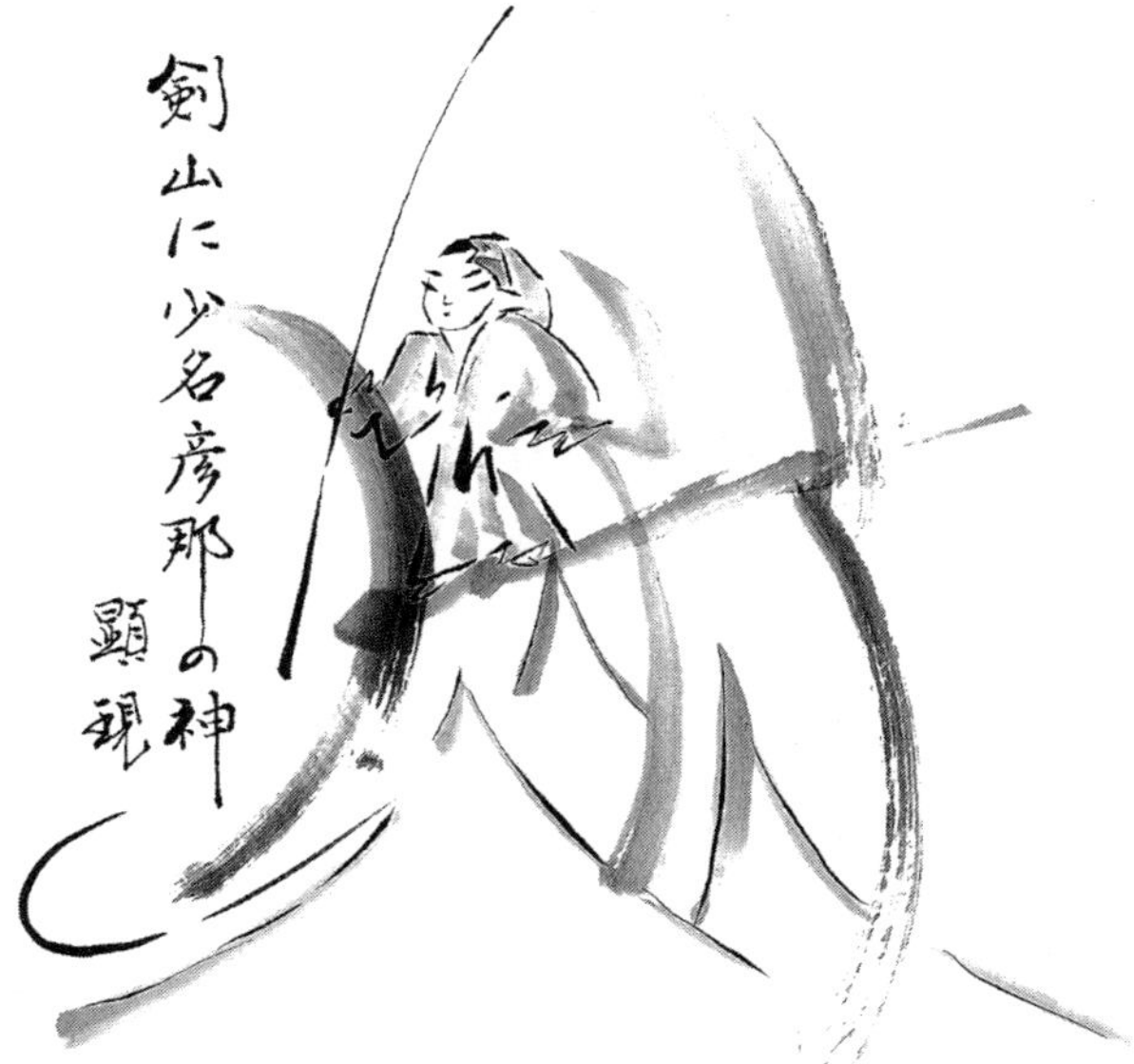

オルレアンの少女　ジャンヌダルク　が　火刑に逢った儘《まま》で居るので此の霊を救うこと〟
是れが此の村の守護神が要求するまつりである。
〝まつりの場処は　泉の傍に五本の霊木を立て丶あるので其処へ行くこと〟
汚れはて丶いる人間の中に　未だ穢れたこと無き一筋の川を流してある（ミューズ川）

＊　＊　＊

私は思う
地球を造った神々が　此の地球に人を誕生させた。
人々は民族を分け　生きる為　欲望の赴《おもむ》く儘に戦い争いに加へて殺し合ってきた。
宿命であるとか因果であるとか言うだけで済まされない。
地上の民族が互いに殺し合うことを喜ぶ親神は無かろう。
又
オルレアンの少女　と言われるジャンヌダルクが　私の前生に深い関りがあることが分ったが　懐かしさだけで　みたま祀り　が出来る筈は無い。
私の肚の底が　だん〲重たくなる感じだ。

斯うして九月四日　成田空港を出発することに成る。

是れが海外への旅立ち迄の歩みであった。

一　スイスへの旅

神道と私

私は　今　神道日垣の庭宮主　と名乗っているが　私と神道の結びつきは　生れた時から始まっている。

日本の国に村や町があり　村や町に氏神様と呼んだり　産土《うぶすな》様と呼ぶ神様がおまつりされている。

私の生れた村に　橘《たちばな》神社　がある。

現在の　東大社《とうたいしゃ》　で　此の神社に　タマヨリ姫と申しあげる神様が祀られている。

昔から　子宝を授けてくださる神様と信仰されてきた。

子宝の欲しい人は　宮司さんのお宅でお茶をいただき　其の茶碗を　そッと　隠す様に持って帰るが良い　そして　神様にお祈りすると　良い子が授かるそうだ。

又　鵜《う》の羽で作った矢を（男の子なら白羽で女の子なら赤羽）頂戴して帰るしきたりがある。

其処に　私の母は坂の下から三十分程歩いて　日参　したそうだ。

そして私が生れた。

東大社が橘神社と言われたのは　昔　東大社のある台地の下迄　海岸があって　日本武尊《やまとたけるのみこと》が台風の相模灘で船が沈みそうになった時　身代りになって海に沈んだ　弟橘媛命《おとたちばなひめのみこと》　の身に付けていた物が漂着したところから　此処を　橘村　と名付け　神社を橘神社と呼んだそうだ。

此の地に生れた　宮主　は　やがて神道修行の結果　人間に前生があり　何度も此の世に転生する事を知るに及び　己が前生の一環に日本武尊の一生があることを知った。

大足彦命《おおたらしひこのみこと》（景行天皇）の皇子として生れたが一族は　息永《おきなが》一族　と呼ばれる。

神功皇后も同じ息永一族で其の名を　息永帯媛命《たらしひめのみこと》と呼ぶ。

日本武尊は皇子であるが　常に　皇位の璽《しるし》の剣（天叢雲剣）を持っていたことは　天皇としての実権を握っていた事になる。

日本全土に神々を鎮め祀った末　近江の国琵琶湖畔にある　息永一族墳墓の山（現在此処に日本武尊の墓を置き礒崎神社が建っている）で亡くなった。

宮主は　一位流合気古武道を井上方軒師から伝えられているが　師の言に依れば　元来此の武術の祖は日本武尊であると言う。

日本に神社が数ある中で武道の祖神と尊ばれる神宮は鹿島神宮に勝るものは無い。

その神宮の神霊から　剣の道　を伝授された宮主が前生とのつながりを思って　独り肯くのも無理からぬところと思っている。

私が生れながらの神道人であるとは斯う言う次第である。

鹿島神宮に参籠を続けて二十ヶ年の間に私は　鹿島の神から　沢山〳〵　力を頂いているが　其の中で　〝あなたは人間では無いのだから御自身をもっと大切になさらねばなりません〟　と何度も〳〵繰返し〳〵言われたことを忘れない。

私は　人々から　さま〴〵な質問を受けるのだが　常に　間を置かず　答えてきたのも人間でない証拠であるかも知れない。

ジュネーブに於て

台風十三号が九州に上陸し　日本列島を縦断しつゝある。
その最中　エアーフランス機が離陸した。
モスコーで注油　再び離陸。
フランス国で　パリー　シャルル　ドゴール空港に到着し　更に飛行機を乗りつぎ　ジュネーブ空港に着いたのだが　機内で送った時間の苦しさは表現できない。

昔から　霊媒《れいばい》体質　と称する体質があって　目に見えない様々の霊の影を自己の身体に重ねる者がある。

病人の傍へ行くと病気の影が憑《の》り移る。

死者の傍へ行くと死者の影が憑《の》り移る。

一種の霊能者に此の体質が多いのだが宮主の体質は霊媒体質では無い。

昔　修行時代に　御嶽教《おんたけきょう》の行者の家に出入りした事があって　高尾山の瀧へ一緒に行ったりして様々な体験をさせて貰った事があるので　霊媒　に就いては　それなりの知識を持っている私は　宮主に霊媒体質が無い事は熟《よ》く分っている。
では　宮主の体質は何《ど》うなっているのかと言えば　虚空《こくう》体質　としか言い様が無い。

真空管に電極を　＋　−　結び電流を流せば　電灯　が点《とも》ることは知っていると思う。
その真空管が私の体質である。
今　ジュネーブで執り行わねばならない祭祀の灯が　航空機内の私の中で点灯する。
それが機内での苦痛感を生み出すのだ。
出発前に聞いた　フランス国歴代の国王の事が気になる。
腹がキリ〳〵と痛む
呼吸が苦しい
此の痛みの根ッ子はフランス国歴代の王室の死者のものに相違無い。

〝何が　どうなっているのだ〟
その時　虚空に声あって
〝フランス国を創立せる頃　無実の罪に依って断頭台に昇らざることを得ざりし人々の無念は　腸を断ち切らるゝ思いなりき
今　その者達のみたまを鎮め給えと願う思い　しきりにして　斯くは宮主の苦痛あり〟
と聞える。

漸く着いたホテル。

窓の外はベランダになって白塗りの　椅子《いす》が置いてあるので妻と二人　ならんで眺める其処に　レマン湖の噴水　が見えた。

スゥーッ　と立ち昇る水柱
湖水から離れているので水音は無く　白い水の柱だけが噴き上って見える。

音が無い　けれど　その分だけ私の心の中で音が鳴る。

私の心の音がレマン湖の噴水を噴き上げてゆく。

其の水柱の遠い彼方に雪嶺が霞がかって眺められる。

〝モンブランと言う山で　一年に一度くらい今日の様に山の嶺が見えます〟と説明してくれた。

彼の山は遠い
けれど間も無く近くなる予感がする。


スイスのジュネーブで神道の祭祀を実現したいと思った時　何処で祭祀をしたら良いかと考えたが全く土地不案内で　孫娘さくら　の働きだけが頼りだった。

幸いに旅行案内をしてくれた　アークインターナショナルの服部氏が熱心に　祭場探しをしてくれた　お陰で　プロテスタントの教会が祭場を提供して下さることに決った。

今　私は教会の門をくゞろうとしている。

〝汝等狭き門より入れ〟とキリストが教えているそうであるが　教会の門は広くない。
右側に緑の芝生
空は青一色で風がさわやか。
白い鷹の一羽を此の空に飛ばせたい程だ。
教会の中
長椅子が整然とならんでいて中央の机上に木製の十字架が置いてある。
懐かしさを感じた空間。

アンヌ　リーズ　ネルファン氏が大きな身体を私の前にはこんで来て　丁重な御挨拶をなさった。
優しさが　ふわりッと流れてきた。
これは生きている人間から来る流れと違うフランス貴族の魂の香《かお》りの様だ。

私からおみやげに　小さな隕石と宮主の画集などを差し上げ　握手。

やがて続々と信者が集って礼拝《ミサ》が始まる。

椅子に腰掛けて姿勢を正しミサに参加している私の中で　苦痛が再開した。
背筋を真ッ直ぐに伸ばし　腰を強く引き脚足《きゃくそく》に力を入れる。

外見は如何《いか》にも立派に見えると思う　けれど　私自身は斯うして苦痛に堪えている。

然も
同時に私は諸霊と交流を続けねばならない。

結果から見れば　諸霊と交流するから苦痛が湧き出すのだが　此の交流をする為　やってきたのだ。

教会内に賛美歌が合唱されてオルガンの音が流れている。

その　もう一つ裏側の世界に入った私は其の世界で　フランス国三代目の王様であった霊と逢っている。

私はフランス国王
〝私がお援けしますから　宮主様の力でフランス歴代に亘る国王ならびに王妃の　みたま祀り　を願います〟と仰言《おつし》やるので　其の流れに乗って行った。

言う迄も無く　此のみたま祀りを直接なさるのは幽界の大穴牟遅《おおなむち》の神様やフランス国の国魂の神々で　宮主の存在が　大きな霊導体になって　みたま祀りを進行させているので　祭祀をしながら　もう一つの頭脳が別の事を考えている。

此処はヨーロッパ　スイス　ジュネーブであるが　どの様な因縁があって　私がフランス歴代の王達のみたま祀りをせねばならないのか?

然《そ》うだ
是れは私の長女厳子《いっこ》の前生につながる約束ごとだ。
透視してみると　今回の旅の計画運営をした吾が子の前生は　初代フランス国王である。
其の名は　クロビス一世
然《しか》も　その霊魂の発生源を探ると　ヨーロッパ大国魂の神に遡るではないか。
ヨーロッパ大国魂の神が　今　フランス国の鎮めまつりをしているのだと知った。

では改めて其のまつりの光景を拝見することにしよう。

思わぬ光景に遭遇した。

十字架に架けられた儘の姿で　キリストが表れ　私を十字架から解放せよと言うので早速　此の手を差しのべたが　因果は巡ると思った。
斯く言う日垣宮主は此の身に幾つかの前生を宿しているが　其の中の一つにキリストの一生がある。
生れ更《かわ》って　今生に於いて　己が前生を修正してまわることの出来る幸福《しあわせ》は言葉に言い表せない。
ではフランス国　国王と王妃のみたまは何《ど》うなっているか。
レマン湖の湖底が見える。
湖底に霊界が展開し　その中に　まつられた霊群が　次々　鎮まってゆく。

噴水の周辺一帯が一面の霊界に変ってゆくので　湖水の生物達も驚いているに違い無い。
霊魂《たま》の安らぎと共に私の苦しみは去った。

少し恥ずかしかったが　思いきってハーモニカを吹くことにした。
エネルギー皆無
江戸子守唄だけ吹奏してお聞きいただいたが途中で何となく気が脱けてしまった。

どうしてかな?

人の世は移りゆき　人の心は常に変り易いが　今　此の一刹那の交流に言い難い深みがある。

その深みに較べてハーモニカの音色は遥かに及ばない。

屋外の芝生に陽が射して　明るい。
一人〳〵に握手を交し　目を見つめ合う　気持が伝わってくる。
その気持は遠い昔のフランス人の息吹きと溶け合って私を包んでいる。

一緒に連れ立つ吾が子　吾が友　皆《み》んなそれ〴〵に心の波間に揺れている様だ。
さようなら　　クレ教会の皆様！

九月六日　夜明けが目映《まばゆ》い

右に左に緑の植込みが続く小路を辿ってゆく。
此処は　ベズナ教会　へ行く道で　ジュネーブ　グランサエネ教区である。
歩くにつれ　私の心の奥が微《かす》かな灯で照らされてゆく――此の教区の何処かに古い墓地がある　その墓地から溢れ出る霊気が伝わって来て　私の傍を歩く　鈴庄礼子さんにつながった。
アッ　此の霊はフランス王朝フィリップ四世の子　ルイ五世に違いない。
そして鈴庄さんの前生がフィリップ四世の王妃であった。
墓地内に葬られている霊は　此の人の前生に於ける子であった。

今回の旅は同行者の一人〳〵に格別深い霊縁を秘めている様である。
ベズナ教会へ入る。
ジャン　クロード　バッセ女史が昨日の司教と一緒に笑顔で迎えの手を差しのべて下さった。

思いがけない光景

教会内は司教と関係者以外誰も居ない。
机も椅子も置かず　広々とした祭場が設けてあった。
サァ
どうか御自由にお使い下さい　と言ってくれた。

嬉しさより驚きが先である。

スイスのキリスト教　教会へお願いして〝どうか日本からの祭祀を〟と言ったが　殆んどの教会が
受け付けてくれなかった。

その中で　プロテスタントの教会だけが受け付けてくれたが　斯《こ》れほどの真実を御見せくださると

は　全く想像できなかった。

私なりに祭壇を築きながら　此の流れは　いったい　何処《どこ》から湧いてくるのであろうかと思う。

ジュネーブと言う大地の心か　スイスと言う国の心なのか。

海の潮の様に押してくる恵みの波に身を任せながら　私は　今　フランス国王ラウールのみたまと心の響きを交す。

前日の祭祀に続いて　レマン湖の湖底に展《ひろ》がる　ヨーロッパ国魂神界のまつりを御仕えすることが出来た。

満月祭が続く教会内
豊かな筈の心が満たされないのは何故だろうか。

前途に待つ　まつりの重さが私の心に食い込む為であろう。

潮が引く様に教会を後にした。

ジュネーブの名所を少し見物させて貰い　その足で　アネシー湖　へ向った。

アネシー湖畔のホテルに着く。

此の辺りはスイス国内であるフランス領の様で　国境　パスポート呈示があった。

湖畔
一面に緑の芝草が濡れている。
湖の向うに聳える山々に見とれている私の心の琴線がゆったりと鳴り出す。
〝御覧ッ　あの山を〟　と　視線を誘う　其処に切り立つ山が見える。
あの山が？
〝然うです　日本の国出雲地方に　佐太《さだ》の神が祀られております　その神が　オリオンの星くずを集めなさって　此処に　泉水を湧かせました。
それが　此のアネシー湖。
星くずと申しますのは　水の精　なのです〟
これが導きの神の訓《おし》えだった。
但し此の星くずが水の精と言えるのはオリオンの星に限る様である。
オリオン星は生命の泉を湧かせる星座と神伝えしてある。
疲れの　漣《さざなみ》に沈み込んで其の晩は眠ったが寝る前に一仕事。
ホテルのベッドに座り　合掌　鎮魂　オリオン星の神界から　水の精　を招《よ》び奉った。
その一夜　アネシー湖は雨の中に踊っていた。
雨上りの朝　妻と二人で散歩。

ホテルを出て右に歩いてゆくと
湖畔に出る。

和服　モンペ　下駄履き
行き交う人々が珍らし気に近寄
ってくる。

とう〳〵小川の近くで数人の若
者達に頼まれ　一緒に写真を撮っ
て貰うことになった。

小川の小舟が　ゆらり　ゆらり
遊んでいるみたい。

道路に信号がある　ホテル側か
ら商店街へ誰も　彼《かれ》も　皆《み》んな信
号など見ない。
無関心で通行する。

佐太の神様ッて誰なのか日本国

アネシーの湖に
オリオンの星から
水の精が
降る

内でも知る人が無い謎の神様であるが　スイスへ来て其の便りに触れるとは思わなかった。


九月七日　雨上りの空が奇麗だ。

バスがフランス市内に入った。

此処が　パリーか　目を見張る私。

どんな思いがするかと思っていたが　街が私に語りかけて来ないうちにホテルへ入ってしまった。

昔の色がするホテル。

エレベーターに乗ったが扉が閉まらない　手動式だった。

不思議なフランス文化に触れた第一触覚だが驚くのは未《ま》だ早い。
その晩　ベッドの上に座って　ゆらりッと心を鎮め　昔のパリーに心を移動させてみると　一面の川の流れに入って行った。

車が走りビルが建ち　宮殿が古色を伝える　フランスの主都が一面の水郷であったなど、想像できない。
想像できないが現実を見て廻るうち　成る程　ベルサイユ宮殿内は間違いなく水の都であると知った。

ドンレミ村とジャンヌダルクの話

九月八日　パリー発　ドンレミ村へ向う。

ドンレミ村はジャンヌダルクの生れた村で私にとって前生縁《ゆか》りの村。

昨夜
ホテル内で絵を画いた　ジャンヌダルクの像がパリー市内に立っている。

美しい空気を吸いたいだろうな　ジャンヌダルクさん　少し哀《かな》しそうだね。

身に着ける衣装が金色に光っているけど気が重いね。

バスが走る　国道は高速道も無料で道の右にも左にも商業用の看板が見えない。

広い畑ばかり。

自然薯《じねんじょ》の畑に似た様な作物畑が農園の殆どに見受けられるが　是れは　フランス葡萄酒の原料になる葡萄畑だった。

日本の様に棚作りなど全く見られない。

農園を眺めているうち　咽喉《のど》が燥《かわ》く思いが胸いっぱいに広がってきた。
畑地が燥いている
潤いが無い
此の国の風土はフランス国の風土で日本の風土では無い。
風土は民族の情操を育てる。

フランス国の人々。
笑顔
品が良い
其の笑顔も品性も　潤いを求める笑顔かも知れない。
そこへゆくと日本人は潤いが当たり前に思っている様な気がする。
その辺りに日本人同士の争点がありはしないか。
ヤレ〳〵　フランスへ来て私は　いったい何を考えているやら。
此の国の風物にどっぷり漬っている此の国の人々は幸か不幸か。
いや
そんなことは関係無いか。

空にも国土にも　心があり感情がある。
喜びもすれば哀しみもする。

今日の天候は　翡翠《ひすい》色の雲を遥かに棚引かせ　その雲の上から日の光の箭《や》が降り注《そそ》いでいる。
私のフランス訪問の旅は此の国土のお気に召したらしい。

小慧　フランソワ町

道の右側に古いノートルダム寺院が　じっと立ちつくしている。
何百年　此処《ここ》に斯うして人々を見守って来なさったのか。
慈父のたゝずまいを感じる。

左側を歩いていた妻の表情が俄《にわか》に変って見えた。
はて　どうしたことか？

霞が湧く様に遠い昔が私の心を包んで来て其処
に妻の前生が浮んだ。
今から凡そ九百年昔の事
此のフランソワに生れ　アンリ一世の王妃にな
ったことがある妻の姿。

そうですか
では　ごゆっくり　お歩きください王妃様！
私もゆっくり歩く。
中年の御婦人が歩いてくる

豊かな表情　思わず見とれていたら　笑顔で軽く頭を下げられてしまった。
私も　つられて　会釈。
太古の遺族の世界に入ってしまった様だ
うっとり！

ドンレミ村に入った。
殆んどドイツ領に近い村。
停車したバスの右側にジャンヌダルクの石像が立っている。
緑の垣の向うにジャンヌダルクの生れた家が見える。
その隣りが教会。

バスを降りた皆《み》んなは食堂へ。
私は一人　バスの中で瞑目　心景を展《ひら》く。その心景の中にドンレミ村に在ると言う泉の森を探り続ける。
バスが道を走る。
やがて道の左側　大きな木が一本立っている。
その木が私に語る
〝まず　此処へおいでください〟と。

＊　＊　＊

食堂へ入った人が私に弁当代りに私の食べられそうな食事を持ってきてくれた。
食べながら眺める　向うに一筋の川が流れている　ミューズ川。
岸辺は一面の青草で数頭の牛が寝そべっている。
牛が風を招《よ》んだ様に何かゞ舞い上った。
鷹！

私の胸に画かれていた風景。
見とれているうち皆んなジャンヌダルクの生れた家を見物に行ってしまった。
私も入る。
紋章が浮いて見える玄関　ドンレミで玄関は通用しないかな？
石の壁
部屋が幾つかあるようだ。
立ちつくして遠い〳〵昔の記憶を蘇えらせてみる。
私の想念に石壁が食い違ってうつるのは私の前生がジャンヌダルクであるが故。
管理する御婦人に訪ねた
此の壁は昔の儘でしょうか？

いゝえ　昔は土の壁でしたが保存の為　石の壁に変えました。

納得する。

五百五十年昔の家を保存する此の国の人に敬服する。

昔から　ずぅっと此の村に住んでいた様な感じがするのは　愛着心かと思う。

一緒に訪れた道友の中にジャンヌダルクの弟の生れ更りが居ると分って振り向いたら　其処に三沢修が立っていた。

因縁不可思議。

ジャンヌダルクが其の昔　シャルル王太子の為　義軍を起こした時　共に戦った戦士が　今　再び生れ更って三沢修の嫁になる。

身の周りを眺めると未だ〳〵　結んだ縁の糸が廻っている。

その頃のドンレミ村の村長さまが生れ更って　和恵と言う娘になり　楽し気にカメラのシャッターを押している。

ドンレミ村の教会を訪ねて合掌する。
薄暗い世界に　仄《ほの》かな　灯《あか》りが点いて聖水盤が闇の中に浮んだ。
その右側の奥に人の気配がある。
それは　私　自身
ジャンヌの焼身幽体
驚く！
自分以外に自分は救えない　だが　今　どう仕様も無い。

〃オイッ　俺に重なれ〃
然《そ》う念じて合掌した。

此処は　泉の森。
心景で見た通り　道路から　三メートル入った所に古木があった　九百年の樹令。

右手を軽く木の肌に触れ　心の扉を開く。樹霊との対話が始まる。
〃宮主を待つや久し　此の下の泉より吾れに向いて祭祀《まつり》ごとせよ〃と聞こえる。

家を出る時　予告された五本の樅《もみ》の木が葉を繁らせ　その中に小さな泉水を湧かせていた。

妖精の森でジャンヌダルクは神の声を聞いたそうだが　此処が其の森の様だ。

昔は深い森の中に溢れる泉であったろうに現代文明と言うヤクザ者が伐《き》り拓《ひら》いてしまった森の跡に立っている　ジャンヌダルクの石像の顔が哀しそうでならない。

仰げば　空は青く澄み　風は強い。

さゝやかな祭壇を置き　合掌　礼拝。

祝詞《のりと》奏上の瞬間

祭場は強風と暗雲の中に包まれた。

何が動いたのだ?

五百年の昔　ジャンヌダルクを此の泉へ招び　導き　活躍を共にした龍神の大群復活!

心臓が強く痛む。

焼かれたジャンヌダルクが　屍体の中で心臓だけ動き続いた光景を見た処刑者達が驚いて　此の女は神かと叫んだそうだが　その心臓が今再び痛みはじめる。

その中で
焼かれた霊体が再び復活してゆく。
復活祭　完了。
太陽は再び暖かに全身を包んでくれた。
道の向う側に　聖ジャンヌダルクバジリカ教会があった。
泉の前の祭祀が終る頃　教会から使いが見えて　是非教会へ御立寄りくださいと言うので御好意ありがたく頂戴する。
教会内部は殿堂さながら。
神父　アベジーンメンギン師の案内で　司教が礼拝すると言う席へ招ばれ　これも鎮魂の一つと心得　その席に坐る。

五百五十年振りに炎の中から蘇ったジャンヌダルクの喜びは私の喜びになった。

堂内は見事なモザイク画で飾られ　キリストをはじめ天使の中にジャンヌダルクの姿が美しく画かれている。
ジャンヌの胸が私の胸に重なって　祝詞《のりと》になる。

父母の　恵みを祀る此の礼拝《ミサ》に
胸は高鳴り　涙あふる丶
私は今此の胸に往時のジャンヌダルクの想いを直《じ》かに蘇らせ　彼女を迫害した宗教の持つ権力の程を思い　一入《ひとしお》の哀《かな》しみを覚える。

パリー市へとバスは戻ってゆく。
走る車の上に　花弁《はなびら》が降る様に小雨が降っている。
右を見ても左を見ても雲一つ無い晴天に小雨花弁《こさめはなびら》が降り続いている。
不思議に思って　ドンレミの龍神に尋ねると　是れは〝ジャンヌダルクの新生再臨を祝う龍神群の心映《こころば》え〟と知った。

ところで龍神方に御尋ねしますが　あなた方程の霊力がありながら　どうして火あぶりになるジャンヌダルクを火中から救えなかったのですか?

ハイ
私共はジャンヌダルクを救おうとしたのは事実です　けれど　火の中のジャンヌダルクの全身から噴き出す　霊気　霊力　が余りにも激しすぎて　近付く事さえ叶いませんでした。
私共龍神は　その気力に圧《お》され　身動きもならず　只　焼かれゆく御姿を拝むだけでした。

宮主　納得《なっとく》。
以後　宮主と偕《とも》に神修一途なれかしと合掌。

ナポレオン蘇える

此処は　凱旋門。

絵葉書では凱旋門の上に登れるなど判る筈も無かった。
まして　其処から　パリー市街が一望の下に眺められようとは夢にも思わなかった。
見事なばかりの市街　道路　建築物。
ぐるり見渡すのだが　目に霞が掛かった様な感じ。
心は　侘《わび》しい
私の前生に関《かかわ》って哀しい想いが沢山〳〵残っているに違いない。

その耳もとで
宮主さん　ナポレオンの生れ更りは誰？
ナポレオンの生れ更りは誰ッ？
何度も尋ねられる。
その声の裏側で　霧が晴れてゆく様に　遠い思い出が蘇ってきた。

宮主自身のことだ！
見渡せば遥かなる寺院の塔
アンバリッド寺院。

翌日　朝　十時　此の寺院内。
礼拝堂に誰も居ない
椅子《いす》だけが行儀良くならぶ
正面にナポレオンの柩《ひつぎ》が安置してある。
折良く管理人が出て来たので　祭祀許可を貰った。
静寂！
私の身体に　音も無く霊風が優しくスゥーッと寄り添う。
これが　もう一人の私。
もう一人の私が斯《こ》れッ

ほのかな幸福感は私かナポレオンか。

虚空界に包み込まれたアンバリッド寺院に次第に　歓びの音が湧き立ってゆく。
コルシカ島に生れ　フランス国の新生に尽くしたナポレオンが　一度敗れ　二度敗れ　再起不可能になった。
然し乍《なが》ら　自己の意志を以て不可能を可能に変え続けた其の力の根元が　霊魂の根元界から生れ続けていたことを　心の何処かで確信していたナポレオンは偉大。
彼は間違いなく神の化身《けしん》であった！

ベルサイユ宮殿

ベルサイユ
不思議な懐かしさを感じさせる名称だ。

生れ故郷へでも戻る様な気がする。

その宮殿
広い　広い　全く広い　その宮殿内　一番最初　私がやった事は　あちら　こちら　眺め渡して何処かに古い埋葬地点がある筈だが？　と独り言を言った事だ。

そして　森の中に其の一点を発見し　合掌した。

何故か？

分からないのだが　理屈では解けない。

是れが終ったら心が安らいだ。

此処からは誰も入れないぞッと腕を組む大きな石の塀。
誰にも使わせませんッと波を立てる大きな池。
金を払った者にだけ見せてやろう　と言って門を構える巨大な建築物。

歩き疲れた
暫《しばら》く佇《たたず》む

昔　昔　その昔　パリーは美しい森　繁る樹木　走り廻る小動物の群　泉が湧き川が流れる村であったと　私の前生の記憶が蘇ってくる。

その光景の中に立つフランス国王ルイ十三世の姿に　同行の孫娘さくらが重なる。

人に前生と今生がある。
十七世紀の頃の城
城を取り巻く森や泉
それは遠い昔の光景の筈であるのに　今　私の記憶の中に蘇える。
今と昔が重なっても不思議に思えない。

此の森を棲処《すみか》にして　幾百年も息をころしている亡魂の気持が　そこはかと無く伝わってくる。
過去はアルバムに貼った写真にも似て　昔のアルバムを開いても懐かしさと現実は一緒にならない。
それにも関らず　私は　過去の祀りをせずに居られない。

何故だろうか?

今の時代を　より高く　深く　躍動させる為　過去を祀ると　其の過去が　アルバムの世界から脱《ぬ》け出し　今の世の人々の背に乗り肩に乗って　霊力を振りおこす事実を証明したいからである。

此の森に眠っていた者達が　今　私と一緒に目を醒ます。
その思いで　此の世が　どれだけ変るか。
フランス王朝　歴代の騎士達が　戦い　そして流した血潮の一滴一滴が　その儘黙って土の中に染み込んで消えてしまうとは思えない。

喜びと哀しみが織り成す人生模様が美しくもなれば醜くゝもなる。
フランス国が美しく栄えることを切に希《ねが》って別れの手を振る。

二　エジプトまつりの旅

エジプトへ旅立つ迄の話

平成六年三月二十二日
私は　トルコ航空最新鋭旅客機に乗っている。
・エジプトのピラミッドまつり
・ボスホラス海底まつり
此の二つのまつりを成就させねばならない。
事の此処に到る迄　さま〴〵な祀りがあった。

平成六年元旦の祀りから順を追って綴ることにする。
毎年　新しい年が訪れる
年毎に　新年祭　をする
それは　新しい年になると　其の年が生きものになって動きはじめるからで　その動きの根元に
年神《としがみ》　がおいであそばす訳。

その年神の心の中に一ヶ年の計画がある。
一ヶ年に亘る創造計画書の様なものが年神の心に躍動している。
その　心　を拝見すると其の中に　平成六年は〝創造の初発《はじめ》と終了《おわり》が一緒に訪れる〟と記してある。

太陽が昇る　　初発《はじめ》
日が沈む　　終了《おわり》

月が昇る　　初発《はじめ》
月が沈む　　終了《おわり》

これが天地の初発と終了であるが　一人の人間の中にも二人分の働きがある。
愈々お前の出番だ　と言う一人
お前は終ったから消えなさいと言う一人

此の二人が常に一人の中で交替している。

吐く息

吸う息

吐くから吸う
沈むから昇る

終るから次に出番がある

みんな一流れである。

今年の流れは地球の呼吸を調え　人類の呼吸を調えると言うことか。

初発と終りが一緒に訪れる　光景　が必ず何処かで見えることであろう。
一月二日朝の鎮魂に　紀の川の川上においでなさると言う神霊が私に　いろ〳〵お話しになった。

今から後　人々の生き方　生活様式が変るので人々は迷うことであろう。
最も大きな変化は〝神が人に化《な》る〟
そこに人間神界が形成される。

此の恵み（人間神界形成の恵み）を普《ひろ》く人々にお頒《わ》けいたゞく為　宮主はエジプトへ行かねばならない。

斯様《かよう》に話しなさる。

聞いている宮主　首をかしげ

エジプトですか　エジプトねえ？

実感が湧かない。

心の赴《おもむ》く儘　厳島神社から香久夜《かぐや》の海へ行くことにした。

一月八日　厳島神社　旧知の野坂権宮司が〝一月の参拝とは今迄に例の無いことですが　今年は何事かございますか〞と驚いている。

控え室で湯茶の接待をいたゞき拝殿に進む。

厳島神社の拝殿は　本殿との間が風神の舞殿になっている。

私が参拝する時　此処に風の神が宮島の舞を舞いなさる。

此の日も其の風に乗って御出坐《おでま》しなさった神霊が

〝此の度　宮主がエジプトを訪れるに当り厳島の海神から　宮主が乗りなさる神輿《みこし》を進呈致しますので　翌《あく》る朝　香久夜《かぐや》の海の祭場に於いて御受け取り下さい〞

と仰言《おおせ》られた。

〝神様が下さる神輿《みこし》は目に見えません見えませんけれど　確かに　乗せていたゞいていると実感するもので　周りから眺めると　何となく　神気に包まれている様に感じられます〟

一月九日　早朝

厳島神社の海続きに　黒髪島と呼ぶ神の山があり　其の前の海を　香久夜の海と名付けてある　其処に　入鹿《いるか》神社が鎮座する　其処を祭場にして　エジプト神修始めの祀りをした。

その朝　香久夜の海は一面の霧が立ち籠め霧の中に黒髪島が　薄墨色の舟の様に浮び上った。

朝日が射し　日の神輿さながらに変った。

此の神輿が霊体になって私を乗せ　エジプト迄運んでくれる。

形の無い神輿が形を取ると　飛行機になりバスになり空を飛び地上を走る。

茨城県の鹿島神宮の境内に　馬場　と呼ぶ道があるが　私の断食参籠中　体力が衰え　身禊《みそぎ》の池迄歩く力が無くなると　神様が神馬を御貸しくださることがある。
私は時々此の馬に乗せて貰ったが　それ迄重かった足が忽ち軽くなり　跳ぶ様に歩けたものである。

ついでに少々　あちらこちらの世界にある神々の御乗物の話をさせて貰う。

・山形県　羽黒山神社の神駕《かご》
今は自動車で拝殿近く迄行けるが正式に参拝する為　昔ながらの石段がある。
小雨降る中　私は登り口に立って頭を下げた　〝只今から参入つかまつる〟
その時　金色に光る天蓋《てんがい》を付けた駕籠が目の前に降りてきた。
その駕籠に乗せてくれるらしい。
ゆっくり　ゆっくり　石段を登りはじめた私は駕籠の事など忘れてしまっていた。
雨は降り続き夕闇に石段は見づらくなってきたが神社は未だ見えてこない
既に歩きはじめて一時間は過ぎている
果して此の上に神社が存在するのであろうか　心細くなる。
でも　歩き続け　漸く石段を登りきった。其処に黒々と社殿があった。
息も切れず　疲れも無い　足も軽い。
やはり金色の駕籠に乗っていた様である。

・鹿児島県　枚聞《ひらきき》神社の雲の絨毯
開聞岳《かいもんだけ》の山麓に枚聞神社がある。

初めて九州を訪れた私は　宮崎空港から自動車で峠を越え鹿児島へ入った。

海沿いの道を走って見参《けんざん》した開聞岳は雪の嶺であった。

先代の宮司の案内で参拝　そして合掌した　一瞬　私は雲に乗せられた。

眼下に飛び去る風景は矢の様に走る雲の為　定かに見分けがつかぬ。

時間にすれば僅か一分ほどであろうが飛んだ距離は如何《いか》程であろうか分からない。

そして到着した所が開聞岳の底に在る神界で　其処に　伊弉那岐の神　が寂然《じゃくねん》と鎮座あそばした。

神示に接し戻ったが　開聞岳を神の山とする枚聞神社の御祭神は　伊弉那岐大神と記されていない。

私は間違ったのであろうか？

私の問いに答える様に　谷川宮司が神社に伝わる古文書を持っていらっしゃった。

開いた所に
間違い無く　開聞岳の祭神　伊弉那岐大神と記してあった。


その他の神社へ参拝する折も　私は時々　雲の絨毯に乗って飛ぶことがある。

・高知県に龍王岬があって　坂本龍馬の銅像が建てられ　美しい風景で人に知られている。
私は此の岬に坐って　地球新生祭　をした時　神々が乗る船が　此の海中から四国の山々に往来し

ている事を知った。

神々の船は海上に浮ぶだけで無い。

空中も走行すれば地中も走行なさる。

古典・神話に出てくる「マナシカツマノ舟」は人間の世界の時間や空間を越えて走行自在の舟の様に見える。

龍王岬の在る所を　桂浜《かつらはま》と呼ぶが　此の海の色が二色に染め分けられ　その中からマナシカツマノ舟が現れ　私を乗せ　瞬時にして私を地球神界へ運んだ。

地球神界に地球大神がおいであそばし　私に重った。

一瞬　その舟は飛んで還っ

た。
私の全身は崩壊寸前である。それは次元が異なる世界へ入った結果と思う。
未だ見ぬ山に朝鮮の国　金剛山　がある。
此の山の神仙が　空を飛ぶ絨毯　に乗り給うことを知っているが　未だ　その国に訪れる機会が無い。

理由も無く神々が宮主の為に此の様な乗物を用意なさる筈は無い。

神界の乗物は　それ自体　神々の分身の働きをなさる。

奈良県の三輪明神へ行った時　中山和敬宮司が格別の御好意で　卯の日の祭祀に参加させてくださった　そのまつりの最中
祭祀光景を心眼に映し奉っている三輪の神座へ　忽然　天空の一角から巨大な龍体が其の口から炎を噴きながら降りて来た。

龍の背から下り立った神霊が其の手に神界の便り文を捧げ持ち　三輪の大神の前へ進んで行く。

此の龍体も神使であり　そして　神の乗物であった。

私が地球上の各地を旅する。

その折々　執り行う祭祀に　日本の国の神々の魂・心　が働きかける必要があるので

神々から宮主への神伝えと一緒に乗物が贈られる。
宮主が地球の神魂に代って　さま〴〵な祭祀をする。
地球よ　人類よ　永遠なれと祈る。

その折々の話を聞いていると夢の様な物語りがある。
天上界の神々の話
日　月　星　と人間の話
地軸回転修正の話
等々〴〵
信ずる者　信じない者　沢山〴〵
貴方にだけは信じて貰いたい。

某《あ》る知識人の言に――俳聖芭蕉は天地の心を一句の中に吟《よ》みこんでいます　と記してあったが　其の知識人殿　はたして〝天地が生きものであり　心を持ち　その心に人間を吟《よ》みこむ術《すべ》を心得ている〟と承知なさるか。
天地の心?
人を吟《よ》みこむ術?

私から見れば　地球に血を通わせ　人に血を通わせる祭祀をなさる親の姿である。
その　親の姿が　なか〱見えないから困る。

茨城県　筑波山に親の神が祀られている。
親神が地球全体のまつりをなさる。
その力を貰いたい。

一月三十日の筑波山は大雪で寒い。
その雪に坐った。
雪が神様になって　日本国の魂を　エジプト模様に染めあげてゆきなさる。
その光景を見ている。

雪の結晶の一つ〱が　キラキラ光り始めた。
筑波山の神が手品師顔負けのマジックを使って　雪の結晶の一つ〱へ日本国の　魂　を入れている。
その上に　エジプト模様の衣を着せている。
衣を着せられた雪は光を消し　白色　に変る。

郵便はがき

料金受取人払

大崎局承認

2886

差出有効期間
平成15年4月
24日まで
（切手不要）

1 4 1-8 7 9 0

1 1 5

東京都品川区上大崎2－13－35
ニューフジビル2階

今日の話題社 行

■読者の皆さまへ

ご購入ありがとうございます。誠にお手数ですが裏面の各欄にご記入の上、ご投函ください。

もれなく最新の小社出版案内をさしあげます。

お名前	男 女	才
ご住所 〒		
ご職業	学校名・会社名	

今日の話題社・愛読者カード

ご購入図書名

ご購入書店名

※本書を何でお知りになりましたか。

イ　店頭で（店名　　　　　　　　　　　）

ロ　新聞・雑誌等の広告を見て

（　　　　　　　　　　　）

ハ　書評・紹介記事を見て

（　　　　　　　　　　　）

ニ　友人・知人の推薦

ホ　小社ＤＭを見て

ヘ　その他（　　　　　　　　　　　）

※本書について

内容　　　（大変良い　良い　普通　悪い）

デザイン（大変良い　良い　普通　悪い）

価格　　　（大変良い　良い　普通　悪い）

※本書についてのご感想（お買い求めの動機）

※今後小社より出版をご希望のジャンル・著者・企画がございましたらお聞かせ下さい。

エジプト白衣霊体出現。
白の世界の裏側は黒。
黒色霊体も必要であるが何処の世界にあるのだろう。
アンドロメダ星雲界のブラックホールにあった。
そこで　秘密の扉をもう一つ開けさせて貰った。

ブラックホール内を覗《のぞ》くと　其処から暗黒スピリットが無限に発生している。
暗黒スピリットは電波になり磁気波になる。
宇宙空間は此のスピリットの活躍舞台だ。
取り敢えず　その中からエジプトのまつりに協力して貰えるスピリットを　八万八千八百八十八体招《よ》び集めることができた。
私の魂の中に収納する数々の神力再点検。
京都の貴船《きふね》神界から　気力　を貰う
京都の荒見《あらみ》神界から　体力　を貰う
京都の中川八幡宮　胸像《むなかた》神界から　心力　を貰う
その力を　饒速日《にぎはやひ》の神　と言う神様が集め筑波の神力に併せ　ウマシマヂの神様の光を注ぐと　世界中の民族の遺伝子組替え神力が発動する。

日本に神代の昔から　剣《つるぎ》が伝わっているのだが此の剣の神力を自在に使い分ける者が無い。
剣の本体は神の光・神の風・神の水・神の炎　そして神の創造力であった。
陰の剣があり　陽の剣があり　陰陽むすびの剣がある。
取り別け　今回エジプトまつりの為　私はフィリッピンのナホバの海の近くに落ちた隕石と日本の
玉鋼《たまはがね》を混《ま》ぜて鍛えた　天剣と地剣を用意した。
用意万端調いました　愈々出発ですと言う段階で　神界から道案内の神様が来てくださった。
八咫烏《やたがらす》　とお呼びする。

此の神はどんなに曲りくねった道でも　暗黒の闇の中でも　見えない先の道に到るまで　誤ち無く
導く神力を持っている。
世界中に分けて差しあげたい様な八咫烏様である。

エジプトのピラミッドまつり

エジプトに着いた。
眺めた
ピラミッド
砂漠
これを眺める迄にどれだけの祭祀が続き　どれほどの年月を費《ついや》したことか。

費したのでは無い　年月が働いたと言える。
そのピラミッドが動いている。
静止していない。
ピラミッドが砂漠を動かし　地球を動かす。
其の霊力は太陽から集め　月から集め　星の光から集めるのであろう。
ピラミッド　三体が最も代表的で知られる。
・クフ王ピラミッド
・カフラ王ピラミッド
・メンカウラ王ピラミッド
然し乍《なが》ら私が最初に訪れねばならぬ所はサッカラの階段ピラミッドである。


私は自己の前生模様を記した絵巻物を心眼に映して見た事がある　その中に　エジプト国王ジゼルの一生があった。

ジゼル王が築いたピラミッドへと向う。

ピラミッドが見える。

私は吸い寄せられる。

周囲に崩れた土の　塊《かたまり》がある　その一つ〳〵が其の昔　さま〴〵な姿を形づくっていたスフィンクスの様に霊姿を見せるのだが　私の目には階段ピラミッドだけ焦点にある。

七段のうち一段目が崩壊している。
石壁の手前を五センチメートルの深さ一メートルの巾に掘って貰って祭場にする。
砂が固いので土を掘ると言う感じでは無いが遠い昔からの歴史と言う土を掘っている。
たかゞ五センチメートルの深さ?
とんでも無い　五千年を掘るのだ。

日本を発《た》つ前　水晶で三段ピラミッドを掌《てのひら》ほどの大きさに造ってきたので　此処に五千年を移し
ピラミッドの精霊を祀った。

強風吹きぬける
風　声になる

〃吾れはイヨマンテ夜《よる》の食国《おすくに》振る龍神なり　日垣宮主の訪れを待つこと久し　サッカラピラミッド
下の大地に刺《さ》し籠《こも》ること三万年を経る
ボスホラスの海底に刺し籠れる水の精霊は吾れと共に籠りて久し
今より其の籠扉を開き給え
吾れら　出でゝ　仕え奉らむ〃

人間は霊魂を持つ

人魂と呼ぶ
人魂に一人〳〵発生源がある
水の精もあれば火の精もあり岩石の精もあれば樹木の精もある。

スイスへの旅から此《こ》の方《かた》　常に案内役の孫娘さくら　汝は水の精霊なるかと思う。

砂漠
ラクダ
燃える太陽
そして　此処を訪れる観光の人々すべて現実の光景であるが　その現実の裏側《うらがわ》の世界がエジプトで
長い歴史の時を刻んできた。
その裏側が　今　急変する。
やがて其の変化が表面に出る。
十年後か　二十年後か　百年後か　翌《あく》る日かも知れない。
私は此の日　アラバスターのスフィンクスに逢って　此の神霊が昔の水神であると知った。
〃汝　吾が知るところに誤ち無くば其の証《あかし》せよ〃と話しかけ　口中に水を含み　息吹《いぶ》きをした。
スフィンクスが答えて　宮主への挨拶代りに近日大雨を降らせますと言ったが　約束通り　私がエ

ジプトから帰国した後　此処を豪雨が襲った。
此の日迄　会見不可能と思われていたエジプト政府の代表者　マムドーハ大臣　にお会いできる事に成った。
全て　裏側の世界が変った為である。
人に前生がある。
その因縁が人を結ぶ　人と大地を結ぶ。
此の紀行文は私の心の旅路　魂の旅路　そして　地球の心の旅路と思っているが　其の中には前生への旅路が入っている。

宮主が前生に於いてジュセル王に生れ　ラムセス二世に生れ　更には　アレクサンドロスに生れ更って居るばかりか　世界の各地に転生の歴史を持っているので　その前生に於いて縁を結んだ国土への思いが　行く先々で蘇ってくる。

一緒に旅をしている者達とて同じ事で其の幾つかを挙げてみれば
・イムホテプ博士
・アネジブ王
・サラセン国の国王

・ムラト三世の皇子　二人
・ムハマド　アリ
・サラセン国の戦士
・エジプトに祀られた火の神の精霊
・ムラト三世
・ムラト一世　オスマントルコ三代目王妃
・トルキスタン王女
・サラセン国の泉の精霊
・ヘテプセケムイ王
・ウセルカフ王
等々　数え　眺めていると頭の中が呆《ぼー》ッとしてくる。

それにしても　さすがに暑い。
下駄履き　和服　モンペ姿の宮主の目立つこと。
皆《み》んなも暑かろう。
三月二十三日の夜は　ナイル川に浮ぶ観光船に乗って　御当地ソングと舞踊見物に酔った。
賑やかな音楽
テンポの早い踊り

薄灯《うすあか》りの中　キラリ　キラリ　舞の手に剣光が流れ　いつしか　私を其の流れに巻きこんでいた。
心は舞いながら　もう一つの心が重く澱《よど》んでたまらない。
此の澱みは　いったい何か？

そうだ　私達は招《まねか》れざる客。

エジプトの民族から見る観光客は全て生活の糧《かて》だろう。
だが
エジプト民族の誇りは其の観光客を拒否するであろう。
優秀な民族の血が　生活の糧を得る為に舞わねばならぬことを拒《こば》むのだ。

地球上の　全ての民族が　民族の誇りに生きる道が必ずある筈だが　現状の儘では　益々其の道が細くなるばかりだ。
然《そ》う言う中で
世界の民族の新生を希《ねが》う祭祀をピラミッドの前で執り行う。
私の無力
やりきれない

三月二十四日
俄に　エジプト政府側から　日垣宮主宛観光大臣が会見すると言って来た。
会見の所はエジプト国際会議室。
豪華だ
赤銅《しゃくどう》色の温顔に目が鋭い大臣　マムドーハ氏と握手する。
ムバラク大統領と御一緒に訪日された過去を持たれる大臣と　通訳を間に魂の交流を続けることができた。

今　エジプトへ来て　私の最も大切な人が私の前にいる。
血の通っている人と人の交流は　心　が通う以上に大切だ。
此の肉体に流れる血
マムドーハ氏の体内の血
握手すれば其の血液の波動が交流する。
其処に民族の交流が生れる。
私はエジプトへ来たが日本人である。
エジプトの国のまつりはエジプト人以外の人に許されない　できない。

ピラミッドの前で鎮魂も祭祀もできる　けれど　それがまつりでは無いのだ。
真実のまつりは其の国の民族だけに許されることを知っている私にとって　私のまつりの第一歩は
其の国の民族になることである。

握手
その接触感
其処に血液の交流があり民族の交流がある。
此の交流
邪念が入ったら不可能。
取り引き感情全く不用だ。

ナイル川に沿って田園風景。
それは全く日本の国の風景に結びつかない。
風景が違う
風が違うのだ
痩《や》せた驢馬《ろば》の歩み　裸足《はだし》の子達　俯《うつむ》く老爺の歩みゆく背　すべてがナイルの風の姿に見える。
目に見えない風に霊気がある　霊力があると今更の様に思う。

清風
雅風
など、言う表現は上ッ面《うわつら》だけの様な気がするほど強烈なエネルギーを発揮する　風　があるのだ。
その風が　風俗　を生み出す
その風が　民族　を生み出す

今の世は何から何まで　銭金《ぜにかね》　で動く。
人の心まで金銭で計られてはたまらない。

宮主は日垣の庭と言う法人を作ってから一切金銭を数えないことにさせて貰っている。

玉串料と言う
奉謝料と言う
それは御出しになった人の徳である。

豊かに感謝の心を表す者は精一杯の玉串料を神に捧げる。

それが　恩　を知る者の心であり　其の報恩の思いは必ず吾が身に還ってくる。

ケチンボ人生は吾が身を　より小さくするにすぎないと思う。

報恩とは恩返しであるが　同時にそれは神からの福音になって戻される　報恩　になるのだが　義理とか人情とか言う無理矢理押し付けの方が罷《まか》り通《とお》って　素直な報恩をつぶす世の中の様に見えてな

らない。

ともあれ
真心を金銭に代えて表現することは正しいけれど　気をつけないと　逆に　金銭の多少で真心を計算すると言う間違いを犯《おか》すことになるので　宮主は　金包みの内容は　見ざる・言わざる・聞かざるで　通している。

風！

世の中を金銭で動かす風
世の中を真心で動かす風
一国を民族の純血で守る風
一国を争乱に巻き込む風

何処から吹くのか　吹いてくるのか
考えるほど恐ろしい風である。

今　私は　エジプトの風にならねばならない。

その為の握手と知れば　手と手を握り合せる事の裏の世界の凄《すさま》じさに驚くほか無い。
前日の階段ピラミッド前の祭祀は宮主の前生復活祭。
今日の祭祀が愈々　十三夜祭　で　ボスホラス海満月祭への　神力充実祭　になる。

エジプト政府の特別許可が下りたので　自動車をピラミッド前迄乗り入れることが出来る。

祭事予定地は　カフラ王ピラミッド前だ。

遥かにピラミッドを眺めながら砂漠地帯へ向って出発する。

殆んど雨が降らない空が一転した。

日が翳《かげ》って空と地が強風の中。

薄墨色の雲の隙間《すきま》を透《とお》して陽《ひ》の箭《や》が降り注ぐ。

其の箭が空に　光と影のピラミッド　を生み出した。

ピラミッド三体と言ったが其の三体が神秘の三体に化《な》った。

光と影のピラミッドは神体ピラミッド
地上のピラミッドは現世のピラミッド
では　第三のピラミッドは何処にあるか。

宮主の祭祀に依って　斎座《いわくら》ピラミッド　が出現する。

それは　宇宙空間を自在に移動し　躍動する霊体ピラミッドであろう。

やがて日本国に霊体移動する第三のピラミッドが
「霊《たま》の齋城《いわき》」の名称をもって出現する。
祭祀に先立ち　クフ王ピラミッド内へ入れて貰う。
岩窟の中へ入ってゆく様な感じだ。
五千年昔の世界はどんな世界だろうか
低い天井《てんじょう》
ぎゅっと腰を曲げて歩く。
背の高い人ほど辛いことだろうと吾が身にいさゝか感謝する。
ピラミッド内を昇ってゆくのだが私の感覚は逆に降りてゆく。
広間があって中央に石棺があるだけ。
窓など全く無い　空間　妖気　渦を巻く。
其の妖気に触れてみる。
別に私を嫌っている様に思えないが　ザラッとした砂漠の砂の精霊を感じさせる。
連れの者達　どうしているかな？
背を折り曲げ　呼吸困難を惹《ひ》きおこしている者がいる。
どうした？

皆んな　それ〴〵の前生を持っている中におそらくエジプトの国に関《かかわ》る何事かを秘めているのであろう。
再び石棺に向って合掌して祈る。
和やかな心の　風　を送り続けた。
皆んな　元気を取り戻し　ピラミッド内を退出できた。

急がねばならない　祭祀の時間が近い。
クフ王ピラミッドからカフラ王ピラミッド前へ移動する。

フト気がついてみると広大な砂漠の中に建つ此のピラミッドの周囲に立っている者は日垣の庭の人達だけになっている。
観光の人で賑わう筈だった。
又
此の辺りは思わぬ危険が予想されるので十分注意する様にと係の人から教えられて来たのだがと思わず見廻した。
折しも
太陽は西の地平線上に浮び　月は東の地平線上に昇りはじめた。
初発《はじめ》と終りが一緒になって表れる光景が是れだ。

月が昇り
日が沈む
美しく
荘厳
ピラミッドも砂漠も黄金色に染まってゆく。
地球と言う神が太陽と月と結んで壮大な祭祀を執り行っている世界が此の現世であると証明なさっている。

此の事実

やがて私を此の壮大な祭祀の世界へと導いてゆくのだが　未だ此の段階では　私自身が宙に浮きそうであった。

満月祭が日月と地球の結びまつりになる。

道友達の尽力で祭場が調った。

祭祀　開始
渦巻く風が周辺に小さな龍巻きを幾つも生み出してゆく。

ぎゅっと空気が一点に凝縮《ぎょうしゅく》した。
此の世を　超えた。
無心
合掌
祝詞《のりと》奏上など丶言うものでは無い
太陽と月と地球のむすび言葉が私から溢れ出す。言霊《ことだま》が舞っている。
風　大地　共鳴りをおこす。
太陽は西に真紅《しんく》の玉となってとゞまり

満月さながらの十三夜の月が東の空に浮ぶ。
思考力は全く零《ゼロ》の神波《しんぱ》だ。
皆《み》んな　その波に乗る。
その波が凄いッ

十三夜の月と太陽と地球が　ピラミッドの中天《なかぞら》へ　全天の星の力を集

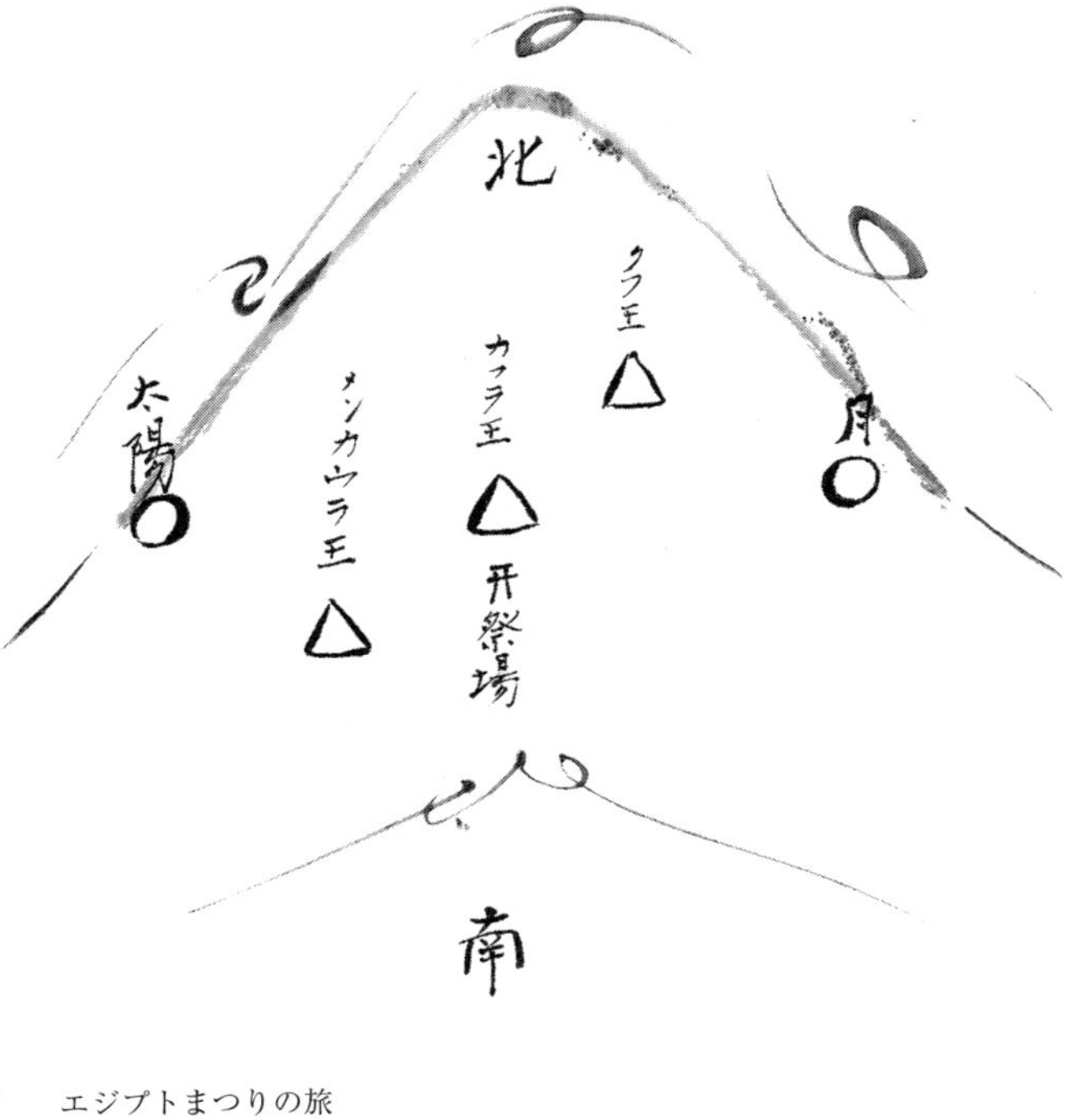

めている波だ。
紀行文を書きながら此の時の光景を思い出している時　気がついたことがある。
是れほど　無際涯《むさいがい》の神力を集めるピラミッドを築いたエジプト国と国王が何故　興亡の歴史を繰返したか?
此の巨大な力を背景にすれば　国も栄え民族も興ったであろうにと首をかしげた。
それに応えるかの様に
エジプトの大地の精霊が私に告げる言葉があった。
〝宮主さま
何事も無く祭祀が終了したかの様に見えますが　実は　大変なことが起きました〟
然《そ》う言って　次に　私の胸に堪《こた》えるほどの事を教えてくれた
その教えの中にエジプト国興亡の謎が含まれていた。

＊　＊　＊

人が神を信ずるところに宗教がある
それは善い
だが
気がつかぬうち　宗教が　人間の都合で　生きる為の道具になり変ることがある
然うなったら
その宗教も其の国も亡びる

亡ぼされる。
ピラミッドが集めてくる神力は　真実　の別名である。
真実が動くと　真実発動体　になる。
真実が発動するところに　偽り　は滅ぶ。

斯うして　神を礼拝した筈の権力者達が亡んで行った次第である。

＊　＊　＊

現代　此の目で見つめられたら　存在を許される宗教者は存在しないであろう。
祭祀は続いている。
私の奥底に流れる神流が　其の祭祀の舟を浮かべている。
風速《かざはや》　浪速《なみはや》　八種《やくさ》　雷《いかずち》　と神々の名を呼んだ一瞬　烈風が目の前の祭具を吹き飛ばしていた。
時間　それは創造力だ
一瞬　天地が覆《くつが》える
祭祀は　瞬時　にして終ることが多い。

まつりが終って　風も止み　私も天地も疲れた。
私は
砂漠に　落日に　名月に　未練を残し　再会を希《ねが》ってピラミッドに別れを告げた。

宿　ラムセス・ヒルトンホテル
眼下をナイル川が流れている。
橋上は何処も変らぬ車の洪水。

やがて日が落ちる頃　ナイル川に船影が濃くなり　観光ライトが点《とも》り　賑やかになって来た
窓辺に寄りかゝっている私。
今日のピラミッドの祭祀が遠い昔の　幻《まぼろし》の様に思われるのは　どうした事だろう。
あの　強烈な祭祀が　幻　である筈が無いと思うのだが　一瞬の間に通り過ぎた光景の様だ。
やはり　異《ちが》う世界（異次元）の出来事であったのかと思う。

三　トルコ　ボスホラス海底のまつり

一九九四年三月二十五日
私はトルコのイスタンブール行きの機上から　湧き上る雲の峰を眺めていた。
あちらの雲　こちらの雲
皆んな意志《いし》を持っている
浮んでは消える自然現象などと言ってはならない。
雲の意志があると言うより　雲を千変万化せしむる神々の意志があると言うべきか。
その雲が私に　さまざまな語りかけをする。
取り別け　アラビアの国の国魂様の声が私に出迎えのメッセージを伝えなさる。

海が見えてきた
湾が表れてきた
ボスホラス海峡は何《ど》の辺りか？

イスタンブール空港に着陸。

美人ガイドの出迎え
ギュリーン　パザロールと名乗ってくれた。その時　私の奥の前生探知機にスイッチが入った。

ギュリーンと名乗るこの人の前生は？

今を去る五百年前　キリスト教の伝導に生命をかけている。

所は日本国か——今　日本語の通訳と言う仕事に携っているのはその頃の宿縁であろう。

更に遠く遡る
ギリシャ時代　アレクサンドロスの母であった。

と言う事は　その昔　私の母と言う事になる。

格別の親しみを覚えるのも不思議では無い。

宿は　スイスホテル。

窓の外はボスホラス海峡で船が行き交い　白い波を立てている。

窓が密閉されているので音が聞こえて来ないのも何か物足りない。

音の無い海峡は味の付いていない食物の様だ。


此の海峡に私の神々は何をさせようとしているのか。

今から凡そ三万年の昔の光景を蘇えらせると此処《ここ》は広大な大地　陸地であった。

その大地が沈んで海峡になった頃　私は私の魂を誕生させている。

未だ陸地であった所に秘められた岩座があって　其処に私の魂が出現し　その岩座からシナイ山へ飛んだ歴史が在る。
その頃のシナイ半島は現在の様な砂漠では無かった。
緑の山々が連っていた筈である。
私の誕生したボスホラスの岩座は　今　海底に残っている。

其処は神秘の里　神秘の国　神々の国と言える。
今其処が閉ざされた儘　宮主の祭祀を待っている。

紀行文を勝手に書かせて貰っている。
読む人が　千人に一人　万人に一人でも　成るほど　人に前生があってそう言う事もあるのかと思ってくれれば嬉しい。

三月二十六日はイスタンブールの市内見物に出かけた。
博物館から　イスラム教の教会・ブルウモスク・トプカプ宮殿・トルコ絨毯の織物工場　等　久しぶりに歩いてまわったので其の折々の記を綴りたい。

博物館

見る物　すべてが古代人のミイラに関るものばかりだ。
私は正常体質。
だから　死者に向えば私自身がミイラの波動に染《そま》ってゆくではないか。
ミイラは白い包帯で巻かれているから無事。
私は此の肉体がバラバラに分解してゆく感じだ。
お陰で館内を歩きながら冷汗の中で苦汁を飲む思いであった。

ブルウモスク

大きな教会堂　ブルウモスクの中は薄明《うすあか》りの中に　数人の参拝者を容《い》れている。
色とりどりの絨毯が敷きつめられ　周囲はブルーのガラスで飾られている。
気になるのは裸電球を張り渡した電灯線に鈴成りの天井である。
異様な声を挙げる硝子《ガラス》
その声を吸収する絨毯
その絨毯に吸われる様に座る人々。
祈り　祈り　祈り
イスラム教徒の祈りが此の薄明りの下で何世紀も続いていると思えば　その祈りが　今
何処の世界に届き　どの様な応答《こたえ》をもたらすのか。

各地の争乱が祈りの結果とは思えない。
是れを何と解釈するか
是の流れが此の民族の在り方である　と言われれば　それまでの事だが?
〃ギュリーンさん
私は向うに見える祈祷処に坐ってお祈りがしたいのだけど宜敷《よろし》いでしょうか〃
然《そ》うですね。
許可があれば一人だけと言ってくれた。

彼女はイスラム教徒の中で　その許可を与えるほどの立場の様だ。

私の周囲に無数の目
えッ
此の目は何ですか?
此の世の人の目では無い
亡き人々の目が　いっぱい。
其の目の中を歩いて祈祷処へ進むのだが　目にぶつかりながら歩くみたいだ。
十メートルほど歩いた時　フッと異境へ入った。

其処は　イスラムの民族の想念　の世界で宗教も宗派も無い世界。
イスラム教も無ければ神道も無い世界だった。

イスラム民族の心との対話
〝私を此の国に受け入れて下さった事を感謝する。

イスラム　の民族誕生神に申す。

地上人類の原点と人類の祖《おや》なる神の意志が働いて　今　地球上の全民族の新生を確立させようとなさっている。

その意志を受けて此の国を訪れた日垣宮主の心と血潮に　イスラム民族の血と心を結んで貰いたい。

そして
ボスホラスの海底に秘める隠戸《かくりど》を開く手伝いをして頂きたい〟

此の対話の中で　私の身中にイスラム民族の血統が生れた。

ビデオ撮影をしていた者が言う
宮主が祈祷処へ向って歩くこと十メートルあたりで　忽然　宮主の映像が消えた。
肉眼で見ると確かに見えるのに画面に映らない。

それが
祈祷処から戻って同じ地点迄来ると　元通りの映像が表れた　と。
どうしてそう言う現象が表れるか?
ビデオ君に尋ねても　知らない　と答えるだろう。
宮主と一緒に動く世界がある。
イスラム教の世界がある。
異質の歴史　異質の世界。
異質の世界が交流する為　虚空界――（真空界）が生れる。
真空界はカメラに映り得ない。

然《そ》う言う事。

ブルウモスクの中に　もう一つ神秘の空間があった。
相京美智恵なる女性が同行していた。
オヤッ
此の人の前生の一つが此処に霊火　を燃やし続けていると気がついた。

近代エジプト　ムハンマド　アリー朝を創立した者に間違いない。
マケドニア地方の都市　カワーラ　に生れ其の土地の持つエネルギーに支えられて戦った人である。
此の人に限らず　人は　知らず識らず其の前生の旅路を今生に於いて辿ることが多い。
前生の影が今生で動くなどと言う様に浅々しい事では無い。
前生と今生が一つになって更に新しい人生を作ってゆくと思えば　此の旅は楽しくなる。

トプカプ宮殿
所狭しと陳列された宝石・刀剣　その他の古代遺物を眺めながら歩いてゆく。
どれも　これも　古代でございますッと言う顔をして収まっている。
眺める私
気が晴れない。

是れは昔の物だ　と無理に押えつけて陳列棚へ置かれている者達が　冷たい目で私を見返す。

〝然《そ》うだね
君達だって　今　現代に生きているし　過去の栄光に輝きたいと思うよ
何《いず》れ　そのうち　新しい時代に生きる人がやってきて　君達を明るい世界へ出してくれることを
信じようではないか〟

ところで　今日　此処に訪れた人の中で　トプカプ宮殿に昔の想い出を誘う者が沢山居る筈なんだが　少し　私に協力しませんかと宮殿内のスピリットに語り掛ける。
まず第一　案内役のギュリーンさんの前生と此の宮殿の縁があった。
往時の　王女の一人。

宮殿内に貴族の立つ席があったので其処に立って貰ったところ　忽ち　其の昔の貴婦人が匂い立つ様である。

その二
此の宮殿華やかなりし頃　此の国の国王として君臨した人が居る。
そして　当時　その皇子と生れた者が二人あった。
事情があって十八歳　毒殺されている。

此の様にして死んだ者が　今　此の世に生れ更って来ると　毒殺された昔の精神と肉体が一緒に付いてくるものだ。

宿縁流すべからず
宮主の心術の一端を以て　此の人達の暗影を払うことができた。

以後　此の人達の人生に明るさが加わって行きつつあるのは嬉しい。
さまざまな想念を走馬灯の様に廻らせながら宮殿の見証を終る。

トルコ絨毯工場

有名なトルコ絨毯を織る工場へ案内してくれた。

日本語が上手な支配人
次から次へ　織物工程を見せてくれるが本当のところ熟《よ》く分からない。

光線の当り加減に依って色彩に明暗を表す織り方はどうなっているのであろうか?

私にとって
今　胸いっぱいに広がっているのは明日のボスホラス海上祭の事で　織物の事など　上《うわ》の空　だったが　何気無しに眺めた一枚が宮主に同行を求めた。

一緒に祭場へ！

分かったッ　買います。

明日は此の絨毯を敷いて其の上で祭祀をすることにする。

価格は　日本円で三十二万円　と言う。

トルコの絨毯ッ

織物？
とんでも無い　皆《み》んな民族の喜びと哀しみが織り込まれている　民族の精霊《スピリット》だ。
見るだけで疲れるのは当然。

アレクサンドロスの復活

ギュリーンに逢ったのが機縁になって　私の中で　しきりに　アレクサンドロス（アレキサンダー）の霊波が動く。
明日の船上祭の前に　どうしてもやらねばならぬ大事が出てきた。
ホテルの一室
心が落ちつくにつれ　私の背後が重くなって　俄に語りかけてくるものがある。
どうした？
宮主の前生　一つ一つ　どうしても　今回　できる限り其の全身に収納させる必要がある　その一つ
未だ宮主は疑っている様であるが　アレキサンダー　は間違いなく前生の一つであると信じなくてはならない。
明日　何としても　考古学博物館へ行ってアレキサンダーの遺体を納めた柩《ひつぎ》の中に残っている霊魂の影を　宮主の体内に収容せねばならないと言う。

疑っている暇が無い。

大切なボスホラス海のまつりを成就させる為に必要なことなら　やるしか無いと思って　タクシーに乗った。


古い石畳の上を走っている様な感じ。

公園?

少し違うな　公園では無かろう。

古い昔の墓地が博物館と一緒になって公園みたいな風景を作っていた。

門を入った
左手に一つ博物館。

右の奥に大きな古い館物《たてもの》　これが考古学博物館らしい。

残念でしたッ
日曜日で　おまけに今日はトルコ挙げての選挙が行われると言うので　考古学博物館には入れないと分かった。


左側の陳列館を見てまわる。

その中で　石で彫んだ小さな亀とアレクサンドロスの写真を一枚買い求め　庭園を歩く。

昔からの墓地と思われる土に立って　考古学博物館に目を据えた。

目をつむった
館内を心眼に映す
柩の影が次第に表れる。

左手を大地に翳《かざ》すと大地から墓地が霊気を　掌《てのひら》の下へ集中させ　霊気の柱　を形成する。

霊気の柱に　霊迎《たまむか》えの火　を点《とも》すと館内の柩の中と結んで　私の全身が見えない炎の柱に化《な》る。

虚空の中に　忽ち　白球の様な霊体が浮び出した。

アレクサンドロスだ！

すぅっと飛んで来て炎の柱の中に消えた。

再生　終了。

何故　アレクサンドロスの霊を再生させる必要があるのだろうか。

その昔　アレクサンドロスがこの辺り一帯の神々に深い神縁を結んで活躍していたので　今回の祭祀に其の神々の復活を求めると言う意味があった。
けれど
私自身　エネルギーの強化を必要としていた。

快晴のボスホラス海峡。

岸壁に百五十人乗りの大船が着いた。

海上に殆んど船影を見ないのは　日曜日と選挙が重なった結果だそうだ。

乗船
気がついてみると　新聞記者が一緒　テレビカメラマンが一緒。
いつの間に　どうして斯《こ》うなったのか分からないが　ピラミット祭の頃から私と観光大臣の会見がテレビ放映されたり　新聞報道されていたそうだから　これも自然の成りゆきだろうと気にならない。

世界中の神々を招《よ》びたい希《ねが》いで船上に万国旗の掲揚を頼んであった　その旗が風を呼んではためく。

宮主さま
船をどの辺に持ってゆきますかと尋ねられるが見当もつかない広さの海峡の上に浮ぶ船だ。

海底から神々の通信を待つしかないので　とにかく橋の下へ向って貰うことにした。

船が停まる位置　確認。


祭祀の為の神具を組み立て　米　塩　水　酒　を供えるのだが　日曜日のイスタンブールは酒類の販売をしてくれない。

葡萄酒があった。

大きな船に少ない人間の様だが　とんでもない。

船上は神霊群で満席になっている。

愈々　人類発生源に触れるまつりをするのだが　其の前に日本の神々の物語をさせて貰う。

諏訪の神と筑波山の神

ピラミットがエジプトの砂漠に建っている。

誰が建てたか？

人間の仕事では無い　神々の仕事だ。

誰方《どなた》様ですか？

八重事代主の神です。

えッ

日本の国の神様じゃないですか？

いゝえ　神様には日本も西洋も東洋も無い世界があって　事代主の神様も日本に祀られたから事代主と呼ばれたので　諸外国に於いては　それ〴〵　民族固有の神の名で呼ばれているのです。

今

ボスホラス海峡のまつりをするに当っても八重事代主の神様が中心になっている。

此の神様
日本の国では出雲の美保ヶ関に祀られる海の神だが　私の見るところ　世界中の海を治めていらっしゃる。
海だけでは無い
大きな　湖水　も治めなさる様に見受けられる。

日本の長野県に諏訪湖があって　其の畔《ほと》りに諏訪の神々が祀られている。
その中に「秋宮」があった。
秋宮の神木があって小さな丘を形成している。
此の丘に八重事代主の神を祀る。
長い年月　私は此処でお祀

エジプトの砂上に
八重事代主の神
ピラミッド神魂を
招ぶ

りをしている。
或る時　此の神木に掌をあて、　木の神と話をしていたら
〝宮主さん　五百年の樹令を保つ神木には五百年の生命力が入っているのです　だから　あなたは
私から五百年分のエネルギーを摂《と》ることが出来る〟と言われた。
その時
然《そ》うか　成るほど　神社に神霊をまつるけれど其の神霊は人間の様に死んだり生きたりしない筈だ。
八重事代主の神は人間が誕生する前から生き続けていると思う。
然う思えば　此の神に尋ねれば神代の昔の事が分る道理だ。
斯《こ》うして　私のまつりは次第に感覚を深くしてきた。
その感覚の中に時々　アラビヤ地方の神霊が入ってくる。
諏訪本宮と言う神社があって大きな欅《けやき》の木が沢山ある。
その中の何本かに宿る神霊にアラビヤの霊が居る。
アラビヤ国と諏訪の神にどんな関係があるのだろう。
此の問題を解くには　天軸と地軸　天磁気と地磁気と神々のことを知らねばならない。

地球が宇宙空間に浮いている。

人間も一人〳〵　宇宙空間に浮きながら大地と一緒に生きている。

天軸が北極から宇宙へと走る霊気で　地軸は南極から宇宙へ走る霊気で　これは目に見えない。

天軸と地軸が結んで間
に地球を置く。
以前　私は勘違いして
地軸は地球の内軸と解釈
していたが　地球は天軸
と地軸の間に置かれてい
た。

人間　人体に就いても同様な誤ちを持っていた。
人間は地軸と共に回転する霊物と思った。
ところが
人間も地球も　天軸と地軸の間の　虚空体であった。

目に見える人間が一体
天軸に結ぶ人間が一体
地軸に結ぶ人間が一体
合せて三体が人間の姿態であると判った。

地球も同様に思える。

天軸に沿って天磁気が生れる。
地軸に沿って地磁気が生れる。

天磁気と地磁気が結んで人が生きている。

斯《こ》う言うことだった。

日本列島は祭祀の国で　天軸をまつる神もあれば地軸をまつる神もあって　茨城県の筑波山に天軸の神様　長野県諏訪に地軸の神様がおいであそばす。

筑波山が天軸の世界出入口
諏訪湖が地軸の世界出入口

アラビヤに　昔　カタール国が地軸への出

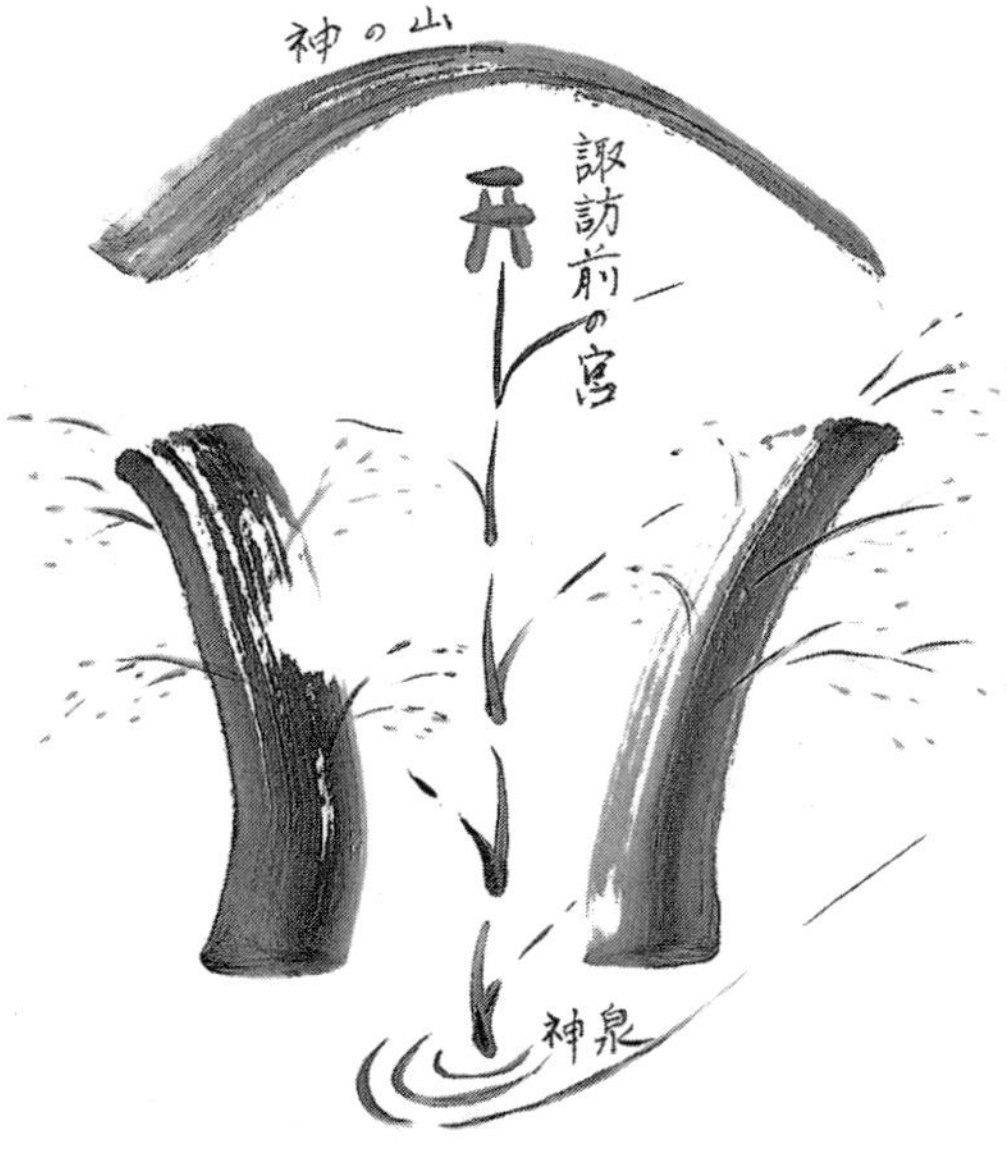

入口であったと言う物語りが残されていないだろうか?

その頃　地軸の神々が　日本の諏訪に向けて　アラビヤの神を送り込んだのであろう。

諏訪湖から天龍川に水が流れ落ちる所があって　此の水辺に御社宮司と言う名の神社がある。
昔は湖水の中の島に祀ってあったと伝えるのだが此の神様が　不思議　なのだ
私は此の神が古代　諏訪の神を祀った斎主の神社であると　承《うけたまわ》って　その様におまつりをさせて
貰って来たが　其の意味で　御社の宮司様と言う名は確かに通る。
ところが
諏訪大社に　前宮　があって　此処の神様の名を　ミサクチ　と申しあげる。
御社宮司に振仮名すれば　ミ　シヤ　グ　シ　となる。
御社宮司は確かにミシヤクチである。

私が諏訪秋の宮の神木から聞く話の数々がある　その中で　ミシヤクチは「神聖な入口」　のことである。

アラビヤの天軸入口　ミシヤクチ　が日本へ来て諏訪湖になり　アラビヤ国との神縁を今に伝える。

ミシヤクシは又　御笏子　でもあり　日本の国では　伊弉那岐の神を祀る多賀大社や　淡路島の伊弉那岐神宮　更には　広島県　安芸の宮島の厳島神社などから　神様の璽《しるし》　として大切にされている。

斯《こ》うなってくると　諏訪大社の神様が良く分らなくなってくる。

正式に

タケミナカタの大神

ヤサカトメの大神

此の二神を祭神とする意味が分らないことになる。

どうなっているのか？

タケミナカタとヤサカトメは諏訪湖を生んだ神様だった。

其の訳は？

不明！

私は諏訪の神に尋ねる。

〝タケミナカタ様　ヤサカトメ様　あなたは何をなさる為に存在するのですか。
神代の昔
鹿島神宮に祀られている武甕槌《たけみかずち》の神と力較べして負けたので　逃げて　諏訪に留ったとお聞きしますが　本当でしょうか。
又
八坂刀売《やさかとめ》の神様とは　どの様な関係でございますか。
教えてください〟と。

諏訪の神様のお答えを言葉に直すと
随分　ぶしつけなお方ぢゃ
全てを宣べる事は叶わぬが　必要な限りを宣べる。
まづ　八坂刀売の事。
八ヶ岳連峰は諏訪の神国を巡《めぐ》る　忌垣《いむがき》（此処から中は神々の世界ですと言ってめぐらす垣根）になっている。
八坂は八境と書くこともできる。
八境は　すべての境の事ぢゃ。
八坂刀売は　全ての境を守る力　のことで　実は　八尺瓊之勾玉《やさかにのまがたま》の精《せい》　である。
天照大神は太陽神界の神で　髪に飾る勾玉を八尺瓊之勾玉と呼ぶ。

そして此の玉は　炎の世界を祀る神力　を生み出すので　八坂刀売は太陽の火を祀る精魂《スピリット》である。

此の玉を八ヶ岳連峰に鎮めた。

八ヶ岳は炎の神力を秘めて諏訪神界を守っている。

八坂刀売が炎の姿で　鏡の神　に化神する時　此処《ここ》に日の神が映る。

昔から　宮主に対して　諏訪本宮は日の神が鎮まると訓《おし》えてきた所以《ゆえん》である。

扨《さて》
此の八ヶ岳の山の精を一ヶ所に集めた所があって　此の山を「もりや山」と言う。

もりや山は八坂刀売の勾玉の炎を守っている神体山である。

次は　建御名方《たけみなかた》の話

建御名方の神は八重事代主の神の弟と言う。
建御名方も八重事代主も大国主の神の子であると伝えるが　神話に出てくる神々の服装を見ると
アラビヤ風の服を着ている。

神話に出てくる出雪の国は　現在の越《こし》の国である。

日本の神話を読むと　現在の出雲大社は古代の出雲の国では無いことが判る。

今の新潟県　富山県　石川県　福井県　などに　今でも残る古代出雲の伝説を懐かしく思うのだが
此の越中　越後　越前　と呼ばれた地方に　大国主の神と奴奈川媛《ぬながわひめ》の神の哀《かな》しい恋の物語りがあったり武甕槌の神がおいであそばした鹿島の森がある。
神話の中で鹿島の武甕槌の神と諏訪の建御名方の神が力較べした場所も　此の越《こし》の国であったに相違無い。

私は　一つ〳〵　此の足で歩いて確かめている。
その力較べだが　本当の意味は力較べなどと言う喧嘩では無かった。
手と手を強く取り合うのは　魂と魂を結ぶ意味である。

武甕槌の神は日の神の代表であった。

建御名方の神は水神である。

ミナカタは　水像《みなかた》　である。

水神建御名方が火の神武甕槌の神力を貰って諏訪へ行き　八坂刀売の炎の鏡の中へ入った。

八坂刀売の炎の鏡の中から　清水　が湧き大きな湖水になったのが　現在の諏訪湖である。

此処が地軸の神を祀る所で地磁気を呼び出す力を持っている。

地磁気は地球の南半球のエネルギー
天磁気は地球の北半球のエネルギー

地軸は地球南半球の神軸
天軸は地球北半球の神軸

斯《こ》うなると天地の軸の交わる地点の持つ意味は深い。

常に戦争を惹《ひ》きおこす地帯が此の辺りに集まるのも当然であろう。

今回　エジプトを訪れるに先立って筑波山の祀りをしている。

一月三十日の筑波山は雪の中であった。

天軸の神を祀る所である。エジプトもボスホラスも緯度の上から天軸の磁気で動くのだが其の天磁気の中で祭祀を主《つかさ》どるのが地軸の神　八重事代主様である。

何故？

天軸の関る世界で創造力を発揮する時
水の神界が此処に表れる。

水は何処から湧くのであろうか。

建御名方は水の神と言った。

八重事代主は何の神かと言えば　此の神も水神である事　間違い無い。

私共が生きている世界は　呼吸　している。

天地は呼吸するから生きられる。

人も　息をしなくなったら死ぬ。
天地の息が　風　になると万象が生れる。
此の風　此の息　此の神を建速素盞嗚《たけはやすさのほ》大神と申しあげる。
建速の　速　は　はや（風）のことで　建御名方も八重事代主も　素盞嗚の神界から生れる。
素盞嗚　風の世界から事代主　水の神が生れる。

人間の身体は水分で保たれているのであるが　水を飲んだからと言って其の水が其の儘人の肉体に成ることは無い。
其処《そこ》に風の力が要《い》る　息の力を必要とする。
つまり　肺臓の働きが無かったら水は肉体化できないのだ。

是れが判ると
水を沸かせる所があっても　その水が神体になって　建御名方に成ったり事代主になったりするには　素盞嗚様の力がどうしても必要であると分かるであろう。

素盞嗚様の風息《ふうそく》に依って誕生する八重事代主は　其の神力で水の世界を治めてゆく。

海水の世界が治まる。

湖水の世界が治まる。

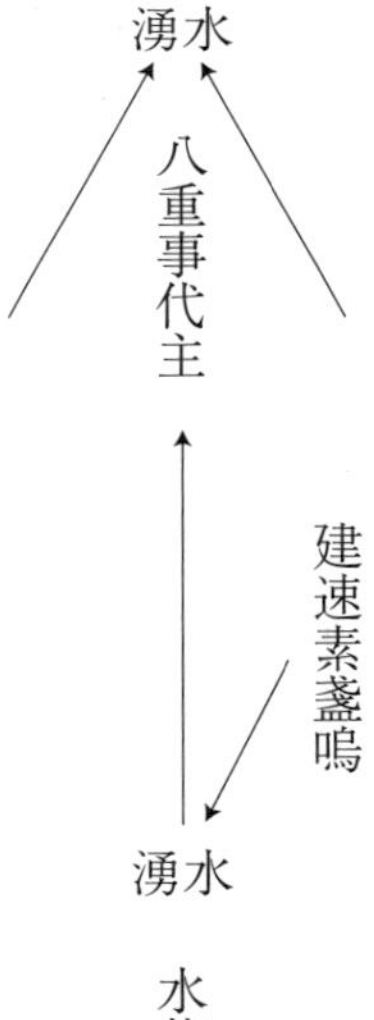

水を湧かせる神力の事を　手力《たぢから》　と表現するので　八重事代主は手力の神と言える。

手力を　田力　とも書く。

田《た》ん圃《ぼ》に水が湧く力が　田力　で　水が湧いた所に田ん圃が出来て　稲　を作ることができる。

海底に水の湧く所が無数にあって　タヂカラ　を振る。

大海原のタヂカラが波を立て　地球を動かす。

潮《しお》の八百路《やおじ》の八潮路《やしおじ》と言うが　此処においであそばす　夕の神　は恐ろしい力を持っている。

地震発生の原動力だ。

私は昔　日本の津軽にある　十三湊《とさみなと》　へ行って祀りをした事がある。
世界中に航路を開く船団が　今から八百年の昔　十三湊に在った。
大地震と津波で此所《ここ》は一瞬のうちに消滅した。

此の十三湊に　井舞《ヰまい》の神が　いた。
夕の神力を振る時　井舞の神はタイマイの神に化《な》る。
タイマイこそは地震発生の原動力を司《つかさど》る神であった。
私は　潮の八百路に居る此の神を　タイマイ神　と呼ぶ。
海亀を　玳瑁《たいまい》　と言うが　海神が玳瑁の姿で出現する時
地球に大変動《だいへんどう》があると昔から言い伝えるのも真実であろう。
建速素盞鳴大神
八重事代主大神
タイマイ
タヂカラ
海の神力

そして　ボスホラスの海。
その底なる　タヂカラ振《ぶ》りがどうなるのか。

ボスホラスの満月祭

一九九四年三月二十七日の世界が　今　満月祭をする。
坐った

息を調え　虚空の世界に同化してゆく。
私が　その昔　人間の世界に生まれて来た其処《そこ》が　此のボラホラスの海底　岩座《いわくら》。
八重事代主の神が　素盞嗚の神の息吹きを受けて生れたところが　此のボスホラスの海底　岩座。
私の奥底にある一つの世界が海底に向って入り初《はじ》める。
日本国に戸隠山がある様に　戸隠　は神界への入口である。
地軸神界の入口が諏訪に在ったが　ボスホラスの海底も「人間」と言う存在を神界から人間界へ運び込んだ　出入口　であった。

人間界　と言う生きものが存在した。

此の意味を知ることは難しい。

世界中に人間が居る
世界中に花が咲いている
世界中に樹木がある　岩石がある

世界中に海があり山がある
其の人間　花　樹木　岩石　海　山　等々は　どの様にして生れたのか?

夜がある　昼がある。
夜は何処から生れたのか　昼は何処から生れたのか?
此《こ》の世を現《うつ》し世《よ》と言う　彼《か》の世を幽《かく》り界《よ》と言う。
此の世と彼の世はどうして生れたのであろうか?

親が居る
子が居る
いったい　親はどうして出来るのか　子はどうして子なんだ?

私は神界から命ぜられて　現し世　の祀りをした事がある。

「現し世」と名付ける一人の人間が居ると思って貰う。

その現し世様は目に見えない普遍身《ふへんしん》を持っていて　此の世　と呼ばれている。

此の世の中に森羅万象があって人間も居る。

どんなに広大であっても　其の現し世様はお祀りをする時　現し世と呼ぶ一点になって私の祀りを受けなさった。

同じ感覚で　人間　を知って貰いたい。

人間が生れた！

何億人居ても　人間　だ。
一人でも人間だ。
人間と言う　光　が此の世に出て来た所があって　其処が　今　宮主の乗っている船の下に在るのだ。

其の扉を　今　開く
私の声
祝詞《のりと》
それは何であるのか
如何《いか》なる力を持つものか
強風を呼んだ！
建速素盞嗚の息吹《いぶ》きが　吹きめぐる中で　〝ボスホラス海底に魂城《たまき》はる　産《う》ぶの奇岩窓《くしいわまど》や打ち開け〟
と　声を張り上げた。
一瞬

船体が　ぐーんと傾き　船首の向きが変わってしまった。
海鳴りが激しく　強風が烈風に変った。
祭具《さいぐ》は船上に散乱する。
その中で　人間新生祭祀　が続く。

銀の鈴　五十個　を取って海に投げ入れ
白羽の矢を持って　海上へ飛ばす。
忽ち波が鎮まり風が止んだ。

どんなに美しい山へ入っても　山中から其の山は眺められない様に　千載一遇の祭祀を執り行っている中心からは何も見えない。
見えたら　それは　真実の祀りになっていないことになる。

祭祀が終って　参加なさった神々の声をお聞きすることで祭儀の模様を知ることになる。

祭儀　聞き書
百年　千年　万年　代々《よよ》を重ねまして　未《ま》だか　未《ま》だかと　天の機《とき》を御待ち申しましたが　今　漸く　その時が訪れ「人間」が　新生致します。

新生人間が　其の身の奥なる神力に依って地球を調えます。

ボスホラスの海底に　黄金白銀《こがねしろがね》の衣《ころも》を御召しになった神々（実際にその様な服装をしているのでは無い　神体が黄金に光る神や銀色に光る神々や紫の光に包まれる神々の表現である）が集まり
これから地球と人類をどうするか　神集会議を開いております。

八重事代主《やえことしろぬし》の神が主神であります。

其処に「八千鉾神宝《やちほこしんぽう》」が置かれました　神々の想念が　光彩　になって神宝へ集中します。

神々の想念が宮主の祭祀に応《こた》えなさる。
・人間の新生――霊性遺伝子の組替え
・地球の新生――霊子構成
此の想念が形に表れると　神躍体　に成ります。
（神躍とは神が躍動する事であるが　その躍動力が　霊体・玄胎《げんたい》　を取って顕《あらわ》れることである）
神躍体は時間と空間を自在に超える船に乗って　凡《あら》ゆる世界に向けて活動します。
今から後　宮主が訪れる国々に於いて　此の神躍体が活動することでありましょう。
ボスホラスの海の祀りに続いて　マダガスカルの祀りが予定されておりましたが　本日の祀りの結果　その必要が無くなりました。
次なる祭祀を　シナイ山　に決定いたしました。

是れが神々からの聞き書きである。
アレクサンドロス（アレキサンダー大王のこと） の霊魂はどうなったのであろうか?
次なる祭祀が重なって　やがて　世紀末に到る　その時の祭祀に此のアレクサンドロスの霊波が必要になると思うのだが　現在　其の祭祀予定地は戦乱の 巷《ちまた》と化している。

不思議な　そして大切なボスホラスの海の祀りは終っていない。
以後　人類の続く限りボスホラスの海底なる神座《かみくら》は其の光を失うこと無く　祭祀は永遠に続くことであろう。

人間は何時《いつ》　どの様に　発生したのか。
神界にある　八心《やごころ》思兼《おもいかね》の神　にお尋《たず》ねしたことがある。

〃地球は人間を創って　人間を住ませ　人間の神性を開く為に造られました〃
と言う答えだ。

人に人魂《にんこん》がある。
人魂の誕生は人に依って　其の時を異《こと》にし　其の処を異にし　其の魂源を異にしているので　ボスホラスの海底だけが人魂誕生の地点とは言えない。

然《しか》しながら
人魂誕生の神界のまつりをする為の場所を選ぶ折は　直接　その祭祀を執り行う宮主自身と　其のまつりを担当なさる神霊の誕生地点を以て其の祭場とする。
ボスホラス海底は
生命の泉を湧かせた　聖処　の岩戸が閉じられて　戸隠《とがくし》になっていた。
今回
其の扉が開かれたので　噴き上げる水圧の強さで海流が逆巻き　船底を持ち上げ　船影を大きく傾けた。
その船の周囲は一面　クラゲの大群だった。
クラゲは海の精霊群に違いない。
翌《あく》る日のトルコ新聞のトップ記事は　殆んど一面が此の祭祀の写真と記事で埋めつくされていた。

忘れもの一つ
三月二十八日　早朝

就寝中　枕元の電話が鳴った。

？

孫娘さくらの声

おじいちゃん　助けてッ

どうしたッ

お腹が痛くて動けないのッ

原因は？

さくらの霊魂が　ボスホラス海底の泉の精霊につながっていて　昨日のまつりで　泉の門を開いたが　祭祀の激しさにまぎれて　さくらの霊源に関る隠《かく》り戸《ど》の門を閉じることを忘れていた。

その為

開かれた泉の門からへドロの大群が流れ込み　さくらの腹痛だ。

大急ぎ

考古学博物館で買っておいた石亀（ボスホラス海底の門を開くまつりに使った）を取り出し神呪《まじない》を加え　使いの者に持たせてボスホラス海峡に架けられた橋から海中へ投げこめと指示した。

道路　混雑
でも　タクシーが混雑を避け三十分で到着し亀を海へ入れた
其の瞬間　さくらの心音が正常に戻った。

やれ〳〵　まつりは始末が難しいものだ。
今迄　私は　気がつかぬうち　どれほどの失敗を重ねたことか。
反省する。

トルコの国
イスタンブール
ボスホラスの海
ホテル
空
風景が生きた光彩になって　今も私の中で躍動している。
前途に　シナイ山の祭祀　が待っている。
その時　私は再び此処《ここ》を訪れることであろう。

四　屋久島への旅

屋久島に至る迄

平成六年五月十七日　朝
此処《ここ》は日本の国鹿児島県　屋久島。
夜玖《やく》神社神庭の砂上に坐って　豊玉媛《とよたまひめ》の神と向い合っている。

私は　何故　此処に坐っているのだろうか。
話は四月四日に　遡《さかのぼ》る。
京都に住む鈴庄さんから頼まれて　祇園女御塚　に詣でた。
平の清盛　が愛《いつく》しんだ女御の霊を祀る小さな丘に立った時　さま〴〵な想いが湧き上がり
其の昔　平の清盛は此の辺りで誕生した事も知った。

今は小さな丘であるが　鎌倉時代　此処は清冽な水が湧き　美しい泉の畔《ほとり》には四季の草花が匂い
立ち　東山の神々が神遊びなさる神の庭であった。

東山の神々の光の御座であったそうだ。
戦乱の世が過ぎ　世相幾変遷
神の泉を汚し　水も涸《か》れた
やがて　いつとは無く　此の土地を汚す者に災いが襲う様になった。
私の心眼に映る祇園女御の影が　私を呼んだ鈴庄さんに重なるではないか。

東山の神は京都の大地を治めている。
その神が申されるに
宮主に頼みがある——京都の大地が打ち続いた戦乱の為　死者の血で汚れ　死者の想念で冷たくなってしまった
故《ゆえ》無く死んで逝《い》った人々の亡魂を新生させて貰えないかと言う。

承知した。

それからが大変だ

・富士浅間神社の神霊が八剣を翳《かざ》して協力。
・新潟県弥彦山の神が　黒神三日月の神を通して常夜の灯を点して下さった。
・明星の神が　湯の恵み　を下さって冷えた心の魂に温《ぬく》もりを下さった。
・人間に　夜美路《よみじ》を通い行く通行手形を下さることになって　宗像《むなかた》三女神の中　タギリ媛の神がお働きくださった。
・塩釜の神が　万物が大地の恵みで蘇える為　特に　潮干珠《しおひるたま》と潮満珠《しおみつたま》の神力を表すことになった。
・亡くなった人が其の身を保ち続ける　夜美の鏡がある　その鏡は炎で縁取りされているのだが此の鏡を取る方法が判らない
阿智神社（倉敷にある）の神が此の火を取る手助けをしてくれた。
・山河も人も　願いごと　があるのだが　その願いを神々に通わす道は　伊予の二名《ふたな》の島《しま》と言う四国に秘めてあったので　その道を拝借することにした。
・人が亡くなると　額に三角の光を宿すが　ピラミットの神の恵みであった。
此のピラミットが生命の水を湧かせると人魂が新生するので　エジプトの神から力を借りることにしたところ　大麻神社へ此の光が結んでくださった。
・人のみたまが新らしく生れ更る為に必要な太玉がある　その太玉を大麻の神と飯山の神が分けてくれることになった。
・大地に無数のスダマ（魑魅）が居る
そのスダマ安定をせねば人間の屍体を吸い込んだ大地が蘇えって来ない

小豆島に太陽の丘があってオリーブ神殿が祀ってあるのだが　此の丘に宮主は大野手媛の神を招《よ》ぶ
四月二十日　此処でスダマ新生祭をした時　大天地のまこと心（天地創造神力である）に依ってスダマが「心」に変った。
・小豆島に　銀波の海　と称する浜がある
此処に海神ワタツミ様が表れて　過去世を集める　神力を振り始めた。
・四月二十四日　長野県戸隠山の奥社へ登って祭祀をした時　人間が大地の力を四ツに分けて頂戴できる様になった。
四魂大地が働いて非業の死をとげたる人々を蘇えらせる（神酒の香が柱になる）
・前に　夜美路通行手形の祭祀をしたが　飯綱山の神社の前にある　神の池　の祭祀で　夜美路へ通う船　が表れた。
・四月二十六日の朝　満月祭
タマシヒの姿　を御見せくださった
タマシヒの力が入った時　蘇った霊魂も活動できる。
・京都に祇園《ぎおん》がある
祇園は神々の園であるが　誤って偽音《ぎおん》になる
歓楽の巷に偽音が往行する偽音（心）　をして真実の心に立て替える時　祇音　となる
これも霊魂新生の大切な心得の一つ。
・五月に入った

八咫烏の神が居る
愈々　世界に向けて神々が往く。

〝人もスダマも　万象を拝むことを神許されている〟

此の一事がすべての祭祀を成就させる基本である。
・五月十三日の三日月祭に於いて　人もスダマも　三日月の神の光を貰うことに依って　喜びの姿を表すことが可能になった。

漸く　これで屋久島の祭祀の準備が出来た。
神様方も大変だったろう
私達も力を出しつくした。

空路屋久島着が五月十六日。
晴天
うららかな島内を見て廻った。
紀元杉と名付ける古杉は見るほどに歴史を感じさせるが　奥山に寂《しず》けさと共に住んでいたいであろうにと哀《かな》しさが伝わってくる。

雨季に入ると全山悉くが瀧になってしまいます　と説明される山肌を幾つか見せて貰ったが　其の中で　大川の瀧の前に立って驚いた。

昔　私が　島根県美保神社で　岩の中から五千年振りに　此の世に御出しした龍神が申された　三十三体の龍神群（伊弉那美大神の分魂）発生源が此処だった。

此の大瀧の龍神界こそ　エジプトのピラミッドで御逢いした　イヨマンテ夜の食国《おすくに》振《ぶ》る龍神にとっても　魂の故郷　であった。

改めて　再度　此の島を訪れて此の龍神界新生祭をせねばなるまい。

宿は　浮雲ホテル

私の感覚
通常で無い
離れ小島の感じ
浮雲にも似た感じ
屋久島の位置が本土から離れているので是《こ》の様な思いになるのか？
い、や　然《そ》うでは無い。

では　何だ？

夜玖神社のまつりで此の謎が解けた。

京都の八坂神社は　厄神　と言う。
人は皆　厄病を嫌って　厄祓いを願う。
同じ京都に　吉田神社　があって　其の丘に　大元宮なる神社が建っている。
吉田神社に日本一の祭祀が伝って　是れが厄祓い　追難《ついな》のまつりである。

八坂神社の御本殿の下に　神の池　があって　厄の龍神　がおいでなさる。

その龍神が私に教えてくれた。

〝鹿児島県　屋久島は厄島で厄神の郷《さと》であります　東山の神からの亡魂安定まつりは必ず屋久島へ赴きなさることであります〟と。

一瞬　私の中を　夜《よる》の食国《おすくに》　と言う声が過ぎて行ったことを覚えている。
さて　夜玖神社のまつりであるが　哀しい心音《こころね》に埋もれて居る訳にはゆかんと　南国の朝日を全

身に浴びながら姿勢を正し　祭祀に入ってゆく。
確かに此の島は　神話に残る夜の食国であると知った。

鎮魂の光景を記してみよう。

夜玖島から霊の齋城

夜光の玉　がある。

屋久島は夜玖島で夜光の玉の島。

「玖」は玉の暗黒色なるを言う　猫目石など此の玉の類である。

亡くなった者達が　生前　此の世に残した思いの数々を浄化し　其の希望を叶えてやると言う祀りがあって　此のまつりに夜光の玉を用いる神法を知っている。

屋久島に其の神法が結んでいた。

此の島の海底は美しく　水の流れは神の川になっている。
海底に大きな海亀や　えい　その他の魚がゆっくり遊泳している。
海の中と思わず　陸の続きと思って眺めると　其処《そこ》に急流もあれば深潭《しんたん》もある。
美しい流れに乗った屋久島の龍神が　マナシカツマノ小舟に乗るかの様に　此の川を遡ったところ
鳴門の海　播磨灘　加古川　を通って　兵庫県は柏原《かいばら》の郷《さと》に辿り着いた。

此処は水の郷《さと》　氷上部だ。
水が生まれる郷
柏原は　カヒハラ　で　神氷原《かいはら》
氷川が清水を生命の水にしている。
此の辺り一帯を歩いてみると
太古以来　満々と水を湛《たた》える湖沼が広がり巨大な龍神方が沢山おいであそばした。
一番偉い神様が素戔嗚の神。
夜玖の龍神から　素戔嗚様に夜光の玉を神璽に差しあげた。

以後　此の里に日本第一厄神　が鎮座あそばす。
分水《わけみず》の里　である。

此の郷には　奈良県三輪明神の故里でもあり
三諸山《みもろやま》もある。
分水の流れが京都の八坂へ流れ　八坂神社になり　厄神の　神力を表した。

そして其の京都の龍神が私を屋久島へ導いた。

厄神物語は終ったが　未だ釈然《しゃくぜん》としないので霊界インターネットの鍵を押してみる。
出現した光景は　地上の厄神に対して天《あめ》の厄神だった。
天の厄神は　アンドロメダ星雲界ブラックホールの神だ。
アンドロメダ星雲界　厄神の扉を開く。
中から　六剣の光　が放射する。

〃一九九四年　月影が五月二十七夜になる時　此の六剣の光が人間に宿る〃と記す。
此の六剣の光の神を奉斎する所を神戸の六甲山と見る。

鎮魂の光景は此の辺りで終るが　やがて此の光景は現実の事になって　神戸の淡河　六甲山脈の懐に「霊《たま》の斎城《いわき》」が誕生する。

六甲山脈の中に丹生山があって北陸地方に聳える白山の神界に神縁を結んでいた。

私は　白山の神々に九十九ヶ月に亘る　新生祭　を御仕え申しあげたが　同時に　丹生山へも九十九ヶ月の新生祭を御仕えしている。
私の中で六甲山は六光山であり　六甲山は丹生《にぶ》神山である。

此の祭祀の中から「黒神三日月祭」を採り出すことができた。

月が無月になる三日前を黒神三日月と言う。
アンドロメダ星雲界から此の月に　地球と人間の運命　が降ってくる。
此の黒神の三日月様が　黒海とボスホラスの海底神界を　日本国　明石の海に結び　淡河の郷　丹生山に結んだ。
丹生山の働きが移動して　淡河に　国懸《くにかかす》鏡《かがみ》神座《かみくら》　が築かれた。
国懸鏡神座が明石の海　子午線の通る海浜に於いて　国生みのまつり　を開始した。
私は　月毎に　明石の海で国生みのまつりを続けた。
対岸に淡路島がある　伊弉那岐神宮が在って国生みの神力が祀ってある。

五月十七日朝　夜玖神社のまつりをして八ヶ月経った一月十七日朝　明石の海　国生みの神座から巨大な地震が発生した。
満月祭の直後である。

同時に国懸鏡神座の大地が割れて温水が噴き上がってきた。

地球精魂の籠《こも》り水である。

淡河の地　葛城の山と私が呼ぶ所。

以前から大地の精魂を祀る小型ピラミッドを造ってあったが　今　其処に　巨大な水晶宮殿ピラミッドが建った。


日本と世界のみたまを御まつりするピラミッドが誕生した。

地球と人類のみたまを御まつりするピラミッドが生れた。

是れが霊《たま》の齋城《いわき》である

初めてやってきた屋久島は屋久杉の細工場から杉の香りが溢れていた。
精巧な細工に見入っている私
欲しいと言う気持になれないのだ。
杉細工を見ていると疲れる。
是れが屋久杉だ　是の杉を見てくれッ　と言うのは細工師の想念に違いない。
杉の細工は何と思っているのだろう
山の奥深いところで生き続け　やがて枯れたら土に還る
その土から新しい芽が出る

新生だ
それは山の喜びであり杉の喜びであろう。
観光と言う光の中に置かれる山や杉の気持を人間は知らない様だ。
もう観光は要《い》りませんッ　と　山や杉が拒絶する時のやって来ないことを祈る。
大川の瀧での祭祀は此の後　約束通り執り行ったが　紀行文から外してある。
十八日　雨降らず　航路つゝがなく十二時半　羽田空港に戻った。

五　イタリー国への旅

平成六年十一月　二十一日　朝
私は成田空港からイタリー国ミラノに向って飛び立った。
西暦一九九四年の冬である。

ミラノ迄の道程

ミラノには　私が習い覚えた日本古武道の公開と日本の古美術品展示会を兼ねる茶道セレモニーが待っている。
然しながら
私の全身感覚は　イタリーと言う国の心に触れる思いでいっぱい。
一人一人の人間の事では無い
イタリー国と言う　心の　広がりに逢いたい。
九月に九州の開聞岳へ行った。
開聞岳の神は　開岐《ひらき》の神と申して神の門を開く働きをなさる。

その神が　今回のイタリー旅立ちに当って格別のまつりをなさった。
どんな祀りか？
人が亡くなってから赴《おもむ》く世界があり　人を此の世へ送りだす世界があって　此の世界を常闇《とこやみ》の国
と呼ぶ。
常闇は　影　である。
此の　影　を生み出す神が宮主と一緒にイタリーへ旅立つことになった。

十月になって　更に大変な事が表れた。

世界中に　民族　がある。
民族には民族の　心　がある。
民族の心は民族発祥の大地から生れる。

民族を生み出す神の世界　大禍津日《おおまがつひ》の神界がある。
大禍津日の神は　食国《おすくに》の働き　を持っている。
食国は国を食べること。
民族は一つの国だから民族を食べることになる。
食べると　どうなるか

民族が大禍津日の中に入る。
大禍津日は食べた民族の姿に化身《けしん》する。
斯うして
幽界の民族が此の世へ姿を表した。
地球上の民族は大禍津日の神の化身であった。
だから　争乱

今　新世紀誕生の時代
民族は新生せねばならない。

どうするか?

大禍津日の神の中から脱け出す以外に無い。
脱け出しただけでは　漂《ただよ》うばかりだ。
漂っていては乱れが消えない。
其処に　民族の魂の故里《ふるさと》がある。
民族の魂の故里へ戻ることが出来るなら　民族は新生する。

民族は　人　の集まりである。
人は魂である。
魂に息の根がある。
息の根が根を張っている世界を「根の国」と言うのだが　根の国を知る者が居なかった。
四国の香川県内に　小豆島　があって小豆島に　銀波の海と太陽の丘　がある。
知友　堀本文治氏は小豆島の人で　此の島の山祇《やまずみ》の神の世界から人間の世界へ生まれてきた人と聞いている。

寒霞渓《かんかけい》と名付ける名勝の丘に　太陽の丘と呼ぶ台地を開き　此処にオリーブ神殿を築き世界の親和を祈って伊弉那岐《いざなぎ》　伊弉那美《いざなみ》　夫婦の神々を祀った。
土の庄《とのしょう》　と呼ぶ港の近くに銀波の海と名付ける　海の神の祭場を選び　其処にホテルを建てた。
縁があって　宮主が其の双方に　祭祀　をする事になった。
太陽の丘の神々は　オリーブの油の潤《うるお》うが如く　人の心を潤し　魂を潤す約束をなさった。
銀波の海の海神が　オリオンの星の世界から　民族新生の泉を　人間の世界へ齎《もたら》すことを約束なさった。

斯《こ》うして　私をイタリーへ送り出した。

ミラノの話

夜のミラノ空港に着いた。
いつもマルロさんと親しく呼んでいるイタリー料理の経営者（ラディーチェ氏とお呼びするそうだ）
運転席いっぱいの巨躯に　はちきれそうな元気で　高速道を時速百五十キロのスピードで走る。
夜景など全く視界に入ってこない。
あっと言う間に　グランドホテル到着。
先に着いて準備をしていた娘達の出迎えも外国で逢った感覚が　格別。
両手を大きく開いて　とびつくッと言う様な流れだ。
どうも　娘達の背後にイタリー国のみたま達の歓迎が躍っている様だ。

特別室は左手にベランダ　手前に応接間　長い廊下。
でも
ぎっしりと建て込んだ周囲を眺める限り此処も日本の東京も余り変わっていない。

大きなベッド　大きな毛布一枚　枕が二つ。
一人寝に馴れた身にとって　これでは睡眠不可能だ。
床に毛布を敷いて寝ることにする。
はて

ではベッドの上に誰が寝る?

そりゃあ奥様に決まっているさ。

外国旅行に此の不便が　ずぅっと付いてまわる様だ。
私は磁石を持って旅をするので寝る時の枕をいつも東に置くことにしている。
お東さま
お西さま
お南さま
お北さま
皆《み》んな　夫れぐ〵力を持ち働きが違っているから　南枕などで眠ったことは無い。
東西南北　お構い無し　などと思う様になったら私の人生も終りだろう。

私は神道日垣の庭と称する宗教法人を持ち毎日　毎月　さまぐ〵な祭祀を執り行っている。

ミラノに泊った日は「商魂祭」だった。

商魂祭は分り易く言えば　交流のまつりである。
1　文化交流
2　思想交流
3　物々交流

その中で商《あきな》いが行われる。

商いに商いの魂があるので其の魂を祀る。

人の願いと神々の希《ねが》いを結ぶところから名付けて「参願商魂祭」と言ってきた。

応接間を使って商魂祭をした。


忽ち私の感覚の中からホテルの建物が消えて　ミラノ　だけになる。

人間が建物を建て　人口が増え　都会が出来て昔の大自然が無くなっても　神々の世界から見る其処は　一大虚空界　だ。

太古
現在地が　アルプスの神仙遊行地点であった。

そして　今　太古の神仙界が現在のミラノへの歴史を超えて　私に語りかける。

神仙界とはどんな世界であろう。

日本の国にも中国にも神仙物語りが伝わっているが　ヨーロッパ地方に此の思想は無いのであろうか。

一神教と多神教がある。

日本の神道は多神教であるが西洋に伝わるキリスト教など一神教と聞いている。

それでも大天使ガビエルの物語りがあったり　天使ルシファー物語りがあるので　あながちに一神教と決められないと思う。

神仙の世界は本当のところ　私にも良く分らない。

私が神を求め続けた修行の道に　顕れなさる神々があって　その神々が　御自身で　神仙と名乗り龍神と名乗りなさるから　是れが神仙かと思い　是れが龍神かと思う。

人間の世界のことだって　本当のところ私には分からないことが多過ぎる。

人の心が分からない。

人の身体が分からない。

分かるのは自分に関係のある事ばかりだ。

然《そ》う言う意味で　世界中が私にとって分からない事づくめで　一つに逢って驚き　二つに逢って再び驚き　三つ目を想像すると忽ち間違うと言う事の繰り返しである。

だから　神修無際涯　と言えるのだろう。
ミラノへやってきたのも其の不思議が一つ表れた次第である。

商魂祭で御逢いした仙魂の話に依ると　アルプスの山々に神仙の住む世界があって　昔から　ミラノ地方へ向けて御働きあそばしたそうだ。

神仙の活躍にも上から下まで　裏から表まで　さま〴〵ある様であるが　宮主の感覚の一つを使って其の光景を述べてみよう。

ミラノに山があり川が流れ泉が湧いているとする。
山には山の魂があり　川にも川の魂があり　泉に泉の魂がある。
アルプスの神仙界に存在するエネルギーの中で育った神仙達が此の山や川・泉に向って其のエネルギーを注ぐと　ミラノの山・川・泉　の色がアルプスの色彩を加えて光る。

アルプスの色彩とは神々の思想である。
アルプスの色彩・思想　の中に何が入っているのか。
是が問題で　此の色彩の善悪・清濁で世界が変わってゆくことになる。

是だけ説明させて貰ったのは　イタリー国から始まる地球まつりの旅の　意義　を理解して貰いたいからである。
アルプス神仙が申されるに
〝太古以来　アルプス神仙界に伝わる神宝があるので　其の神宝を宮主に贈りたい
その為　今回のミラノを拠点《きよてん》に　五つの湖水を巡り其の水神の魂を一つに集めて貰いたい〟と。

神宝が如何《いか》なるものか私は知らないが　今回の旅をしている中　だんだん解ってくると思い　それ以上お尋ねすることは止めた。

ホテルの近くに有名な　ドウオモ　が建っている。
昔の王宮
大きいですな
昔からの立派な寺院・王宮が輝かしい歴史の中で失われず　今に続いている。
それは　大地の持つエネルギーの強さに支《ささ》えられることが多い。
砂上の楼閣　其処に歴史も栄光も存続できない道理がある。

古武道演武と茶道セレモニイ

一九九四年十一月二十二日夕刻　イタリー在住の日本人が通訳を引き受けてくれて　宮主が公開する　一位流合気古武道演武を始めた。

どの様にして探したのか　日本畳が敷いてある。

当り前の様に思ったらとんでも無い　本当に有難い事だ。

ミラノ総領事　小松久也氏が御夫婦で出席してくださった。

各界の名士六十名ほどが見てくださる前で挨拶させて貰い　日本古武道に就いてのお話をしながら

実技をお見せした。

凡そ二時間。

日本の武術は正しく坐るところから始まり
坐取《いど》り技《わざ》　が生れる。

立ち上がるところから　半身《はんみ》半立技《はんたちわざ》　が出来あがった。

歩くところに　気の流れ　が流れ
止まるところに　気が渦を巻く。

其の気が体を動かすところに　体道・体術が完成して行った。

話しながら武術・体技をお見せするのは可成りの気力が要求されるものである。

私は元来　武術家になるつもりは無かったので此の様な公開演武を外国で開催するなど夢の様な事である。

夢の様な事ほど楽しいと言う事が判った。

ニュースのビデオ撮りをする記者も居て　私が連れて行った若者達も　それなりに楽しんでいる様だ。

通訳は本業絵画《えか》きさんの　龍村明氏　と言う。

生家は京都の有名な織物業を営む所と話された。

演武する私と一緒にミラノの仙魂も結構楽しんでいる。

小松総領事が流暢なイタリー語で御挨拶して下さった。

御好意　謝して尚お余りあり。


会場を移して次は茶道セレモニィ開催。

ミラノに住む茶道愛好の御婦人達が盛装して茶席を盛り立てる。

外国と言うライトの光。

和服と言う日本の光が茶器を捧げて動いている。

いろ〳〵な光が行ったり来たりしている中で　さまざまな思いが交流してゆく。

誰も　口をきかない。

静かな　静かな　空気だけが流れ　溢れてゆく。

茶道なんてものは元来有りはしない。

人が　時の流れの中で　茶と茶器に動かされる。

動かすのでは無くて動かされると言う流れの中に　人生を一つ新しく発見できるなら　それは素晴らしい。

湧き立つ湯釜に湯の気が流れる。

茶碗の味があって人を惹《ひ》き寄せる。

其の中で動く人。
没我の境とは　我を忘れて茶の湯に吾が身を任せることではないか。
その中に　日本女性の本質が生きる。
宮主が見る茶道所感の一つだ。

嬉しい賑わいの中に一日目が終った。

日本料理を出す店がある。

皆《み》んなで食べに行った。

夜の街の空気が　鉄の味がする　固いのだ。

日本料理の味は?


十一月二十三日　引き続き演武会と茶道セレモニイ開催。

私は同じ事を二度繰り返さないと言うリズムを持っているので　演武も話も前日の続きの様に表現する。

総領事夫妻　その他　前日に増す熱意を籠めてくださる。

賑やかさが溢れている。

精神交流の成果と思う。

今迄の柔道や空手を見馴れた人にとって　私の演武は　武術と言うより舞姿《まいすがた》に見えたかも知れない。

手と手が軽く触れた　一瞬　人が毬《まり》の様に宙を飛んで転倒するのは真実の武術として当り前の技である。

真剣を相手にした時
真剣に触れたら斬られる。

だから触れる一瞬　相手を投げるのは武術の道理である。

古美術品の展示

古美術　古武道　古神道。
古は何を意味するのか　考えて貰いたい。

古を　いにしえ　と読む。

新しさに対して古いと言う表現があるのだが是れは関係無い。

未だ　名　が付いていない状態を古と称する。

美術が流派を競《きそ》いはじめたら古から外れる。

武道が流派を競いはじめたら古から外れる。

神道が流派を称する様になったら古から外れる。

古武道は　型　以前の自然体を言う。
古神道は　神社神道や山獄《さんがく》神道以前の自然道である。
古美術は　民族の自然流露体　と言える。
人が生きてゆくのに必要あって生れる美術品。
その中に民族の精魂が籠る美術品と思って今回　ミラノへ持参した品には　刀剣の鍔《つば》・根《ね》付《つけ》・印籠《いんろう》などである。
鍔も根付も印籠も　精魂が　在る。
その精魂の色合いを理解して欲しいと思って　簡単な解説をしておく。

○鍔《つば》
中心に刀剣の中子《なかご》と呼ぶ所が入り　側面に刀の小柄《こづか》と称する刀子《とうす》が入ったり　笄《こうがい》を入れたりする様に形が造られているのだが　此の鍔を刀剣の付属品と思ってはならない。

美術品として見るなら鍔の形・全体の姿・模様などに着目したら宜《よろ》敷《し》い。

取り別け　金工師達が技術の粋を集めた彫刻には目を見張らせるものがある。

やはり拡大鏡の用意が必要と思うのだが　鍔と称する一個の存在価値を是非知って貰いたい。
昔　江戸時代　甲冑師《かっちゅうし》なる職業があって　戦場で身を守る甲冑を造っていたが　此の甲冑師の一人が　甲《かぶと》を割る程の刀剣を造ることを念願に　刀剣師の修行を始めたそうだ。
念願叶って甲《かぶと》を切り割る程の名刀を造る迄になったと言う話がある。
甲冑も刀剣も元来は吾が身を守る為にあることに変りは無い。
刀剣に取り付ける　鍔も　吾が身を守る為に存在する。
従って　鍔の良し悪しは其の美醜に関らず使い良さに在った。
一枚の鍔が刀剣に取り付けられる事に依って刀剣が振り易くなるなら良質の鍔と言える。
刀剣の良し悪しも亦　同様に　手に取って振る　振り加減の良いものほど上等刀剣と言える。
不思議なもので　良質の鉄を使って鍛えた刀剣以外に振り加減の良いものは無かった。
刀剣全長の五分の一に手を当ててみると其の刀剣の振り加減が分かるのであるが　此処に一枚の鍔が加わった時　其の振り加減がどう変るかである。

話が刀剣談に傾いた様であるが　鍔　そのものが保有する霊力が在って　所持する人を危害から守る事を以て鍔の本文とする。

力強さ
優美さ

素朴さ
素材さまぐ〳〵
一枚　一枚　味がある　魅力がある。
人間の肉体は鉄分を要求する。
鉄分が不足すると　爪《つめ》が弱くなる。
爪は吾が身を守る働きの一つである。
その鉄を材料とする　鍔　にあなたの愛情を注ぎ給え。

○根付《ねつけ》
○印籠《いんろう》
根付けと印籠はいつも一緒に居る。
和服に帯をしめる。
その帯に印籠を下げる。
帯と印籠を結ぶ時　印籠が落ちない様に小さな道具を作って　これに根付と名付けた。
日本人は　縁結びの神　を信仰するところから此の根付に縁結びの力を込める事を知った。
印籠は　印章を入れる容器であるが　印肉を一緒に入れる様に作られている。
更に工夫した上で　病気や災難を避ける霊力迄此の印籠に入れる事を考えた。
そこで　印籠を三段にして　印章・印肉・丸薬　と別けて入れる様に作ったものである。

成る程
印章は本人を代表する印璽《しるし》。
印肉は印章を捺《お》す時に使うもので　朱肉　とも言う　此の朱肉が魔除けの力を持っているので　昔
武士が戦場へ出る時　朱で顔に隈取《くまど》りした。
病魔退散
七難退散
更に　根付で良縁を求める。
良縁も　さまぐ〳〵　である。
男女　恋愛
財運豊饒
武運長久
求道不尽
求めたら限り無いのが良縁である。
これでも未だ〳〵満足できないので　もう一つ深い処で日本人が　緒締《おじめ》　と言うものを考え出した。

○緒締《おじめ》
印籠の紐を二本にして根付で結ぶのであるが　此の紐を緩《かん》・急《きゅう》　自在に締める小道具を作って
これに緒締と名付けた。

緒締に　玉　が使われる。
水晶球
瑪瑙《めのう》球
珊瑚《さんご》球
皆《み》んな　それぐ〳〵動きが違う。
水晶球は　人の心　を招《よ》んでくる力を持っている。
瑪瑙球は　人の心と心を結ぶ力を持っている。
珊瑚球は　黄泉界《よみかい》に人の心を結ぶ力があるので　見えない先祖や友人の霊達の心が集まると信じられている。
斯《こ》うしてみると　日本人の服装の中には　さまざまな人生の願いが沢山〳〵籠められていることに気がつくであろう。

今回の古美術展は其の意味で　日本人の心の展示会と言える。

ベニスの話

一九九四年十一月二十四日　私は生れて初めてイタリーの列車に乗った。
ミラノ駅に立って眺めた景色は日本の国の駅のそれとは全く異《ちが》って見える。
地球の上に汽車がある。

汽車の入れ場がミラノ駅で　汽車の入れ場が組立てられていると言う感じだ。
日本の国の駅は先ず初めに人間が居て人間が汽車を待っている感じがする。
此の異《ちが》いは　知っておく必要がある。
民族の生き方なのだ。
世界中の民族が斯《こ》の様にそれぐ違う。
発車
積み上げる程多いトランクが悠々と入る広い車輌に棚の造りも頑丈で安心。
車窓
広大な農地が続いているが野菜の青さが見えないのは？
日が暮れる　海の中を列車が走っていると思ったら　道路の様な橋の上だった。
ベニスの駅に着いた サンタルチア駅。
船に乗り換える。
海の上のバスが運河の中を走る　折れ曲がった海の路　すれ違う船　船　船。
桟橋に着いた。
ホテルの前が直ぐに運河で前日迄海水がロビー内迄入っていたそうだ。

幼い頃を想い出した。
北利根川　牛堀村　川に面して幼な友達の家が旅館をしていて　その前から此《こ》の様に船が出ていた。

乗合船が水門をくゞって佐原町迄行くと旅館に泊って　翌日汽車に乗った。
ベニスのホテル
エレベーターは手で扉を開閉するのに驚いた。
それだけ此の国が日本国より先進国である証拠だ。
後進国ほど新しい設備と言う訳。

夕食を食べに外出する。
運河に沿って道が複雑に入りくみ　商店がぎっしりならんでいる。
宝石類が　きらきら　光っている。
広場に出た。
サンマルコ広場　夕暮は過ぎて夜景に沈むサンマルコ寺院が重たい。
向き合った　私
話があるのか?
応答　無し
表情　変らず
ベネツィアの過去の栄光を一身に集めて聳える此の寺院に　今　使命があるか?
答えは　闇の中。

日本食レストランは満席の盛況。
マル〳〵肥ったコック長の笑顔の方が日本食よりずっと魅力がある。
油や砂糖　肉　みんな私に無縁な中で　地中海産の海老さんだけが　塩焼　で運ばれてきた。
大きい　大きい
うまい
お腹いっぱい

ベニスの想い出が塩焼きの海老だけとは少しなさけない。
イタリーの旅だが　此の辺り迄の私は未だイタリー人に触れた感じがしない。

ユダヤの教会

十一月二十五日　以前からマルロ氏に頼んであった希《ねが》いの一つが通って　ユダヤの教会を訪れることになった。
五十余年の昔　日本の国で読まれたユダヤ民族に関する本に書かれた内容は　全く　ユダヤ民族の恐ろしさを強調するものばかりであった。
今でも覚えている。
三S政策と言って　スポーツ　スクリーン　セックス　が日本民族を滅亡させる為に取るユダヤの政策であると言う。

私には信じ難いことだった。
世界の民族は　それぐ〵に生きる使命がある。
創造主の心である。
その使命を　私は　此の目で見極めたいと思う。
念《おも》いが初めて通った。
運河を船が渡ってゲットーに着き　石畳の上を歩きはじめた。
歩き出した時　忽ち　私は別の世界に入っていた。
蛍火《ほたるび》の様な火が無数に飛ぶ世界。
その火で一ぱいになっている空間。
胸に哀《かな》しさが湧く。
皆《み》んな　皆んな　亡くなったユダヤ人の亡霊の様だ。

其の蛍火に包まれた儘　ユダヤ教会（シナゴーク）の門をくゞった。
平凡な建物　普通の入口
教会と言う感じが無い
此処は　一五一六年　ユダヤ人を一定の区間に隔離して造られたゲットーですと説明された。
教会に見えない教会の入口
異教徒？

その意味は複雑だ。

階段を昇った二階は風景を一変させた。

異国だ
金色の教会内部は正に絢爛《けんらん》そのもの。

八十五万体を数える蛍火の中に入った儘　私はユダヤ教の　ジューイッシュラビ師　に逢った。

膠《にかわ》で固めた様な表情が私の前に居る。

挨拶する言葉も　舌の根を膠直《こうちょく》させた様な発言をする。

堂内　中央の聖処　金色の幕が垂れて見える。

中に何が納められているのか分らないが　私と共に在る蛍火が　思いを其処《そこ》に注《そそ》ぎ込む気配がする。

ラビ師の顔を見た。

礼拝を禁じます　撮影もいけませんと言う。

けれど　此の亡霊群をどうしたら良い！

やるしか無いッ
聖処に向って立つ　五秒間　合掌　鎮魂　みたま祀りする。
蛍火が一斉に消えた。
寂《しず》かな夜が溢れはじめた。

良かったッ
ラビ氏の顔
笑顔になって瞳が潤《うる》んでいる。
親愛をこめて握手する。
私の体内にユダヤ民族の精・霊・血潮　が憑《の》り移《うつ》った。
そして
私の中で　ルシファー再生祭が始まった。
いったい　私とルシファーが前生で何《ど》の様な関り合いがあると言うのだ。
伝え聞くところ
ルシファーは天使の長神《おさ》であった　最高位の天使であったが　如何《いか》なる理由あってか　地獄の王に堕《お》とされ　今に到ると言う。

私が此のまつりをするからには　必ず　近いうち　地獄界が消滅するに違い無いと思った。
屋外に出ても未だ私の中で　まつりが続いてい

る。

その屋外に井戸と云う井戸が塞《ふさ》がれ　水道水だけ流れている。
街が哀しむ
土が哀しんでいる
石畳の下で水が泣いている
空が見たい　雲が見たいと言って。
私の国　都会　同じ様に息が苦しかろう。
井戸に蓋《ふた》を覆《かぶ》せられ　大地はアスファルトかコンクリート敷き。
人間の自分勝手
人が井戸を掘る以前から　泉水は自然に湧き出し　天然の井泉　を造っていた筈だ
その井泉が天と地を結ぶ柱になっている。
龍神が其処から星空へ昇って行く。
星空から降る龍神は美しい天女の姿で水浴を楽しんでいたであろう。
噫《ああ》　何とかならぬものか！

私がゲットーを再び訪れる時は　おそらく隠《かく》り身《み》に変っていることであろう。
そして　蛍火の様な光を放つユダヤのみたま達と一緒に月を賞《め》で星を愛《め》でることであろう。

トルチェルロ島で下弦祭

ホテルの部屋から運河を眺め　運河の向う側に建つモスク（教会の堂宇）を眺め　明日の下弦祭を何処《どこ》にするか　考えていた。

空の下

どちらを向いても　私を招《よ》ぶ声がするのだ。

〝どうぞ此処《ここ》をお使い下さい〟と言う声が。

成田を出る時　ムラノ島　へ行かねばならない　ムラノ島へ行けば良いと思っていた。

其処《そこ》へ行こう。

変な話だが　行き先を考えない旅なんてあるものだろうか。

船が運河から海上へ出た。

海に標柱が立っていて水路を決め　その中を船が往来している。

気になる島が見える。

あの島は何の島？

え丶

〝人が死んだら行く島です　墓場の島です〟と教えてくれた。

再び運河に入った。

ムラノ島だ
所狭しと建物が並んでいる。

ムラノ島は　有名なベネチヤ硝子《ガラス》の製造工場が沢山ある所だそうだが　目標は下弦祭の場所探し。

レストランがあった。

紅茶が出る
皆《み》んなに相談して此の島の町長さんに電話すれば適当な所を教えてくれるだろうと言うことになった。

此の時
太った身体をゆらせ〝そのまつりなら　トロチェルロ島が一番だと思うよ〟と　イタリヤ語で話しかけてくれた人が居た。

私達の話を聞いていた様だ。

言葉が違うのにどうして分ったのだろうなどと疑問に思ったのは　ずぅっと後になってからである。

孫娘さくら　英語で再び尋ねる。

その島は何処?

〝船で行けば直ぐ近くです
昔　昔　ベニスの国で最も栄えた島ですが　島全体を襲った死の病（おそらくペスト病）で住民が殆んど死んでしまった。

緑の美しい島です。
静かな島に　今は住む者も僅かです〃
と教えてくれた。
早速　代表三名を選び船で急行することにした。
お陰で　ベネチヤ硝子の作業見学は残った人々だけの楽しみ。
ガイドブックに　トルチェルロ　又はトルチェツロと書いてあるが　聞いている私の耳にはトルチェルロと聞こえる。

高速で運河から海上へ　そして再び運河へ入る。
緑の島
護岸工事も施してある。
接岸　上陸。
全く人気が無い。
立ち止り　心耳を澄ませ　島の神の声を聞いた。
声
〃少し其の儘歩いてゆくと右手に大きな池があるので其の前を進んでゆけば　祭場　です〃と言う。
その通り歩いた
池など見当らない

立ち止って右を見たら凹地がある様だ
これが昔の大池の跡か　水は全く無い。
その左手　古い墓地で女神の石像が一体　半身迄《まで》土の中に埋まって泣いている。
千年の歴史が無言で佇《たたず》んでいる様だ。
池の向うに大きな教会が建っている。
サンタ　フォカス教会と後で知ったが　声を聞きつけ一人の修道女が表れた。
お願いがあります
教会の前を通らせてください。

え丶　宜敷《よろし》い　どうぞお通り下さい。

少くとも二百人は楽に入れる広さの教会が明るい日射しの下に在る。
その先
視界が大きく開いて川が流れている。
船着場
自然石の巨岩で造られた古代の港の跡。
眺めていた
俄《にわか》に心が霞んで　分らなくなった。

何も思わず　只《ただ》　皆《み》んなで港の石を掃除して戻った。
明日の　まつり　を此処で　と教会の者に許可をいただく。
涸《か》れた池を眺めたら　前に見えなかったのに今度は無数の死霊達が集っていた。
昔　死者蘇りの泉であったのか。
今昔遷《うつ》りゆく中に移らぬものは人の想いの強さか。
ならば　泉に集まる者達　心して明日を待て。
運河を分ける様にしてムラノへ戻った。
ムラノ見物は出来なかった。
ムラノから宿までの海上は波一つ無い　畳の上を滑る様に船が走った。
日が暮れて海に灯火《ひ》が点《とも》って美しい海の道になる。
船の道　そして昔からのみたまの通う道。
太古は深い〳〵海の底であったろうが　年々海底が盛り上って　所々に島が出来た。
それがベニスの島々。
だから
ベニスの島々は　皆《み》んな海底で親戚同士に違い無い。
船の灯《あか》りの中で
遥かに琉球国を想った。
八重山は海の島　みんな海底親戚だ。

琉球の夜空の星は大きく美しかった。
ベニスの夜空に星は無かった。
此の季節　取り別け雲が厚いそうである。
下弦祭の朝が来た。
未だ薄闇い海の上で灯影《ほかげ》が火縄の様に揺れて映る。
トルチェルロに向う船が白波を立て　乗っている私達は肌寒く襟《えり》を立てゝいた。
教会の塔が白く浮き立って見える。

さあ着いた。
前夜　ベニスの町中を探しまわった箒《ほうき》とバケツで川岸と石の台を洗い清め　祭壇　を作った。
皆《み》んな土の上に坐った。
目の前を川が流れ　川の神の気が祭場の裾《すそ》さながらに巡《めぐ》ってくる。
そよ風
霧が流れ　神々が霧に乗ってくる
袂《たもと》が　翻《ひるがえ》り　剣《つるぎ》が舞う
祝詞《のりと》に連れて　大地の気が揺れ　地霊が躍る
空が　俄に明るさを増してトルチェルロの神様のお出坐《でま》しだ。
まつりが続くうち此の神が　智恵の神界の神　であると判った。

神の智恵
人の智恵
何処が違うのか。
神の智恵は創造力が中心で人の智恵は消耗力が中心である。

人智逞《たくま》しくして　今　地球自身が消耗の危機に遭遇しているので　智恵の神界は誤った人智を封印する必要に迫られている。

下弦祭は別名を　心を祀る　と言う。
人心もあれば民族心もあり国家の心もあれば地球の心もある。
その心を祀る力が　日月にある。
仰ぐ空に下弦の月と太陽が東西に並んでいた。
寒さが緩んで温かになってきた。
世界が目を覚ましつゝある感じがする。

＊　＊　＊

ベニスに住む民族　ヘブライの人々。
日本の民族　ヤマト民族。
此の二流れは　表と裏になって誕生した　海津見《わたつみ》の海族　氏族。
表と裏は一枚に合さってこそ調う道理がある。

日垣の庭に築く水晶ピラミッドは　ベネチヤの人の手に依って造らねばならない。
日本国とベネチヤ。
日本人とベネチヤ人。
表と裏の結びが次なる時代を生んでゆくであろう。

＊　＊　＊

トルチェルロの智力で全世界に勇飛したベニスの商人全盛時代があった。
その街が亡びた
それは智力を誤った為か。
人類が破滅の渕《ふち》に立っている
それも智力を誤った為か。
智力　新生祭　成就。
次なる展開に全力を挙げよう。

ベニス遊行

トルチェルロ島から戻る船足は軽かった。
では
皆《み》んなでベニスの街の見物　そして買物に行くことにする。
運河に橋が幾つも架かっているので一本間違ったら全く違う場所へ入ってしまう。

サンマルコの広場に鳩が群れている。
明るい日射しと言いたいが空一面に白色の幕が引かれて太陽は其の上にある。
橋を渡ったら　其の向うに驚くほど沢山な店　店　店ばかりが並んでいる。
楽しそうに買物をする人の居た時代は遠い昔の様で　今　此処は　売る者と買う者も　余猶が無い。
売る者と買う者の間に　ゆったりした遊びがあって欲しい。
それが無いから　何やら背が重くなり肩が重くなってゆく。
売り買いに　騙し騙される楽しさがあっても良いと思うのだが。
駄目かな?

私が小学生の頃　牛堀村に金比羅さまの祭礼があって　長い〱石段を白衣を着た村人達が　そろり〱と神輿《みこし》を下していた。

私も子供みこしをかついで終日まつりに酔っていた。

酒も飲まぬのに　まつりみこしに酔う体験をさせて貰った覚えがある。

神社の境内に沢山の店が並んだ。

その中に〝チョイチョイ買いなよ　何でも十銭だよ〟と呼ぶ声が賑やかだった。

長い柄《え》の付いた杓子《しゃくし》の先に十銭受け取って調子良く囃《はや》し立てるおじさん　おばさん。

飴《あめ》をしゃぶりながら見とれている子達。

私も其の中の一人。

遠い昔の夢だ。

ベニス名物のゴンドラが運河で人待ち顔して揺れている。
黒く塗った船の上で若者が黙って客を待っている。
連れの者達は何処《どこ》へ行ったろうか。
フト見るゴンドラに乗っている者達がある　楽しむと言うより記念撮影の感じだ。

私の前に五色のベネチヤ硝子イヤリングが置いてある。
本当は五色の勾玉が欲しかったのだが　ベニスに勾玉など無い。
ミラノで商魂祭をした折　アルプスの仙魂から託された祭祀をするのに五色の勾玉が必要になった。
取敢《とりあ》えず　五色のベネチヤ硝子のイヤリングを以て祭祀をせねばならないので買った。

人に霊魂があって霊魂誕生の世界が一人ずつ違っている。
同行した人の中に　石の精から生れた人が居て　その人がミラノで不思議な夢を見たと言う。
〝五色の勾玉が目の前に　コロリ　コロリ　転がり出す夢を見ました〟と。
福井県の小浜に　瑪瑙細工　が伝っているので五色の瑪瑙勾玉を作って貰うことにしたが　更に重ねて　夢の女にも五色勾玉作製の依頼をしておいた。

イタリー国と日本列島は何か似通っている様に思う。
ベニスの人々の精神が日本精神を求めていることを感じる。
ミラノ　マルペンサ空港発
十二時間半の飛行　無事に帰国。

六　シナイ山への旅

シナイ山への道

私がシナイ山と言う名称を知ったのは何時の頃か　覚えていない。
十戒と名付ける映画を見た。
その中に　モーゼと古代エジプトの物語が盛り込んであった。
私は神の道を歩み続け　時々　空を見る。
空に未来が浮ぶ。
未来図の一つにシナイ山を行く宮主がある。
イタリー国ミラノへ行った時を境にして　私のシナイ山行きが確定した。
私の体内に前生が息をしている。
その前生がキリストを想い　モーゼを想う。
その想いの中にシナイ山霊像が次第に形を表しはじめた。
では　其のシナイ山は何処《どこ》に在るのか。
地図を調べてシナイ山は存在してないと知った。

モーゼ山は在る。

改めて私の行くシナイ山を心の世界に求める。

シナイ半島が息をしている。
そのシナイ半島の中に　神々の降臨する山があって　此の山をシナイ山と名付ける。
では　モーゼ山がシナイ山なのか？
分らない
行ってみる以外確かめ様が無い。

此の世の中を人が治めようとしているので政界・財界・代議士など、賑やかである。

けれど
人が治める世の中は法規が表面に出る。

法律が往来するので　燥《かわ》きすぎる。

やはり　三分位を人間が治め　あとは神々が取りしきるのが一番宜敷《よろし》い様だ。

神様は人に自由意思を下さっている　と言う事を現代人は少し思い違いしているみたいだ。

何をやっても自由だ　では無いのだ。

此処迄《ここまで》は人の考える範囲にして良い
此の辺りから先は神々に任せると言う様に智恵と理性を十分に働かせてゆくのが本当の自由意志で

信仰　も其処に生きてくる筈である。

〝神様ッ　此処から先は貴方にお任せします〟と言われて　承知しましたと応《こた》えなさる神々が本当に居るから　人界に自由意志が光る。
信仰の自由　とは斯《こ》う言う事だ。

神様が許して下さった信仰の自由。
人間が勝手に考え出す信仰の自由。
並べてみると根ッ子が全く違っていると思うのだが　どうであろう。

シナイ山へ行くのに　どうして斯んな事を書かねばならないか？
モーゼの十戒は普《ひろ》く知られている。
その戒めを人類全体の戒めと感違いしてはならない。
此の戒めは民族に対する民族神からの訓《おし》えであった。
そこで　私は　シナイ山へ行く。
神々の降臨を願って　人と神の立場を明確にせねばならない。
神と人の中間の世界もある。
その中間に住む霊人達が考え違いしていないであろうか？

私が　地球まつりの旅をするのは　いろ〳〵な意味がある。
其処に　さま〴〵な役目もある。
人は誰でも生れてきた役目があって　誰にも知られない所で　一つ〳〵　その役目を果す責任があるのだ。
一九九五年　私は七十二歳になる。
私が此の世に誕生した日は俄の大暴風雨で関東地方が大荒れに荒れたそうだが　今回　七十二歳の誕生祭を　新潟県の弥彦神社で執り行った時も　俄の強風　雷雨　雷鳴　落雷　そして一晩中霰《あられ》が降り続いた。
一夜明けて雪に変った。
弥彦山の初雪の中で　満月のまつりをした。
此の雨・風・雪・霰が全《すべ》て　三月に行くシナイ山の満月祭を成就させる働きをしていた。
過去と未来を分ける境が生れる必要があって　此の満月が其の働きを始めなさった。
シナイ山への旅程を三月十二日出発に決めた時から　次々と其の為のまつりが始まっているので今回も　順を追って書き表すことにする。
・十二月十三日と十四日の弥彦まつりの事は書いた。
・満月は　月の鏡　である。

三月に行くミラノの泉の神々をして　それ〴〵満月鏡のみたまにせねばならない。

・十二月十九日小豆島の太陽の丘で　山祇（山神のこと）八千体が表れて　シナイ山神修の為の一団を結成した。　寒気強烈！

・十二月二〇日　小豆島銀波の海で　七つの海（世界中の海のこと）の海神が　シナイ山神修の為の一団を結成した。　潮鳴《しおな》り清らなり！

・倉敷に在る火の神が　無形の生命体を有形化させる火力を集めなさった。（火の神の中に斯様《かよう》な力を持つ神があって火葬の折　霊体形成の力を振る）

・十二月二十六日下弦祭に於いて　山河の神魂がシナイ山神修の為の一団を形成した。此の一団の持つ力は　地球を維持する力　を持つ。

・十二月二十九日　黒神三日月祭に於いて　以後のまつりに依って　海が動き山が動くことになる。（海の霊体も山の霊体も自在に動いて人の前に表れること）

・十二月三十一日　越年祭に於いて　地球上に在る泉の神が宮主のまつりに応えることに成った。

・一九九五年一月一日　産土神魂が泉の神魂から姿を表す仕組みが表れた。（これで五泉が動く）

・一月七日　鹿島神宮みたらし池の前に於いて　日垣宮主は改めて少名彦那の神の現《うつ》し身と成る。（シナイ山の斎主が少名彦那である）

・一月八日　大洗磯前神社に於いて　アルプス山の神々をして　泉　に結ぶまつりをした。

・一月八日　香取神宮に於いて　アルプスの神仙界が　イタリー国の五つの泉の精気を集め　これを宮主の手に乗せなさると言う事始めをなさった。

又　夜昼花咲く架け橋　と称する橋が神界から生れた。（人が此の橋に乗ると自然に悟《さとり》の花が開く）

・一月二十四日　キリストの祀りをした時　地獄に堕ちたと言う　ルシファーのみたまが表れて

ルシファーは自《みずか》らの意志で地獄の主となったので　その目的は　すべての人を真実神の子に戻す為であると述べた。

・一月十五日　みそぎ祀りで「夜昼花咲く霊の大橋」が出現した。

神仙界往来の橋で　此の橋が無いとアルプスの祀りが出来ない。

・一月十七日　満月祭は十二月弥彦山に続く天下大変の祀りになった。

人間の身体の中から満月の神座を迎えることができる事になるので　地球は　今　改めて其の光を満月の光の中に置かねばならない。

此の祭祀が十七日四時二十六分であったが　一時間十分の後　神戸に大地震が発生した。阪神大地震である。

・一月二十八日　筑波山神社に於いて　五彩勾玉の解説をいたゞく。

その解説に依れば

地球と言う神の世界に「まつりの心」が光っている。

その心は「神界を男と女の姿に別けて再び結ぶ時生れる心」である。

その心が活動を始める時　五彩の玉　に成って結び（産霊とも言う）の力を表す。

筑波山のまつりの折　倭媛《やまとひめ》と申しあげる女神
から格別の訓えがあった。
とても大切な事なので書き記す。

＊　＊　＊

〃神が人を作ったのでは無い
人は自分の力で自分を作るものである
神に依って作られたものでは無い
故に
神　自《みずか》ら人と成ったものである
被造物では無い
人と言う神である
故に　今より後　人間神界形成まつり　をする〃

＊　＊　＊

これから訪れる　五泉湖　はどの様な働きをするかと言うに
日の神より五彩の光を分けられる龍神が五つの泉に棲《す》み古りて　神美《かみ》むすびの神よりの御下命をお
待ち申しあげる訳である　と言う解《と》き言《ごと》をいただいた。
・二月の上弦祭で「火打石」の神力を承った。
火打石を打つと火花が散る。

上弦の月が空で星のまつりをする。
月に叢雲《むらくも》がかゝる時　火花を散らして星と星が一刹那　天地創造のひゞきを振り出している。
その　ひゞき　は　万物悉くが過去世を一瞬にして集める火花である。
(此の訓《おし》えの通りの光景がやがて十三夜祭に表れる)
・二月の満月祭
愈々残り一ヶ月でシナイ山の満月祭になる。
夜昼花咲く霊の大橋　とは如何《いか》なる橋か解説を頂いた。
其の大橋。
夜昼は　潮干神と潮満神に変幻《へんげ》して　国魂神界　を動かす。
干・満の境は　夜・昼の境になる。
此の境が動いて国魂が生れる。
大橋は夜・昼に渡される境である。

その夜は

・二月二十六日　雪の諏訪湖でアルプス神仙界に向け　まつりの鈴　を鳴らす。

シナイ山迄の道程《みちのり》は遠かった
これだけの　まつり　を積み重ね　その全ては一度虚空に戻し　虚心　になって出発せねばならない。
では　その全てを忘れて出発準備に入る。

用意されたイタリー北部の地図を心眼で眺め　その中から五つの泉を探し出すことにした。

やがて
地図が私の心眼の中で現実の世界に変り　イタリー国からスイス国に展開してゆく。

心の視線が視点を探《さぐ》る。

その視点を追う。

モナテ湖
バレーゼ湖
マジョーレ湖
ルガーノ湖
コモ湖

訪れる五泉が決まった。

武術小伝

一九九五年三月十二日十時三十分　成田空港集合　十二時二十分出発。
イタリー国ミラノ到着が十七時十五分。
昨年十一月に訪れたミラノは霧の中であったが今回は　市街全体　目新しく迫って見える。
ホテル　カバリエル　に入った。
十三日はミラノ総領事　小松久也氏訪門
食事を共にしながら歓談三時間余り。
次に
前回の演武会を機縁に　日本古武道教授を希《ねが》い出ていた　ベニス在住のイタリー武術家　和道流師範等三名の為　ホテルの一室に於いて　一位流合気古武道の秘技を伝えること二時間。
大柄なイタリー人
小柄な宮主
武術に落差は無い。
アルツウジ氏　マリオ氏　等に漢字で其の名を書いて差しあげたところ大喜びなので　つい　気を良くして　持参した色紙に夫れ〲の守護霊（生れる時から其の土地の神が其の子の成長を祈って守護霊をお守役につけてくださる）の似顔絵を画いてあげることにした。

合気と言うが　何の事であるのか。
一位流とは　何であるのか。
皆《み》んなから尋ねられるが一言で説明するのは難しい。
・日本に古神道があって古神道と一緒に開眼するのが古武道である。
・だから　合気　も神道であり武道である。
・天地創造の神が最初の「一」で
・天地創造の働きとして御自身を二つに分けて　これが陰・陽の「二」になって
・天地創造体の「二」が万物を生み出す為　結ぶと「一」に戻り
・二が一に戻る（結ぶ）と新しい子が生れて「三」になる
・是の創造力と創造の動きが　合気　だから確かに合気は神道であり武道だと思う。

合気の極意
一二三　一二三　一二三だとしか言い様が無い
それを身体で表現するから　体道　と言う。
私は私なりに　鹿島神宮の神霊から授かった剣の力を大切にして　美剣体道《みつるぎたいどう》　と名付けている。
イタリー国　ベニスに美剣体道が此処《ここ》から初めて伝わってゆく。
稽古はつらい　けれど嬉しい。

アルプスへの五泉・勾玉のまつり

前回　ミラノでアルプスの神仙から〝宮主に渡したい神宝があるので　神宝拝受の為　白　黄　赤　緑　青　五色の勾玉を造り　五つの泉の精霊を此の勾玉に籠めて合体させる様に〟と伝えられ　日本に帰国して　勾玉作製を依頼した。

福井県敦賀《つるが》に住む　道地道彦氏が小浜の瑪瑙細工師に　五色の勾玉　を造らせた。

香川県の宇多津に住む　青木照恵氏には　神修参加者に頒ける五色勾玉分魂の調達を頼んだ。

青木氏は　あちら　こちら　勾玉を造ってくれる人を探したが　なか〳〵適当な人がみつからない。

元来　此の人の霊魂は岩石の神界に深い関係があるので必ず　製作者にめぐり逢うと思っていた。

青木氏は　岩石の神山を神体にしている神社が高松に在るので其処でお祈りをしてから　大きな声で「誰か勾玉を造ってくれる人を知りませんかーッ」と叫んだそうだ

声が返ってきた

〝知っているから連れて行ってあげよう〟と。

勾玉を専門に造っている人が本当に在ったのだ。

五色の美しい勾玉が斫《こ》うして造られ　今　私の手にある。

＊　＊　＊

まず初めに訪れるモナテ湖。

右側も左側も住宅でその間に湖水が見え隠れして　いったい　祭場を何処にして良いか探し様が無い。

早速で申し訳ないが　山琴媛《やまことひめ》の神を招《よ》んで道案内を頼んだ。

山琴媛の神は今回のアルプス五泉の祀りを機にして私の前に訪れた山神様で　言葉の神霊でもある。

ハイ　其の先を見てくださいッ
左側に広場が出て来ます
停車ねがいます
緑の芝生　そして　さゝやかな感じの公園で人は居ない。
葦の枯れ草が湖水に揺れて見える。
少し陰気な感じがする　その上に太陽が光を浴びせ無理に陽気に見せようとしている。
前面から左側にかけて大きく広がるモナテ湖に向って祭壇を築く。
一度も逢った事の無かった湖水の神々が私の祀りを受

け入れるのだろうか？

イタリー国へ来て日本人が日本語で述べる祭祀の言葉が　はたして　モナテ湖の神々に通うのであろうか？

ベニスの島々で執り行った祭祀の一つ〳〵の成果は　私だけの自己満足では無かったのか。

疑い出したら切りが無い。

見渡すモナテ湖は私の目に見えている。
見えているのは私の心の広がりと言える。
だったら　湖水は今　私の心だ。
祭祀も私の心の展開だ。
何処まで展開できるかは　私自身の問題である。
その　私　が　祭祀をする鏡　玉　剣　を前に置く。
鏡　玉　剣　は既に幾百回と重ねてきた祭祀の呼吸を此の場に運んでいる。
置くだけで一面に其の息が次第に広がってゆく。
だから　まつりに成る。
有難い事だ。
私のメモには　第一の泉——モナテ湖——親指——白色勾玉——十時十五分　とだけ記してあるが
これでは訳が分らないので詳しく書き綴る。

此の度　五つの湖を巡って　五湖の神霊の持つ神力を一つ〲　勾玉の中に集めることになった。
人に　掌　があり五本の指がある様に　今回は新しく　神の手　を創造せねばならない。
創造される神の手に依って　アルプスの山奥に秘められた神の扉が開かれ　シナイ山のまつりの扉も開かれる事になっている。

五指の第一がモナテ湖で神の手の親指に当る。

勾玉が白色勾玉である。

今日は三月十四日であるが月影は十三夜である。

十三夜のまつりに深い意味がある。

その意味は何か？

十三夜の月　それは　地球の陰に入った月が十三日かけて蓄えるエネルギー（神力）体である。

その月に向かって私が　まつり　をすると十三夜の月の神がさま〲に変化する。

モナテ湖ではどんな祀りをするか
1　ピラミッドの神界を結ぶ
2　太陽の神の生命力を此処に結ぶ
3　それを十三夜の月に結ぶ
123を加えると答が出る。

その答は

太陽の生命磁気がピラミッドの持つ　虚空体に入ってゆき　其の虚空体が十三夜の月の鏡に入ってゆく。
そうすると
十三夜月の鏡が地球に反映して地球内部に籠っている「地球エネルギー」を引き出す。
引き出した地球エネルギー（神力）を　モナテ湖の神に結ぶと　モナテ湖の神が持っている神力と合体してくれる。

モナテ湖の神力は　神宣言《かみのりこと》　であった。
神宣言とは——天地創造の神の創造力を含んでいる言葉である。
日本国にも　一言主の神　がおいであそばす。
従って　此の祀りが成就すると　地球神力と天地創造神力を併せる程の力を持つ　言葉の神　が生れる事になる。

その神が白色勾玉に宿る。
是れは素晴しいことだ。
湖水の深さは分らないので慎重に　坂本東生君が祭祀の為の水を汲んだ。
祭祀開始

一瞬　真昼の世界に夕闇の帳《とばり》が下ろされたのは十三夜神の御出現である。
此の夕闇が過去の人類史の世界と思えば　此の帳を上げる事は　新しい人類史が始まることに成る。

＊　＊　＊

さあ　幕は上る。
人類の過去世の因果を　悉《ことごと》く断ち切らねばならない。
その為に　第二の泉――バレーゼ湖が待っている。
バレーゼ湖
広い湖面が遥か彼方迄　太陽の光で銀光を明滅させていた。
白鳥が悠《ゆ》っくり浮んで見える。
渚《なぎさ》に続く芝草が格構の祭場だ。
風景がゆったりしている所為《せい》か　皆《み》んな　のんびりと祭祀の仕度をしている。
裏側は嵐を孕《はら》んでいるのに
湖水と白鳥
君達は分っているのだろうか。
二番目の泉　バレーゼ湖の神は　掌　に譬えるなら　食指の神様。
黄色の勾玉に其の精霊を宿しなさることになっている。
陽射しは正十二時。
宝石の様に煌《きら》めく湖面が　私の祭祀に連れて其の光彩を変幻させてゆく。

光彩と見えるのは湖神の　心　の躍動であった。
〝因果を切る〟
どの様な事か　説明は出来ない。
因は原因で　果は結果であるとは分るが　原因があって結果が生れて当り前。
原因と結果を切ったらどうなるか。
原因は原因の世界に置き去りにされ　結果は結果の世界に在ると言う事は無い。
原因と結果が切り離されたら結果は無くなってしまうに違い無い。
それを　今　切ると言うのだ。
何故！
どうして？

そればかりは秘密の秘かも知れない。
でも　やがて解る筈だ
だったら　今　説明して置け！
万象・万物が発生するには根元の世界が在る。
世界中に人類　民族　が存在する。
その人類　民族にも発生した根元の世界があるのだが　その根元の世界に入るのは難しい。
どうしてか

根元から生れた人類　民族は現代と言う世界で生きているが　現代は必ず過去につながっている。

過去――――現代

過去と現代の間には切れ目が無い。
だから過去の世界へは入れないのだ。
つまり
因果は分離できないと言う事だ。
従って　根元界へ入ることは不可能である道理だ。

此処で　私がこれから訪れようとしているシナイ山を眺めて貰いたい。
過去のシナイ山
ヘブライ民族発生に遡るシナイ山
其の根元界へ入って行こうとしている私である。

シナイ山へ行って礼拝して戻ってくるなら誰にでも出来ようが　その根元界へ入れる者は無かろう。
そこで　今　私は　バレーゼ湖の神の力を貰う

因　果　を切らせて貰う次第である。
突如
白鳥が　私の合掌する正面から水音　羽撃《はばた》きを残して舞い上がった。
五羽の白鳥が一直線に飛んで行く。

五蘊《うん》（色・受・想・行・識）が飛び去った
こいつが消えれば　一瞬　虚空界の向うに根の国が出現する。
根元界だ　因の世界だ。

その世界に入って　どうするのだ
どうなるのだッ

求める過去が蘇って来る必要がある。
蘇らねば過去が見えないではないか。

＊　＊　＊

第三の泉——マジョーレ湖に過去を蘇らせる神力を求めよう。

時刻は午後二時になった。

マジョーレ湖に向ったがバスの運転手もガイドも道を知らない。
地図だけの走行だ。
やむをえず私の中のメモリーコントロール装置を使った。
バスは大型で道が狭い。
座席から立ち上がり　背を前にかゞませ　前方を見ながら　運転の方向を指示する。
バスが一台やっと通れる道がある。
此の道を入る。
若《も》し行き止まりだったら戻り様が無い。
一瞬の不安感
進行　ゆっくり
忽ち前方が広く開けた
左手に美しい湖水が光《かがや》いている。
右側にはバス一台ゆっくり置ける広場もあった。

皆《み》んな喜んで下車する。
大地が迎えてくれる
岩と岩の間を通って湖面に近付いたら　其処は白い砂と白い岩の渚《なぎさ》であった。

対岸を遠く眺めると山々が紫色に浮び　太古さながら　水上に浮御堂《うきみどう》の様に建物が見える。
此処は　掌の中　中指に当り　勾玉は赤色勾玉を使わせて貰う。

坐って　合掌した　一瞬　真紅《しんく》の光彩が一面に襲ってきた。
神々に心がある　想念がある
心に　想念に　色彩がある

過去を蘇らせる神力が　マジョーレ湖の神に秘められていた。
其の神力が　今　赤色勾玉に宿った。

今を去る八千年の昔　遠い〳〵星の世界から　此のマジョーレに降って来た神様に依って　宮主は不可能を可能にしようとしている。

シナイ山に隠れた過去を見ようとしている。

いったい　その様な事をして何の役に立つと言うのか。

余計な事をしてヘブライ民族の反感を呼ぶばかりではないかと考えるのが当たり前かも知れない。

その当り前の生き方に名付けて　日和見《ひよりみ》主義　と言う。

日和見の動き
それは人間の世界以外にも在ると思わねばならない。

世界中に人が生きているのは　其の裏側で人を支《ささ》えてきた霊界があるからで　其の霊界だって日和見が無いとは言い切れない。

機を逸《いっ》す　と言う。
逃げた機会は二度と戻らない。

私は　今　シナイ山への旅をしようとしている。
それは　想像を越えた　心の世界の改革　につながる。
だから
世界中の諸霊・諸魂の協力が要《い》るので　日和見の心くばりなど完全に消滅させねばならない。

＊　＊　＊

第四の泉――ルガーノ湖に　日和見心魂を切り棄てる神力が置いてある。

此処《ここ》の祀りは　緑色勾玉　を使う。
掌中　薬指に相当する。
ルガーノ湖に着いたのは午後三時三十分。
マジョーレ湖と違って人家が建ち並んでいる。
湖の中に美しい小山が聳え　ボートも数多く浮んでいる。

船着場に湖の水が音をたてゝ跳ね返っている。
心が急《せ》く
時間が無い
祭場は何処《どこ》だ
天を仰ぐ
神の指が降って来て祭事の場所を示す。
此処ですッ　と言った所はホテルの所有地内だ。
日和見するな　即断決行！
使いの者が走ってホテル経営者に敷地内使用許可を貰った。

岸壁上に祭壇を置き　ルガーノ湖の水を汲み　その中へ緑色勾玉を入れる。

祭祀　開始
湖中の霊山から神気が湧き上った。
その神気が勾玉へ入った。

頭に三角のトンガリ帽を冠《かぶ》り　童子の姿で表れたルガーノ湖の精霊さん。
姿は童でも霊気の強さは抜群の様だ。

人は　さま〴〵
白色人　黄色人　黒色人　美人　不美人
背の高い人　低い人
頭の良い人　悪い人

神霊も　さま〴〵
山の神　川の神　湖の神　沼の神　海の神
等々で　私の知っている　山姥《やまんば》は頭髪が其
のまゝ苗木になっていた。
松　杉　楢《なら》　欅《けやき》　など〴〵の苗木が生き生
きと伸びていた。

ルガーノ湖の精霊　トンガリ帽は単なる飾
りでは無い。
神力そのものである。

張りつめた気
祭祀が済んでホッとする。

その時
ホテルの支配人から声が掛かって〝本日は休業日であるが　遠来の客の為　喫茶部を開きますので
どうか　おめしあがり下さい〟
と言ってくれた。
陳列ケースの中で　水晶製の品々が　物珍しそうに私達を眺めている。

＊　＊　＊

時刻は午後五時を回っている。

此処は最終の祭場　コモ湖の前である。
遠く　左上方に　アルプスの山影が見える。
此処も建築物の間に展《ひら》けた小さな広場で　寂しそうな慰霊の塔が立っていた。

勾玉は　白色・黄色・赤色・緑色・水色の五色を全《すべ》て揃え　コモ湖の湖水の中へ入れた。
静寂さに欠ける祭場も　乱世の祭祀に相応《ふさわ》しいのかも知れない。
祭祀　開始

忽然　眼前にアルプス神仙界が展開した。
輝き渡る紫の雲の奥に　斎扉《いわと》　が見える。

その岩戸は
無数の雲の珠《たま》を連ね結んだ岩戸である。
此処が　秘宮　アルプス神界。
此の岩戸を開き奉る。

五色の勾玉が全部揃わねば神の掌にならない。
最後の水色勾玉まつりだ。
掌の小指　水色勾玉。
その中に籠るコモ湖の神力　それこそ「夜美路《よみじ》分けて表れるミタマに現《うつ》し身《み》を与える力」であった。

因　果　と言った。
因の世界に夜美の国がある。
夜美の国から人魂が出てくる。

シナイ山の祀りで　因　の扉を開くのだが因の扉を開いて出てくる夜美の人魂は　譬《たと》えて言うなら
目が明いていない赤児《あかご》　の様なものだ。
何も見えないと言う事は　現《うつ》し身《み》が無いと同じ事だ。
そこで

現し身を与えると言うことは目を開き　視力を与えることである。
見える　視力が生まれる――その裏で働く神力を拝見すると　気の体↓動の体↓現し身　と言う流れがある。
水色勾玉に　月の神力が強烈に加えられてコモ湖に秘める　動体変幻力　が発動した。

その発動神力を加えて神の掌に成った五色勾玉の神力。
私の祭祀に沿ってくれる。
夜美路振る神々が　歓びの道を開きなさった。
その向うにアルプスの斎扉《いわと》がある。

斎扉が開く　岩戸が開く。
不思議な光景。
鏡が向う側にあって私にも鏡がある。
向う側の鏡が戸を開く　時　私の鏡が一緒に開く。
岩戸から神気が出てくる　時　私の鏡から同時に神気が生れる。
其処に　夜美路と気体・動体　が一緒に渦巻く。
そして、出現あそばした神はいったい誰方《どなた》？
「国魂の祖神《おやがみ》」である。

此の神は地球上に普《あまね》く活在する国魂の神を誕生させる祖神様。

昔から今に到る迄　地上の誰一人として此の神の御存在を知る者は無かった。

世の中へ出た事が無いのだから知る筈が無い。

日本の国に産土神社があって産土の神を祀り　一の宮があって国魂の神を祀る。

然しながら誰あって国魂の存在を知らないのだ。

例えば　四国の香川県に飯山と言う山があって此処に　讃岐の国の国魂を祀ると記してあるが神様の名を　飯依《いいより》比古《ひこ》　と申しあげる。

では　飯依比古が国魂であるのか。

茨城県鹿島神宮は常陸《ひたち》の国の国魂を祀ると言うけれど御祭神は　武甕槌《たけみかずち》大神　と神名を称え奉って
国魂大神とは申しあげない。
武甕槌は国魂であるのか。

私の知識の中に入る限り　飯依比古も武甕槌も国魂では無い。
国魂は　純粋に国魂である。
国と言う生きものが存在して其の魂が国魂である。
従って　諸外国に国土が存在する所　必ず国魂が存在すると言える。
その国魂様を誕生させる祖神様が確かに存在する筈なのだが　今迄　誰にも分らなかった。
それが　今　明らかな事実となる。

どうして　今　なのであろうか
何故　今　その事が判ったのであろうか

然《そ》うだ　シナイ山なのだ。
目標　シナイ山なのだ。
ヘブライ民族の発生につながる神縁が働いて此の事があるのだ。

ベニスの旅で逢ったユダヤ民族の亡霊群の切望する世界が此処《ここ》に開くのであろうか。
国魂の神力とは　いったい　何なのだッ！
是れは大問題である。
旅はシナイ半島へと続く。

シナイ山のまつり

シナイ山
シナイ半島
それは私にとって幻の国であった。
夢の彼方の国であった。
ヘブライ民族と言い　モーゼと言い　さまぐ〵な伝説に満ちた世界につながる国であった。
私は　今　其の国を訪れる。
一九九五年三月十五日　ミラノから空路ローマへ飛び　更に　ローマからカイロの空港に着いた。
ナイル川の河畔　ラムセスヒルトンホテルで一眠りすれば　翌《あく》る十六日は愈々シナイ半島を縦断して行く。
半島の南端は美しい珊瑚の海と聞いているが今は足を延ばす余猶が無い。
昨年　ピラミッドの祀りにやってきた時は　ナイル川の西に展《ひろ》がる大地を歩いた。

ナイル西側の地は　冥界《めいかい》　である
其処は　その昔のエジプト国王や文明を担った人々の墓になっている。

今年　私が辿る道は　ナイル川の東の大地である。
此処は太陽の世界　光の世界である。
カイロから海底トンネルを抜けると　スエズ運河だ。
話に聞き　写真で見るスエズ運河は　今　私の目の前に流れる運河では無かった。
土堤《どて》に上って眺め渡す
大きな船が　ゆっくり　ゆっくり
足下の大地は昨日掘り上げたかの様な生《な》ま〳〵しさを見せる荒土。

私が立つ地球
私が立つスエズ運河
此処に　神の意志　が働くなら　地球もスエズも其の流れを変えるであろう。
運河の水は緑色に近かった。
此の色は　過去のエジプトを忘れ去った大地に　たった一本残された記憶の流れかも知れない。
運河　水　流れ　お前は何を記憶し　後世に何を残したいのか！

鳥が一羽　飛び去った
声の無い声が残った
鳥さん　あなたも良い旅を　どうぞッ

自動車道を時速百二十キロのスピードで走り続ける　その左右は　どこ迄行っても荒野である　砂漠だ。

家は一軒も無い。

樹木も無い。

家を数え樹木を数える感覚を消し去ってしまう世界が限り無く広がる。

砂漠は　どうして生れたのかしら。
砂漠は　何を思っているのかと尋ねたい。
地球上に　樹木　草原　と言う想念が完全に消滅してしまった場所があるのではなかろうか。
だったら
此の大地に樹木想念の脳波を蘇えらせねば木は生えないであろう　草も種子を下さないであろう。
人間の努力で　百本や二百本の木を植えてみたって　樹木記憶喪失症の砂漠に木は育つまい。
いったい　誰が　此の大地に記憶喪失を及ぼしたのだ。
旱《ひでり》続きで人間の脳が動けなくなった様に此の大地も長い年月　旱続きで病んだのかも知れない。

地球の大脳が病んでいる。
地球の心が病んでいる。
何とかせねばならない。
シナイ山への旅は地球大脳神癒の旅となるのか。

一つの聚落に着いた。
緑の葉陰がある　モーゼの泉だと教えてくれたが　それは小さな井戸であった。
プラスチックの瓶が一つ浮いている　哀感の泉。
私の前生にも深い関りを持つ此の旅に出逢う一つ〱は　一期《いちご》一会《いちえ》の旅。
モーゼの泉に神の栄光は無かったのであろうか。
昔の栄光など丶言うものが存在するのであろうか?
黒いヴェールを着けた婦人達
黒い山羊の子を抱いていた女の子
過去の緑
皆《み》んなに　幸あれ。
紅海が太陽にきらめいていた。
美しい

広い
昔と今が波をうっている　華やぎすら感じて海辺を歩いた。
波が　砂が　そして珊瑚の脱《ぬ》げ殻《がら》さえも私に語りかけてくる。
身体を折りかゞめて浜辺に耳をつけたくなる。
太陽が　光彩が　海水が　砂浜が　波頭が歓声を挙げている。
約束する
紅海が私に求めること　必ず　引き受けるから　シナイ山の祀りが終るまで待っていてください。

カイロを出てから七時間あまり経《た》っているがシナイ山は未だ遠い。

旅行社の企画に私の知らないコースが組み込んであった。

七人の尼僧院　と教えてくれた　其処《そこ》は不思議な霊気に包まれている。

足音を立てゝはならない
声を出してはならない
此処は数万年の昔から霊魂の眠り続ける世界であった。

入口から静かに入る私の前に一人の尼僧が立って　頭を下げ　無言のうちに私を礼拝処へと導いてくれる。

坐る。

一瞬　眼前に男の顔が出現した。

貴方は　誰？
〝キリストです
私はお前で　お前は私〟

尼僧が再び私に近寄って左前方を指すので其処へ歩み寄った。
キリストの　血　が其処に置かれている。

二千年を距《へだ》て　前生に対面する私。
キリスト最後の昇天の丘は此の近くに在ると直感した。

此の丘は永眠の世界と聞くけれど　今は目覚めねば　魂の道　が立たない。

合掌　今日を感謝する。

左右に岩山が続く　山麓を走行するうち　岩石の中に　水岩　を発見した。
川の中でなければ此の岩は無い筈だ。
今　走っている道は昔の川底に違いない。

目的地に到着。
其処は　モルガンランドビレッジと呼ぶ。
質素な建物
周囲は美しい山をめぐらす天然の城郭である。

私は休めない。

神々が降臨したシナイ山を求めねばならない。

俗説にはモーゼ山がシナイ山であると伝えるが私にとっては　迷説　にすぎない。

四千年の昔
此の辺りの山野が現在の砂漠と同じであったのか。

現在の道路が大きな川の流れであったなら川沿いの草木は茂らぬ筈は無いだろう。

山に樹木の茂らぬ道理は無いと思う。

斯《こ》う考えてゆくと　モーゼが入ったと言う山が現在のモーゼ山であったのか　十戒と言う神示を受
けた所が真実　其処であったのかと迷う。

伝説は次第に風化するものだ。
改めて私はシナイ山を求める
私のシナイ山を
神々の降臨する所を。

西に聳える山に向って尋ねた。

此の山に降る神は誰？

少名彦那《すくなひこな》の神である。


嬉しかった。


私を少名彦那の神の化身《けしん》として　今回のシナイ山旅程を組みなさった神々が　此処へ私を導いたと知る。

此処で満月のまつりをする。

化身とは生れ更ることだが　人間に生れたものが更に生れ更るなど出来るのであろうか。

少し道草を食うことにする。

生れ更りの話
私が二十ヶ年の間　毎年一回　七日間の断食と身禊　無言と神道修行を鹿島神宮内の道場に於いて続けたことは既に記したが　その折　化身の体験を幾度か繰り返している。
座っている私の目の前に　清らかな水を湛《たた》える水盤が出現する。
水盤は私の生れ更りの　生《う》ぶ盥《たらい》　である。
新生の神の光の中で私は一瞬のうちに生れ更った。
斯うして　私は一生のうち　幾度も　必要に応じて化身して来た。

話を元に戻す。
天に太陽が一つ　月が一つ。
地に水鏡があれば　無数の影を生む様に　少名彦那と申しあげる神は世界中に神影を映しなさる。
世界中の民族が　民族の伝統　民族の光彩を与えられるのも此の神の　力　に依ると聞いている。

シナイ山
此処に少名彦那の神が神映を響かせていた。
私は　神の水鏡　を求めねばならない。
満月の月影を映し　モーゼの霊魂を招《よ》ぶ為の水鏡を必要とする。

自動車を走らせ　その水を探しに出た。

大きな井戸がある　その前に立つ
風が強く　殺気を含んでいる
此処では無い。

砂漠の山は樹木が無い。
その山峡に瀧の様に水が湧き出していた。
凄《すご》いッ
その昔　此の全山が瀧になっていた筈である。
瀧と一緒に山気が流失しているので此処《ここ》も違う。
走りまわってビレッジに戻ったところ　その中央に　井泉《せいせん》　があった。
此処だッ

周囲に建物があったり自動車が置かれて実態が見えなかったのだ。
建物を意識の外に置いてみよう。
周囲は悉く霊山をめぐらす。
目を瞑《つむ》ると太古の光景が私の心眼に映ってきた。

此処は巨大な泉の中心部で　神の泉をめぐる神々の山が光り耀いているではないか。
神々降臨の地　シナイ山　だ。
私は　此処で　新生祭　をする為にイタリー五湖を周り　アルプスの秘宮の扉を開き国魂祖神を迎え奉ったのだ。

満月　三月十七日　午前零時
此処は虚空神界に変る。

地球のおまつりだ
民族新生のおまつりだ
ビレッジの人々も　バスの関係者も　一人残らず協力　参加した。

井泉の向うに　月が昇る。
その前に祭壇が築かれた。
此処へ来て　此のまつりの為に買い求めた美しい宝石飾りが置かれた。
シナイ山のまつりの神体である。
名付けて「神美産霊《かみむすび》鏡神座《かがみかみくら》」と言う。

皆《み》んな　寂《しず》けさの中に坐った。
風音が時間を運び去ってゆく
霊感　心眼　飛んでゆけ
ひたすら　虚空へ吾が身を参入
有難や　満月は泉上に紫の輪を生みながら暫《しば》し佇《たたず》み給う。
四時二十六分が此の月の満ちる刻《とき》であるがどうしても　零時　でなければ通らない祀りである。
私の　此の奥に　聖なる斎座《いわくら》がある。
此の斎座にも満月が昇っている。
その満月様が　まつり　をなさる。

太陽　月　地球
回転する
回転しながら此の三つは其の位置を少しずつ変えてゆく。
・新月では　太陽　月　地球　一直線。
一直線になる時　人間の中に　生命と霊力が溢れる。

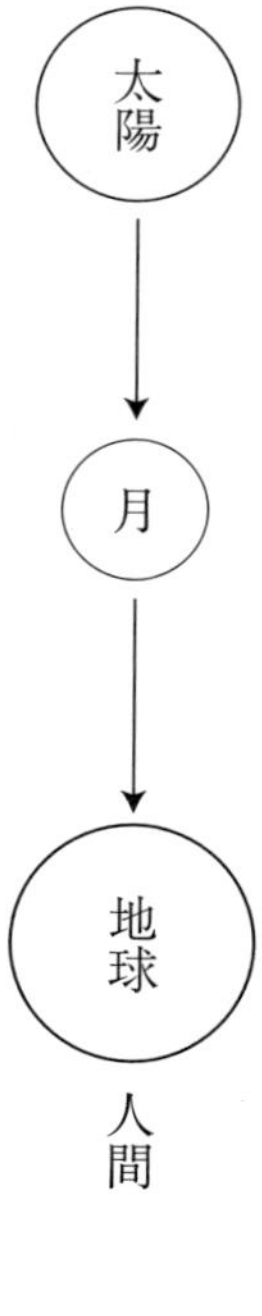

・満月では　太陽　地球　月　一直線。
一直線になると　生命と地球と人間　が一つになって月に対面する。

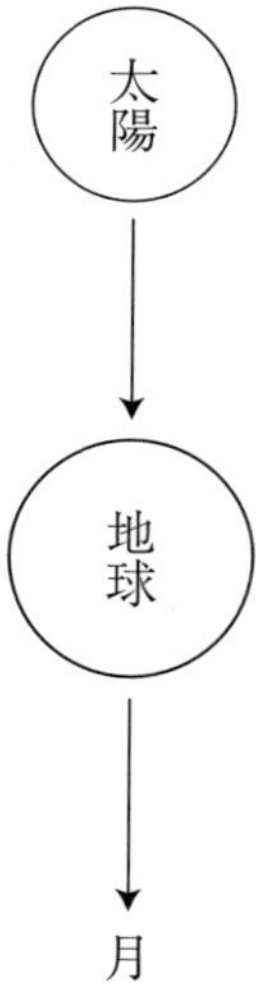

今　シナイ山に在る私のまつりは　私の背後に輝く太陽の生命力を満月に向って送り込むのだ。

私は　今　地球の代表者となっている。

此の為にアルプス国魂祖神の顕現を必要としたのである。

国魂の集合体が地球。

その集合体アルプスが宮主に結び少名彦那の神力になって　満月に対する。

月の引力　が此の祭祀を吸収してゆく。

月と太陽の中間に置かれた　地球の中を　天地創造のエネルギーが貫通してゆく。

其の結果　地球が何《ど》うなるか　何《ど》う変化するか?
是れは分らない。
私は　只　私の責任に於いて此のまつりを成就させるだけである。

その昔　ヘブライ民族を誕生させた根の国に戻った　月の世界　が光芒を放っている。

是れは　同時に　世界中の民族誕生の根の国のまつりである。
一九九五年三月　満月祭に始まった地球と月の　新しい国生み　である。

是れが無かったら次の　まつり　が生れて来ない。
是れは妄想では無い
事実　なのだ
現実　なのだ
シナイ山の空いっぱいに広がる満月の光の輪は地球全土を包んで　其の胸の中に吸い込んでゆく。
寒気　俄に凍《し》みはじめた。

まつりは終ったのでは無い　始まったのだ。
明日は明日の月
翌《あく》る年は翌る年の月
けれど　今　此の月は永遠に消されないであろう。

シナイ山のまつりが終った後の寸景

ビレッヂの一室
仰臥《ぎようが》して瞑目
私の魂は五万年の昔に遊んだ

〝シナイ半島の岩山　砂漠　悉く緑の大樹の山に変った
清流　豊かに
神泉　溢れ湧き立つ
岩間を伝わって流れ落ちる川底に　月光煌《きら》めく〟

此の緑の山々が何故《なぜ》枯れはてたのか？
思いあぐねつゝ睡《ねむ》りに落ちた。

朝日が昇る　翌る朝の山々を眺め佇む
日に映える黄金の山脈《やまなみ》
東の嶺に立つ男神
西の嶺に立つ女神
南の嶺に立つ夜美《よみ》の神々
北は遠く〳〵続く道路へ

さらば
いつの日か　再び　泉湧き　緑したゝる国の訪るゝ時を希《ねが》いつゝ。

セントカテリーナ寺院の話

六世紀の頃の修道院。

休日であった。

旅行社の交渉で特別に寺院内を見せて下さることになった。

門前に古木が一本立っている　オリーブの木。

大地は砂漠地帯の音を寂然と奏でて　教会の門は固く　さながら襟を正すかの様に閉ざしている。

此処に今　時間の流れは　拒み通さずにおかない気風がある。

俗化は近寄れない。

待たされている間　オリーブの木に寄って樹木の声を聞くことにした。

〝長い間　此の日の訪れることを待ちました　どうか私を一緒にお連れください〟

そうは言っても　お前さんを日本へ連れてゆく訳にはゆかないだろう。

〝ハイ　此の木から三メートル離れた所の小石に私の心を移しますので　お取り下さい〟

三メートルの場所に立った時　私の前に立つ人の影があった。
大きな男の人で　黙って　其の手に三角の小石を差し出した。
有難う　カテリーナ寺院背後のお山の石ですねと尋ねると　黙って肯《うなず》いた。
オリーブさん　確かに　あなたを受け取りました。
門を入った　一瞬
私の心眼に映った　白髯《はくぜん》の男の顔がある。
思わず　教会内の右上方を仰ぎ見ると　其処に　その男の似顔絵が掲《か》けてあった。
此の寺を建てた功労者の出迎えをいたゞいたと思い　ヤァ　今日は　宜敷《よろし》くッ　と挨拶申しあげた。
私を見て
寺院内に立っていた若者の顔色が変った。

私の胸にある日垣の庭の徽章《バッジ》を指して頭を下げるので　どうぞッ　と取りはずして其の人の手に渡したところ　大喜びの態《てい》である。

しきりに誘導してくれる若者に従《つ》いて行くと　一区切り奥に入った所が古代の礼拝処になっていて其処に二体の柩《ひつぎ》が安置されていた。

説明するところに依れば　此処は〝人々に見せてはならぬ聖なる所〟であるそうだ。

柩に美しい模様の覆いがしてある。

その模様が私の目には　日垣の庭の紋章の様に見えてならない。

柩は二つあって　木製の柩は昔から在る柩で　金属製の柩は新装された柩である。

遺体を新装の柩に移したところ　翌日になったら自然に木製の柩に戻っていると言う不思議があって　今の様に二体の柩が置いてあるそうだ。

柩の中の遺体が誰方《どなた》であるのかは敢えてお聞きしなかった。

礼拝処を通りぬけて裏庭とおぼしき所に出た。

其処《そこ》に緑色の木が茂っている。

伝説の木　聖なる木。

数歩左に向って歩いた所に　聖なる水を湧かせる井戸があった。

モーゼの井泉《せいせん》と名付けてあるやにお聞きしたが　此の井泉と聖木に不思議な結びつきを感覚した。

此の聖木の伝説は〝時に黄金の光を放って人を救う〟と言う事であったが　私の感覚する所を記し

ておこう。

此の木に精霊が憑《つ》いている。

人の災難を吸い取る精霊と見える。

苦難に喘《あえ》ぐ者が此の木に近付くと　吸い寄せられる　其の苦しみと一緒に人も吸い込まれてゆくのだが　神の恩寵に包まれている者に限って　人間だけ救い取られると言う結果になる。

此の木の精霊の霊力の滴りがモーゼの井泉につながっていたと言う次第である。

今　地上人類は苦難の最っ只中に在る。

それならば

此の井泉の水を汲んで　紅海　のまつりに使わせて貰うことにしよう。

少し　お分けくださいと御願いしたところ快く許可して下さった。

若者はポンプを押して水を汲み上げてくれた。

モーゼの井泉と聖木の図

洗面　口を濯《すす》ぎ　爽やかな味を舌に受け　聖水拝受。
セントカテリーナ寺院の諸霊よ　さらば
今生で再び相見《あいまみ》える事は無かろうが　あなた方との宿縁は深く　未来に　希望の花を咲かせること
であろう。

紅海のまつり

シナイ山に向って右側にあった紅海は寂《しず》けさの中に在った。
シナイ山から戻る紅海は左側に　賑わっている。
太陽が跳ね　海が踊っている様だ。

眺める私の心は次第に冷えてゆく。
そして汀《なぎさ》に坐った。
海の底へ　私の心が入ってゆく。
心が　ゴツン　とぶつかった所がある。
此処は地球の病根か！

モーゼは四千年の昔　神に祈って紅海の中に　道　を開き　民族を救ったと言う伝説がある。

日本の国では　神功皇后が海神に祈って　船出する際　其の髪を海中に入れ〝私の願いが正しいものなら此の髪を二つに分けて結んでください〃と言ったそうだ。

海が二つに分れて道が出来る。
毛髪が二つに分れて再び結ぶ。
内容が違いますなど、言ってはならない。
凡《あら》ゆる所に於いて
全てに亘《わた》って
神の心が働く時　不可能が可能に成ると確信したい。

海に　海を形成する　礎《いしずえ》がある　海の種子《たね》だ。
山に　山を形成する礎がある　山の種子だ。
地球に　地球を形成する礎がある　地球の種子だ。

今　此の海の底に地球の大脳が　病根　を伏せていた。
私は　紅海の汀に水晶ピラミッドを置き　地球大脳病根を招《よ》んだ。
セントカテリーナ寺院の井泉が神力を発揮してくれた。
病根が吸い寄せられる。

その時
太陽の白光が一線　生命の縄の様に降《ふ》ってきて　水晶ピラミッドへ突き刺った。
地球大脳神癒《しんゆ》の神光である。
地球まつりの紀行文を斯《か》く記しながら　此の折の感激が蘇ってくる。

紅海さん
できる事なら　あなたの海の南の果てにあると言う珊瑚の花にも御逢いしたいと思う。
紅の花
緑の花
御逢いしたら　何を話そうか
黙って　互いに　見つめ合っているかな。

やがて一同乗車
バスは一路　カイロへと走り続けた。

緊急　停車命令！

警官が乗り込んできた。
その手にピストルが握られている。
同じ型のバスで逃走中の犯人があっての緊急停車だった。
誤認
深謝
発進

パトロールカーの先導で無事カイロ到着。
夕食を摂《と》るレストランの窓から懐かしいピラミッドが眺められた。

心の中で　そっと握手を交す
ピラミッドさん　お元気!
三月十八日　朝五時　カイロ空港発　ローマ経由　成田空港に向った。
機内で知り合った　機長さんは　私の持参した槍《やり》の柄《え》の塗りに興味を持ち　いろ〳〵と話し合った
が　ローマの自宅には日本の鎧《よろい》など古美術品を数多く持って居るそうであった。

此の紳士は其の後　名古屋の熱田神宮内に於ける　宮主の神道祭に迄　わざわざ足を運んでくださ

った。

今はイタリー生れでも前生は日本の九州阿蘇に生れていた武士であった様に記憶する。

想い出の中に入らないシナイ山の旅である。

現在進行中の私の人生録　その悉《ことごと》くは今も生きている。

七　カッパドキアへの旅

シナイ山のまつりが終った。

紅海の海底に秘められていた地球大脳の病根の神癒《しんゆ》も始まった。

次なる旅は一九九五年（平成七年）十一月の　カッパドキア　に向けられた。

何故？

世界地図を広げ　じっと見つめていたら地図の一点がしきりに私を惹《ひ》き寄せるので　其の地点を調べると　そこが　カッパドキアであった。

イスタンブールのボスホラス海が　人類発生の祭場になったことは既にお話ししてある。

では
地球創造の原点は何処でお祀りするのであろうかと考えていたところ　サァ　此処《ここ》でッと言う事である。

十一月三日は日本の国で　文化の日　と呼ぶ祭日である。

此の日
私は　カッパドキアなる未知の世界へ向って旅に出た。
成田空港は　いつに変らぬ人の渦《うず》で　日頃から静けさに馴れた私は目がまわるばかりだ。
娘や孫は搭乗手続きで忙しそうにしている。
同行の者達も揃った。
搭乗時間迄　椅子に掛けて待つ私の胸に　さまぐ〵な思いが去来する。

思い出

私が小学生の頃　成田迄遠足に出たことがある。

新勝寺と言う大きな寺があって其の前には高い屋根の旅館が立ちならんでいた。

私達の住む村の女達は余りお化粧をしなかったので　白粉《おしろい》を塗った女に呆《ぼ》んやり見とれていたのを思い出した。

潮来《いたこ》の小学校を卒業した頃　私の父は病んでいて母が働いていた。

中学校へ行けなくなったので東京へ働きに出た。

叔父に連れられて東京の両国駅に着いたら道路の上を電車が走っていた。

市電だ
同じ色をした市電が東京中を走って　何処迄行っても料金が同じだった。

市川と言う所に国府台《こうのだい》と呼ぶ所があって
其の頃小学二年生だった私は　軍用飛行場へ遊びに行くことが多かった。

その頃の飛行機は皆《み》んな複葉機で　軍隊以外に飛行機は無いと思っていた。

東京の空に飛行機が飛びはじめたと思ったら世界中が戦争を始めて東京が火の海になった。

戦争が終って　神様だと思っていた天皇様が神様で無くなってしまった。

戦地から戻って靖国神社で神道の話を聞いたのが縁で私の神修が始まった。

日本の国の都が京都にあった頃　靖国神社は無かったのに　都が東京に移ったら靖国神社が出来た。

靖国神社が出来た頃から日本の国と民族が変ってしまった。

だから
外国の人達から日本の靖国神社を悪く言われても仕方が無いと思う。

見方に依れば
戦争をした人々が神様になっているのだから誤解されるのも道理だ。


いろ〳〵と修行をしたお陰で神々と交流ができる様になった私だが　何もかも分ると言う訳では無い。

自分に関係の無いことは何も分らない。

カッパドキアが私に関係ある所であるなら　きっと　素晴しいことがあるに相違無い。

漸く時間が来て　空の旅。
イタリー国　ミラノに着き　グランドホテル　デ・ミランに泊る。
ミラノは私の身体の一部分の様に思える。

休養。

四日の朝　ミラノからイスタンブールに向けて飛んだ。
イスタンブール空港
案内役は長身のトルコ青年　イブラハム君である。
アンカラの日本語学校に学び　時折　旅行者の案内をするそうだが　なか〱の博識である。

ホテルは前回と同じ所
部屋の窓からボスホラス海峡が見下せる。
此の海の底に神の都がある。
汚しては済まぬ此の海の水と思うのだが　海峡を通る船　そして　此の街に住む人々にとって此の
海は　いったい何であるのか。
いくら考えても解《わか》らない。

僅かな慰めはホテルでの日本食と言う事になって　其の夕べは　既に仲良くなった前回の案内役
ギュリーンさんを交えて食事を楽しむことになった。

ホテルの中
食卓を囲んで楽し気にする食事。

それなのに私の感覚は　辺り一面に張りつめている緊張感で強く圧《お》されている。

建築物と言う石壁が其の外圧を必死に支えている様に思えてならない。

是の空気がトルコのイスタンブールの社会であるのか。

一ヶ月に五十万人と言う想像を絶する人口増加に　此の街は人と車の洪水だ。

その街に立って海上を眺めると　停泊中の船は　さながら避難民を待つ輸送船である。

ギョルバッシュ十三夜祭

五日はイスタンブールから　アンカラ　に入った。

此処は別世界だ。

静かな風にそよぐトルコの国の旗の下で　文字通り　兵隊さん　が足並揃えて歩いていた。

たいへん偉い人がトルコの国を立て直したと言う。

其の人の銅像　石像　建築物　など〳〵が石畳を歩く私の前にちらつくのだが印象の中に入って来
ないのはどうした事か。

そうだ
私は見物に来たのでは無いのだ。
私の旅は　地球のまつり　である。
まつり以外　私の中に入ってはならないのだ。
私の中に　今　まつり以外のものが入ったら　私の生命も終る。
私にとって　まつりが神の遊びであらねばならない。

そこで　十三夜のまつり　が　ギョルバッシュ湖で行われることになる。
ギョルバッシュは　湖の頭　と言う意味があると聞く。
さて其の湖へ行くのだが祭場が何処になるのか分らない。
いつもの様に　誘導神を招《よ》んで道案内して貰うのだが決定するのは宮主である。
バスが走る　徐行する
〝その先が小高い丘で　少し下ると左手にギョルバッシュ湖面が見えて参りますから其の小路へお入りください〟と誘導の声を頼りに進行する。
湖畔に着いて眺めた。
此処では祭祀にならない
もう一ヶ所　探すことにする。
丘をめぐった向う側に祭場があった。

ひた〱と湖水が岸辺を洗い　其の左右に葦が茂っている。
対岸上空を眺めると十三夜の月が美しく幻《あや》しく浮んで来た。
土を清め　祭壇を築き　一同着座する。
旧暦九月十三日夜
祭祀が始まると　忽ち　一団の黒雲が月を覆い隠して行った。
月も雲も祭祀の立役者《たてやくしゃ》である。
祭祀に　湧き立つ雲が月を覆う時　其処《そこ》に神秘の雷光が発生する。
その雷光が星と星の世界を結ぶ　霊力　に成る。
此の雷光　此の霊力　是れを天叢雲《あめのむらくも》剣《つるぎ》と申しあげる。
此の剣が　万象形成力　を秘める。
此の神力でカッパドキア祀りが出来ると言う壮大な祀りであるが　其の神剣顕現祭は全《すべ》て雲の中で
操り展げられ　こちらからは見えない。
祀り人達は　只　心を引きしめ　寂然《じゃくねん》合掌するのみであった。

祭祀が終った。一瞬　雲が消えて月が出た。

世界中の人々が　誰一人として此の祭祀を理解せずとも　私と共に此の祭祀をする神々が居る。
トルコの国の　国魂の神。

ボスホラスの海の神々。
ピラミッドに関る神々　等〳〵〳〵。
更に嬉しいことは　昔　トルコの国に王政が施かれていた頃　トルコの国政に参加していた人々の霊魂が参加している　取り別け　スレイマン大帝はオスマントルコの国王として最高の霊性を御持ちあそばす。
現代の世相では国王など全く忘れ去られた存在の様であるが　忘れ去られた筈の者達が今でも現実に活躍の場を求めていることを知って貰いたい。

スレイマン大帝ばかりか　世界中に私の好きな人魂が沢山〳〵おいであそばす。

ギョルバッシュ十三夜のまつりは斯《こ》うして終了した。

カッパドキアへの道

六日　アンカラを発ってカッパドキアへと向う。
旅はバスの轍《わだち》に乗って時速百二十キロの連続。
右側に遠く　ハッサンと呼ぶ山が連って見える。
ガイド氏の解説に依れば　ハッサンが噴火した其の昔

岩山が　あちらこちらに盛り上り　やがて長い年月雨や風に泥土が流されたところにカッパドキアの奇岩群も誕生したと言うことであるが　果して本当であろうか？〝マウント　ハッサンよ　君は私に何を言いたいか　聞こうではないか〟と言っているうち　忽ち山影は遠ざかってしまった。

やがて右手に巨大な湖水が見えはじめた。

トウス湖だ。

海抜八百三十メートルの湖は一面に塩の干潟《ひがた》になっていた。

下車して浜辺に出てみよう。

ザラッ　ザラッ　と足下に塩の塊が群集している。

〝ザラッ　ザラリ　此の塩を持参して祭祀に使いなさい〟ザラッ　ザラリッと言っている。


此の先の店で此の岩塩を小瓶に入れて売っている事も知らず　一心に此の塩を拾い集めた。

塩の結晶が水晶体の様に太陽光線を反射させるらしく　此の湖面が次第に其の色彩を変化させてゆく様だ。

塩の結晶は八角形の粒子。

私が昔から　八ッ《や》紫《むらさき》の神宝　と名付けて剣の神の力を集めた　其の神宝の働きを此の岩塩が見事にやってのけるらしい。

八重事代主《やえことしろぬし》と申しあげる神が　神代の昔　地球に岩塩を生んで　地球生成祭を現実の事になさったと　神々から聞いているが　確かに然《そ》うだと思う。

岩塩様は　太陽のプリズムになって八剣光を発散なさる。

凄いものだ！

此の岩塩が地球を動かすだけのエネルギーを生み出すのか。

延々と続くトウス湖面にブルーの色彩が濃く染まり出した頃　私達の乗ったバスは此の壮大な湖を去った。
そして　カッパドキアの岩石群の中へと入って来た。

カッパドキアの祭祀

紀元前の王国の名　カッパドキア。

其の昔の王族と現代の私達にどんな因縁があるのかと思う。

アナトリア平原に展開した紀元前の世界はどの様な　人生模様　であったろうか。

その世界に生きていた私は何《ど》の様に生れ　どの様にして殺されたのであろうか？　と　私の奥で其の昔の光景が走馬灯の様に揺れている。

奇岩・怪石群

山・谷・丘

皆《み》んな　皆んな　人間の住居になっていた形跡がある。

今　此処《ここ》は観光地だ。

山も谷も丘も岩石群も観光者を拒否して見える。

〝冗談じゃ無い

あなた方は何の権利があって吾れ〳〵の世界へ土足で入りこむのだ〟

然《そ》う言っている。

然う言いながら此の地の精霊達は　気弱に身を縮めている。

済《す》まないねッ

ごめんなさいッと頭を下げながら　私は　祭場を探し求めていた。

ゼルベの谷。

どうやら太古から　聖者達が此の谷へ入って神々の声を聞いているらしい。

バスをゼルベの谷へ向けて貰い　暫く走った　其処に神の山を発見した。

黄金色に光る梯形霊山である。

此の山に神々が降臨あそばすと判ったが　バスは其の山麓を通過して右に折れて進行する。

日本で言う屋台店の様な感じの露店が　ずらりと並んで緑色がかった色彩の目立つ　みやげものを売っている前にバスが停《とま》った。

下車しながら　心の目でぐるり見渡すのだが本当にいそがしい事だ。

皆《み》んなは　どんゞ下車してゆくのに目的地がはっきりしない。

仕方が無いから私の心の命ずる儘　〝右の丘へ登って其の向う側に集合してくれ〟と叫んだ。

風が強く雨が降っている。

此の中で地球新生の祀り？　と一瞬　不安が胸をかすめたが　天地を信じる！

強風で雨傘が飛びそうになるので濡れることにした　丘の上。

途端に雨が止んで日が射してきた。

其処は窪地になっていて巨岩が幾つか腰を据えている。
僅かな緑が切なそうに生えている。
どうやら此処は太古の湖底の様だ。
前方を眺める
黄金の山が泰然と仰がれる
皆んな協力して祭壇を築き　私を中心にして坐った。
祭祀開始
周囲の岩の群が生きものになって一緒に坐っている。
何しろ　カッパドキアは巨岩・奇岩　群れをなす一大岩石界である。
岩石の精が続々と集合して　私の心も少し楽しくなった。
日本の国では

春が訪れる前に野分《のわけ》の風が吹くのだが　前程《さきほど》の風は其の風か　次第　次第に気温が上昇して温もり
を増す中で　新生祭　が続く。
気がついたら気温が上昇中だ
暑くなってゆく　夏の風が吹く。
次に天候は
涼風に変って　冷気が寄せてくる中で　祭祀が次第に終りに近づいてゆく。
カッパドキアの祭祀
満月祭だ。
満月の神の力を貰って宮主が地球と人類の新生祭をする。
満月の神力は月の神心であるから　私の中で月の心が動き始める。
月の心が地球と人類のおまつりをなさる訳である。
もう少し難しく言うと
天地創造の神が其の働きを三つに分け
1　天御中主《あめのみなかぬし》――虚空・風　になって表れる
2　神美産霊《かみむすび》――太陽の姿になって表れる
3　高美産霊《たかみむすび》――月の姿になって表れる
そこで
月の心は高美産霊の神の力になる。

では
神美産霊と高美産霊は何処《どこ》が違うかと言うと　無形と有形　に別けることができる。
月の心　高美産霊の神の力　それは有形の動きを表し始めると思えば良い。
此の動きの事を　万象形成神力　と申しあげ　神道の中で　天叢雲剣　と呼ぶ神剣を以て万象形成神力体とする――(これは日垣宮主が直接神感の事である)
ギョルバッシュ湖の十三夜祭で発現した星の神々のエネルギーが　今　カッパドキアの満月祭で爆発し　宮主に　地球創成の謎を解きはじめた。

地球創成の謎を解く

地球創成
人間誕生
その神秘は誰も知らない

玉子から生れる動物がいる
その玉子を生む動物がいる
どちらが先に生れたのかと　繰返し　その原点に遡《さかのぼ》ってみても玉子と動物の初めが判らない。
地球に万象が誕生する。

海　山　川　野　草　木　鳥　獣　雨　風　雪　霰　雷電　そして人間など　皆《み》んな　皆んな　その初発《はじめ》を知らない。
神様方だって　御自分の生れた根元を御存知無かろう。

私は　幸いにして　神美産霊と高美産霊の神々に　私自身の魂の緒が結ばれて生れている。
お陰で　地球生成の一端を知る事になった。

生命の根元――太陽神界　神美産霊――日
霊魂の根元――太陰神界　高美産霊――月

此の二つを結ぶ神界が在る。

結んで生れた地球と人間だが　此の地球と人間に　現《うつし》（見える世界）幽《かくり》（見えない世界）の二つが在る。
親が子を生む。
親が神であるなら　子も神であるに相違無いであろう。
だったら
地球も人間も間違い無く神である筈だ。

その地球は何の為に生れたのかと創造主に尋ねたら〝人間を住まわせる為である〟と答えてくれた。

今迄　地球が誕生した理由など考えた事も無かったのだが　地球を新生させ　崩壊から救うにはどうしたら宜敷《よろし》いかを考えていたら自然に此の疑問に突き当った次第である。

そうすると
人間には地球に住む権利があるッ　と言う者が必ず出てくるのだが　其処のところが人間失格なんだ。

人間として地球に住めるのだから　失格人間は住むことを許されない筈だ。

では　何が人間失格かと言えば　俺には住む権利があるなどと言う前に　どうして　居住させて戴けることへの感謝の心が湧いてこないのかと言いたい。

生存できると言う神の恩を知る事だ。

地球様の限り無い　恩を　知る者だけが地球に居住する事を許されるのだと　何故気がつかないかと言いたい。

斯《こ》うして出現した地球創成経過を振り返って見よう。
月の神力　高美産霊が働いて宇宙空間に　轟々と　創造の風が吹き始めた。
其の風が周ってゆく所に　天体群から　無数の隕石が流星になって飛び出した。
隕石は強力な磁力を備え　互いに引き合い合体していった。

引力は天体の持つ神力であり心である。

隕石群を吸引する中心に　地球の核心　が置いてあった。
其の核心が　神美産霊の火と高美産霊の水で　共に　火の生命体と水の生命体　であった。
中心核が　水の霊泉　である。
水の霊泉に圧力が加わって爆発をおこし
燃え旺《さか》る炎が地球全体を包んで巨大な火の玉になった。

月の世界に巨大な水界があって　水の霊力が地球の核心にある水と呼応して地球を冷却させると
水路が出来て水が流れ　河川になった。

大きな窪みに豊かな水が溢れ　生命エネルギーが太陽の神から送られると　塩の霊　が誕生し海に
なった。
その海に生物が発生する。
地球の核水魂
地球の核火魂
此の二つが結ぶ所に生物が発生する仕組みが出来たので　その仕組みに乗せて神霊が地球に誕生し
人間が誕生する様になった。

カッパドキアは地球内部の核水から送り出される水路に当っていた。

水路の最終地がカッパドキアであった為　炎となって燃える岩石と噴き出す氷水のドラマが現在の奇岩怪石を生み出した次第である。


月の世界に存在する巨大な水の世界と言った。

カッパドキアに於いて宮主が此の祭祀を執り行ったのは　西暦一九九五年であるが　それから三年経《た》った一九九八年九月三日の新聞誌上に次の様な記事を発見する。

＊　＊　＊

かつて砂漠の様に水が一滴も無いと考えられていた月に　六十億トンもの水が存在する証拠を見つけたと　米航空宇宙局が三日　発表した。

六十億トンの水は月の北極と南極に数多くある太陽光線の全く当らないクレーターの地下約四十センチに埋っている。

＊　＊　＊

昔から私は　月は水の根元神界である　と申しあげて来た　その通りの証言を有難く頂戴した。
ともあれ　不思議が続いて　カッパドキア　ゼルベの谷に冬がやってきた。
雪が舞いはじめたのだ。

春の始めから冬の終り迄を　僅《わず》か一時間足らずの間に見せなさる。
春　夏　秋　冬　の気候を　一瞬のうちに繰《く》り展《ひろ》げてゆく祭場。
ゼルべの谷に織りなす神の手を　まざ〴〵と知った次第である。

此の一瞬　私の中で次なる地球と人類の新生祭を　ヒマラヤ山　で執り行う約束が決まった。
満月まつりが終り　雪の降るカッパドキアの名所を見物するのだが　何しろ寒いッ。
吹雪の観光カッパドキア。
丘の上から遥かに眺める　ウチヒサールはヒッタイトの時代から城砦《じょうさい》として使われたそうだが
今は鳩の巣になっていると言う。

あちら　こちらを眺め　地下都市と呼ぶ所に着いた。
地下八階まであると言う此の穴蔵に籠り住んだ人々が居たと言うのだが　現代人の感覚で其の昔の
事は全く理解できないであろう。
何処《どこ》に住んでも　その住居は其処《そこ》に住む人間の魂が造り出すものである事に相違は無い。

民族と住居は必ず　同質　である。
ならば　此の住居跡に残る此の国の民族の想念は永久に消えないであろう。
太古への懐しさが蘇えるだけなら良いのだが　知らず識らず　太古住民の怨念に染まってゆくと言

う事もある。

私は　追い立てられる思いで此処を去った。

此処迄は　未だカッパドキアの祭祀の続きであった。

地球創成の祭祀に続く此の地の民族祭であった。

民族のまつりはトルコの絨毯工場まで続く。

日本語を自在に操るトルコ人支配人の案内で絨毯工場を見せて貰った。

細い絹糸が繰り出され
女工の手で巧みに結ばれ　織物になってゆく。

見惚《みとれ》ている宮主の耳元で　アラビヤ民族の国魂の神（アラビヤ民族を誕生させ守護している神）が
囁《ささや》く声がする。

其の言葉に従って　美しい絨毯を一枚買い求めた。

トルコ絨毯の名工が三ヶ年かゝって織り上げると言う其の一枚は　アラビヤンナイトの物語りを模様に織り込んだそうだ。

一枚百二十五万円と言うが民族のみたまを御まつりさせて戴く気持ちで頂戴した。

カッパドキア随想

ホテル　デデマンに泊った。
十一月八日の朝　トルコ全土は一面の雪景色に変貌している。

光り煌《きら》めく雪を眺めながら　さまぐ＼な思いにひたっていた。

今から五千年の昔　カッパドキアに一つの国があった。
私が其の国の国王で　権力争いの渦に巻き込まれ　斬殺　される。
それは　俎《まないた》の鯉さながらの様に。

地球の臍《ほぞ》であったカッパドキア。
その王国の主である　国王　は人間の王では無いのだ。
国王は国土を祀る役目を持つので時には住民に対して冷厳になる。
国土を保全する為なら住民に犠牲を強いることもある。
以前　フランス歴代国王のみたま祀りをしたが　トルコ歴代国王とて同じ様に　国土の主の霊魂を神から授けられている。
国王死後と雖も　其の霊性に変わりは無いので　私が地球まつりの旅先で御逢いする曽ての国王達は喜んで私を迎えなさる。

時代が移り　変った　今
住民が　人民　になった。
人々が権利を主張する

平等だと言いつのる。
その権利主張意識は　とう〳〵　国土を己《おの》れ達の所有物に変えてしまった。
人間の手から手へと　此の大地が　売り買いされている。
人が人を売買する所に　奴隷《どれい》解放運動がおこった　けれど　大地が今奴隷の様に売買されても解放運動は無い。

いつまで続くか　此の流れ?

いつの日か　此の大地に向って人が許しを乞い　跪《ひざまず》く時が　大地の怒りと共にやって来る様な気がしてならない。
ニュースが　ヒマラヤの報道を伝えてきた。
時ならぬ大雪に見舞われたネパール　ヒマラヤで　エベレスト山に登っていた者達が遭難したと言う。
遭難者の救済と応待に尽力していた登山家が　小西浩文氏で　日垣の庭の道友小西八満登氏の愛息であった。
私がネパール　ヒマラヤで地球人類新生の祭祀をする時　此の人が案内に立つことになろうとは全く考えも及ばなかった。
旅はカッパドキアからイタリー国　ベニスへと続く。

八　ベニス美剣体道演武の旅

一九九五年　カッパドキアの祭祀は想像を遥かに超えた神界直通のまつりの中に終了したが　私の旅はイタリー国ベニスへと続いた。

私の国の人達は日垣宮主の存在を特殊の神道人以外知る者は少ないが　イタリー国では　武道誌サムライの折り込みに宮主の写真が掲載されたお陰で沢山の知友が出来つゝある。

イタリー国から始まってアルプス山奥の秘められた神の国の扉が開き　更に　シナイ山の旅も所期の目的を達成した。

そのベニスへの旅は　ミラノからベニス迄列車に乗せて貰った。

ホテル　グリッチパレスが宿泊所。

今日から二日間　イタリーの武術愛好者　凡《およ》そ八十名が集まって　日垣宮主から　美剣体道（一位流合気古武道）の特別講習を受ける事に成っている。

武道・武術と美剣体道

日本の武道にも　さまゞな流派があって　剣術　柔術　弓術　馬術　等を現代に伝えている。

私が青年時代に習得した武術は　剣術と柔術と杖術《じょうじゅつ》が一流れに合体した様に感じられる古武道である。

私の師は　井上方軒　と名乗っていたが　本来　宮廷の神道と日本国中の武術の総元締をしていたところの　一位家の伝承者として幼時から武術に精通したと言う　昭和の武道第一人者で　「一位流合気古武道」の名称を用いていたが　戦後　植芝盛平《うえしばもりへい》先生に「合気」の名称を差し上げ　御自身は大本の出口王仁三郎《でぐちおにさぶろう》先生から「親和体道」の名称を付けて戴き　井上（お母様の里の姓）の武術は兵法では無い「平法」であると申されていた。

井上方軒師と起居を共にさせて戴いた頃の私は　病弱体質で常に透き通る様な肌をしていたが　今にして思えば　心気の修行に肉体が負けていた様である。

無我夢中　稽古を続けていたので　自分が強いのか弱いのか全く分らなかった。

小学校時代は運動選手であった。

高等小学一年生の時　村の悪童十五人に喧嘩を仕掛けられたが　全員を田ん圃《たぼ》の中へ叩き込んでしまった事がある。

だから　足腰は人に負けない強さを持っていたのだが　戦争も終りの頃になって満州国へ出征し大病に罹《かか》って動けなくなった。

何度も死線を越えて日本の国に戻ってきたが　寒中の身禊に加え病身の心労が重って再び倒れた。

倒れたり起ち上ったりを繰り返しながら鹿島神宮内道場に二十ヶ年掛けて参籠を続けた結果　漸く当り前の歩き方が出来る様になった。

是の道が平法であろうと知り　神から伝えられた剣の道に「美剣《みつるぎ》体道」と名付けることにした。

その講習会であるが　元来　私は武術の専門家では無い。

神々を祭祀《まつ》る者である。

十一月十一日　ベニスの体育館が講習会の会場である。

まず　武魂祭《ぶこんさい》を執り行った。

イタリーの武術師範　アルツウジ氏とマリオ氏が中心になって数人の稽古人が姿勢を正して板の間に正座している姿は　日本の武術家も及ばぬ心意気である。

顔を輝かせ　胸を張った子供達が集まる。

緊張で稽古着をしきりに気にする者達も居る。

通訳はお母様が日本人と言うイタリーの人で　ルッチ氏が引き受けてくれた。

河野容雄師範を相手に　一つ〳〵　解説しながら武術の手解《てほど》きをするのだが　皆《み》んな日頃から　和同流柔術や合気道に励んでいると見えて　忽ち　大きな流れの渦が生れ、時間の経つのも忘れる程である。

私も馴れない稽古に疲労感が湧いてきたが　やがて時間が経つにつれて　それも忘れ　二日間の講習が終った。

用意してきた「講習終了証」を喜んで手にとる子供達に私は明るい未来を想う。

武道と武術とは何処《どこ》が違うのか。

体道と体術は何処が違うのか。

教える先生の考え方に依って　さまぐ〵な解釈が成り立つのだが　私に言わせれば　武道や体道は
天の動きで　武術や体術は地の動きと言える。

神様が教えて下さる道が武道になり体道になる。

人間が習ってゆくと武術になり体術になるのであろう。


カッパドキアの昔にしても然《そ》うだ。

神様が教えてくださった道に沿ってヒッタイト時代の国王が誕生し　国が治まった。

その頃　私の名は　ピトハナ王　クッシャラ。

神を忘れ　国を治めようとする時代になって　其の子アニッタが権力を握り反乱をおこし　クッシ
ャラ王も二人の子達も殺されてしまった。


武道が武術だけになって研究されると神が無くなって争いだけが残る　そして殺し合いの世になる。

その様な武術なら存在しない方が良い。

だから私は　古神道と古武道を一流れにして教えている。

仲良し仲間

ベニスの武道講習が終った。

アルツウジ氏が贈物をくれる。

マリオ氏が経営する　ピザ食堂に案内して美味《おい》しいピザを食べさせてくれる。

贈物の中に　アルツウジ氏の祖父が　昔　鉄道で働いていた時に使用したと言う　懐中時計があった。

龍頭《りゅうず》は無い。

蓋を明けて　中のゼンマイを巻く様になっているのだが其のゼンマイを巻く螺子《ねじ》まわしが無くなっている。

お祖父様の記念品に違いないのに貰って良いのかな?

ともかく有難く戴いた。

(此の時計は日本に帰ってから山北町の時計屋へ持参したところ早速手製の螺子まわしを造ってくれたので　油を注《さ》して磨き上げ　今はコチッ　コチッ　と動いている)

又
お祖母様が編んでくれたと言う白のレースの肩掛けも下さった。

昔の絵に出てくる様なお祖母様の姿が目に浮んでくる。

ピザ食堂の失敗談がある。

私にとって　ピザ　なる食物は生れて初めて口にする食品だ。

玉子焼でも食べるつもりでピザの端から食べはじめたが　何と固い食べものであろうと思った。
直径三十センチメートルもあるピザを眺めながら　何となく変だと思った。
お隣を見ると　ルッチ氏が美味しそうに食べている　それは　ピザの中心部から食べているでは無いか。
成る程　成る程！

自動車を走らせ　水上バスの船着場に着いたが　夜の運河は異国の匂いが立ち籠めていた。

その後の稽古風景
日本に戻った宮主を訪ねて　イタリーの稽古人がやってきた。
寒中の瀧
生まれて初めての身禊《みそぎ》
そして日垣の庭道場に於ける鎮魂と体道の稽古に　過ぎ行く時の流れを惜しんでいた。
難しい「無刀取り」も覚えて帰った代表者達は　今　新しく開いた道場に宮主の筆に成る「神武」の文字を掲げ　子供達を集め　人間錬成の道を歩み続けている。

九　フィリッピン　呂宋島の旅

呂宋《ルソン》の国
それは私の少年時代　夢の世界であった。
さまぐ〵な冒険と小説に織り込まれた国の名　「呂宋」であった。

一九九六年（平成八年）二月二十日　私は夢の国　呂宋へ向って旅立つことになった。

一五七一年　スペイン人に依って征服されたフィリッピンが　やがて　第二次世界大戦の戦場になり　今　漸く平和が訪れている。最近　ピナツボ火山の大爆発があったと聞いているが　それも亦夢の世界の物語の様に思える。

縁の糸
人と人が出逢うのは　縁　があるから出逢う。
人と国土の出逢いも　縁　があるから出逢う。

これは　相対の縁　と言うけれど世の中には絶対の縁も存在する。
絶対の縁が何処《どこ》に在るのか
一人の人間の中に存在するのだ。

一人の人間に転生《てんしょう》がある　生れ更《かわ》りである。

私も　貴方も　此の世に何遍も生まれ更って来ている。
その生まれ変わり　生まれ更り。
前世《ぜんせい》と今生《こんぜ》が在り　前世の前にもう一つの前世が在り　更に其の前世があって　一人の人間の中で
前世と今生の　縁　が結ばれている。
その縁の中で一人〳〵の人生が繰《く》り展《ひろ》げられていると思う。
是を私は　絶対の縁　と言う。
長野県須坂市に　酒井謙郎・酒井照代と言う夫婦が住んでいるが　私の感覚の中に此の夫婦の前世
が蘇って〝御二人はフィリッピンと言う国に生まれた事があります〟と申しあげた。

聞いた御二人が顔を見合せ　肯《うなず》いた。
酒井謙郎氏はフィリッピンに縁があって何度も往来し　原地人の言葉を自在に話す。
フィリッピンへ照代さんが一緒に行くと　原地人と間違えられる事が多いと言っているでは無いか。

是が一人の中で動く絶対の縁である。


その酒井氏が十年前に　私の前へ綺麗な小石を持参して　思案顔。

此の石をどうしたら宜敷《よろし》いでしょうか？

石には沢山〳〵亡霊が憑《と》りついていた。

聞いてみると
その小石を拾ったのは　フィリッピン呂宋島の　ナスブの海岸　で　余り美しいので拾って帰ったが　宮主の話に依ると「川の石や海の石は持って帰ると災いに逢うことが多い」そうだが　是の石を持って帰ってから気にかゝってなりませんと言う事であった。

ナスブの海で戦死した日本兵が数知れずあると聞く　その戦死者の霊が此の小石に憑《と》りついていた
目を瞑《つむ》って暫く考えた私の中で　日本の国土の象徴　富士山の神霊が解決方法を考えてくれた。
次第である。

1　富士の河口湖へ行って　戦死者のみたま祀りをする事
2　小石の半分を河口湖に沈め祀る事
3　残りの半分をフィリッピン　タール湖に沈める事
4　富士山とタール湖が　石長媛《いわながひめ》の神縁に依って縁が結ばれている

早速二人で河口湖へ行った。

湖畔を遠く眺めているうち　私の思念に感応した富士山の神が　祭場　を指定してくれた。

其処《そこ》は富士山が最も良く見える湖畔で　小さな丘があり其の下が湖の汀《なぎさ》になっている。

美しく晴れた青空の下《もと》　富士山に向って　神示の通り　祭祀を執り行った。

〝是の祭祀が終るとフィリッピンが大きく変ります〟と私が言った。

二日後　フィリッピンに大革命が発生した。

私の祭祀は神々の必要に応じて　一つ〳〵御仕えしているのだが　其の祭祀が世界の流れに大きく関っている事に気がついた。


日本国に佐渡ヶ島があって此の島に　加茂湖　がある。

加茂湖畔に　木花咲耶媛《このはなさくやひめ》の神　を祀った神社が在る。

木花咲耶媛は富士山の御祭神であるが　火の神界　を御持ちあそばす。

加茂湖畔に坐《いま》す神に就いては私の全く知らない所であったが　一つ〳〵　神示に従って祭祀を重ねて来た或る日　俄に　佐渡ヶ島の加茂湖畔に祀る　火の神　木花咲耶媛の祭祀をせねばならなくなった。

土地の人に調べて貰った其の神社は荒廃　其の極に達していた。

神々にお聞きするところ

太古　此処《ここ》から大陸に渡って行った　火神があって　此の火神の行く処　必ず戦乱が巻き起り人々が死んで行ったが　今　その戦乱を収むる時になったので　火神　を再び此処に差し戻す祭祀をして貰いたいと言う事である。

その祭祀をした時の事〝やがてソビエット連邦が消滅するでありましょう〟と言う声を確かに聞いた。

やがて此の事は現実の事に成った。

カッパドキアを訪れて地球新生祭をしたが其の神山の名を御尋ねした折「ヤームル山」と呼ぶ声を聞いたが　ヤームルとは雨が降ると言う意味を持つそうだ。

確かに雨が出迎えてくれたが日本語で　アメ　は天の意味もあるので　天が降ってくる意味もあったと思う。

シナイ山の祭祀に行った時通った道路が　太古の大河　であろうと言ったが　早稲田大学図書館で調べた者からの連絡で〝古代地図が発見されました　その中に　彼《か》の道路が確かに大河として記されていました〟と言う事実を知った。

斯様《かよう》に

今と昔の縁がある　それは　全て　絶対の縁であると言える。

少し縁の糸を大きく広げてみよう。
秋の夜空に　南の魚座と呼ぶ星がある。
ホーマルハウト星であるが此の星の世界に石長媛の神がおいであそばす。
今　此の神が富士山の上に煌《かが》やき　フィリッピンのタール湖と富士の河口湖を結ぶ光彩を放っている。
是れは間違いも無く　南の魚座に関《かかわ》る神の中で結ぶ縁の糸である。

南の魚座

富士　河口湖

フィリッピン　タール湖

此の縁の糸に導かれ　今回のフィリッピンへの旅が組み立てられている。

旅路つれぐ

二月二十日の神奈川県は雪の中に明け　私の住む西丹沢は道路凍結の為　自動車通行止めになっていた。

予定の時刻が来た。
フィリッピンは常夏《とこなつ》の国で寒さ知らずであると聞いていたが　其の温《ぬく》もりが届いて　凍結通行止め解除になった。

総勢二十四名　成田空港からマニラ空港へ空の旅をする。
滞空　四時間　マニラ到着。

認識不足だった　マニラ市街。
夜空から見下ろす市街はヘッドライトの川である。
驚きついでに宿泊処は一晩中　自動車とオートバイの騒音だ。
成る程　常夏の国だ
日中は暑くて仕事にならないので　人々は夜中に働く訳だ。

眠れぬまゝに　心を鎮めて　昔のマニラ風景を訪ねてみる――此の辺りは一面　咲き乱れる草花の里である。

二十一日　朝　マニラ市からバスに乗ってサンパレス州　イバ　に向かった。
面白いことが一つ

時々　日本の旅行社名の入った大型バスを見かけるので　不思議に思って尋《たず》ねたら　日本の中古車をネーム入りの儘《まま》輸入して使っているのだと言う。

次の光景は面白いと言っては叱られるかも知れない。

市内を走る定期バスに　乗客が鈴成りになっているし　中には車の屋根に乗っている人も居る。

危なくないのかなッ！

やがて私達の車は　ピナツボ火山爆発の被害地に差しかゝった。

右を見ても　左を見ても　土ばかり　砂ばかり　泥ばかりで　村と言う村が全部土の中に埋まっている。

一つ　二つ　埋没《まいぼつ》を免《まぬか》れた屋根だけが土の上に乗っていた。

高圧電信塔は折れ曲った儘　土の上に僅かな頭をのぞかせている。

残骸は哀《かな》しさだけを残しているが　噴火した火の流れが押し寄せている最中の事を考えると　身の毛がよだつ。

地球と神々の意志

此の自然　此の現象

何が故に発生するのかと思う。

土石流の心に触れてみたい。

人は神の怒りだろうと言うが　何故に神が怒るのか。

フィリッピンのピナツボ火山は確かにフィリッピンの火山であるが　同時に　地球の一火山である。

地球の火山群の一つが爆発するのに　神の怒りやら大自然の怒りなど〳〵言う理由は通らないのでは無いか。

それでも　尚且《なおか》つ　神の怒り　民族の怒りが真実であると言うなら　其の理由を明確にせねばなるまい。


宮主に問うなら其の質疑の一端は答えられる。

どの様に?

其の根底を地球と国に置くところから解明する。

然し　是の説明は難しいと思う。

カッパドキアの祭祀で地球誕生の秘密に触れたが　是れは地球であって　国土では無いのだ。

国土と地球は違うことを知らねばならない。

日本の神話に神々が国生みをする物語がある。
此の神話は　間違っても地球を誕生させた物語りなど丶思ってはならない。

1　国を生む・国土と民族を生む

2　地球を生む

此の相違を熟知しておくことである。
是れが理解できる者にして　はじめて　質疑の一端が解ける。

民族の心があり国土の心があると知るから民族の心の怒りが解り　国土の心の怒りが解る。
その怒りが地球に憑《の》り移って地殻に大変動を惹《ひ》きおこさせると言う次第である。

私は何故　此の様な事に拘《こだわ》るのか？

地球まつりの旅に関る大切な神の意識が此の話の中に籠められているからである。

私が地球と人類の新生まつりを続けて来たところ　次第に地球と言う生きもの丶心に触れる様になった。
更に　地球を創造し地球を生かし続けなさる大きな神の心も　僅かながら理解できる様になって私の祭祀も次第に深くなって来た。
今地球上が　世界中が　今迄に無く変貌してゆく転換期に入った。
其の光景は　私如《ごと》き者の筆に上らせる事の出来る筈も無いところであるが　敢えて書き記す事にする。

今迄の地球に　地球の意志　地球の心など　誰一人として考える者は無かった。

世界各国にそれぐ〳〵の領土がある。

領土は夫れぐ〳〵の国の所有するところである。

其処に地球の意志は無い。

国民が　それぐ〳〵　住居を持ち所有権を主張している。
此処は私の家　此処は私の土地と言う。
其処に地球の意志は無い。

世界中に宗教があり宗派が在り　夫れぐ〳〵　に神を祀り仏を祀り　礼拝のまことを尽くしている。

神社があり　仏閣があり　教会堂が建っている　聖地が在って所有権を争う者が多い。

其処に地球の意志は存在しない。

斯の様に
人々は知らず識らず　大地が地球と言う神霊の肉体であることを忘却してしまった。

心の世界で　地球は既に滅亡寸前と言える。

人類が既に心の世界で地球を滅亡させてしまったのだ。

然《そ》う言う中に神話が語り継がれても　それは何の効《きき》めも無い。何の効めも無い神話ではあるが　今の私達が地球を滅亡から救う為には　その神話を蘇えらせることが最も大切である。


日本の神話に国生みの物語がある。

〃伊弉那岐の神と伊弉那美の神が　天《あめ》の浮橋《うきはし》に立って　天《あめ》の沼矛《ぬぼこ》を海水の中に差し入れ　掻《か》き回わし　引き上げたら塩水がポタリッと落ちて島になった。

その島から神々を誕生させ　国々を生みなさった〃

此の神話を読めば　地球が既に存在し　海原が広がって海水が豊かにあることが分る。

其の塩水が滴り落ちたら　どうなるか。

塩の結晶が八角形のプリズムを生んでゆくので　其のプリズムに太陽の光が当って七彩に変幻する。

七彩の光に神の生命が宿って互いに結び合うと　無限創造の光　に変化する。

その創造神光が霊体化して神霊に成る状態を指して〃神々を誕生させました〃と記した。

又　島を生み国を生んだと言う神話も地球を造ったとは言っていない。
国土は地球の上に展《ひら》いた人間の住む世界の事であり　国を生んだと言う話は人間の住む環境を生んだと言う事であった。

人間の霊魂が在る。
人間の霊魂が何処《どこ》の世界から生れたのかと其の誕生源を探ると　月の世界に到る。
月の世界から人間の霊魂が地球に送られてくる。
月の世界の人魂は　更に遡ると星の世界に其の故里《ふるさと》を持つことが分った。

私は　宗教の根っ子を人魂の故里　星の世界に発見した。
傑出した偉人　宗祖達の人魂誕生の星の故里から地球上に降臨した神霊があって　此の神霊を中心にした教団が発生すると知った。

その神霊が展開して来た宗教の下に　人々は精神の安らぎを求めて集まっている訳である。

それは良いのだが　その為に　地球神魂の存在が全く無視されてしまった。

その地球が新しく生れ更る為の作業が　今　私の目の前に展開しつゝある。
星神の昇天である。
その光景は皆様方の御想像にお任せする。

フィリッピンの祭祀

イバの海は南支那海である。

ゆったり　ゆったり　常夏《とこなつ》の国の海が波を運ぶ砂浜で　フィリッピン最初の祭祀《まつり》をすることになった。

直ぐ近くに酒井謙郎氏の経営するリゾートホテルがあって　此処《ここ》は日本の片田舎へ訪れた様な土地柄である。

南の太陽がいっぱいで雲一つ無い世界が広がっている。

日本の国の気温が零下七度。

此処の暑さは二十八度を越えている。


米は一年を通じて何度も収穫できるので田植えをしている隣で稲刈をしているので　田《た》ん圃《ぼ》は黄金色と緑色が並んでいる。


此処で二月の三日月まつりをするのだ。

私達日本人のほかに　フィリッピン人がレナトデラグ氏　メイデクズマン氏　カレンボニファアショ氏　ジュンアメリカ氏等　総勢二十八名参加。

舞台装置ならぬ祭場風景が尋常で無い。

広い海。

落日　黄金の波が一面にきらめく。

金星――宵の明星が光る。

明星の真下に三日月が出ている。

三日月の真下に太陽が真紅の玉になっている。

人に宿命があり国家に宿命があるなら　今見る此の光景　此の世界は何を物語るのかと思う。

此の海の向うに中国がある　支那の国がある。
運命が展開して世界状勢になっているなら　其の運命を祀ることに依って世界も変る筈だ。

日本の国の神話に　天の岩戸開き物語りがある。
日の神が岩戸の中に籠って世の中が闇になってしまったので　沢山の神々が協力して　岩戸を開き日の神を再臨させたお話であるが　今　フィリッピン呂宋《ルソン》島　南支那海に向って私のお仕えする祭祀は　何処の岩戸を開くのであろう。

此の海の果に
此の月の下に
此の星の下に
新生の国よ開き給えと祈る

フィリッピン呂宋島　イバの海　南支那海でなければ叶わぬ祭祀が　今　始まる。

祭祀を始める。

海鳴りの激しさと私の奏上する神言の声が地軸に響いた。
その響きに応《こた》える様に地軸から再び跳《は》ね返る神の響きが地磁気を使って　映像　を浮び上がらせた。
その光景――海底に泉がフツ〱と湧き出すと　空の三日月の神光が泉に射し込んでゆく。

そうすると
泉と三日月が結んで　人々が死後に赴《おもむ》く幽界と此の世の間に　神の光　が躍動して　新しい運命を形成する働きが始まった。

人の世の運命は　昔から言い伝えられる様に出雲《いずも》神界《しんかい》に集まる神々だけで決まるものでは無い。
さまぐ〱な世界で　さまぐ〱な神々が　さまぐ〱な祭祀を執り行う　その結果人の世の運命が微妙に変化する。

星の神々のお話
満天の星が光り煌《きら》めいている。

人間の想像もつかぬ程の遠距離で煌めく星が　此の世の人間の人生に深い関係があるなどとは現代の知識人の思い及ばない所だ。
然《しか》し乍《なが》ら
物質の光速と心の光速は働きが全く違っている。
目で見る時　心が通うと星に結ぶのだが
それは距離に関係無く一瞬の事だ。

1　北極星
2　カシオペア座
3　オリオン座
4　白鳥座
5　北斗七星
6　アンドロメダ星雲
7　ペガサス座
8　魚座
9　南十字星
10　水星
11　金星——明星——太白星

此の星々は最も人間に其の心魂を深く結んで煌めくので　私は　日夜此の星神に心を通わせる。

1　北極星は人間にどんな　つながり　を持つのか――人が生命を宿すのは北極星から霊火《たまび》を点《とも》してくださるからである　霊火の根元は太陽神界に発するが其の霊火を人に点すのは北極神である。

2　カシオペア座は人間にどんな　つながり　を持つのか――人が人体を形成できるのはカシオペアの星神から霊影《たまかげ》を御分《おわ》けいたゞくからである。

3　オリオン座は人間にどんな　つながり　を持つのか――人に霊体がある　霊体が破れると人体も破れてしまう　其の霊体を水の神力で生み出すのがオリオンの星神である。

紀行文が神道の教本になりそうなので此の辺りで止めて置くが　星と月の関係だけは知って貰いたい。

アンドロメダ星は肉眼に見える星の数だけでも百六体存在する　二百二十万光年の彼方《かなた》に耀《かがや》く星であるが　此の星雲の中に巨大なブラックホールが在る。

ブラックホールは暗黒の星雲界で常闇《とこやみ》の国と表現する夜《よる》の食国《おすくに》につながり　月読《つきよみ》大神が此の世界をお祀りあそばす。

その月が満月から次第に欠けはじめて無月になる三日前（これを私は黒神三日月と名付けている）に　アンドロメダの暗黒界の門が開く。

開いた暗黒の門の中へ黒神三日月の神気が入ってゆく。

入った黒神三日月様は何をなさるのか。

随分難しいお話であるが　とても大切！

アンドロメダ　ブラックホールの奥に　神の鏡　が在って　其の鏡に黒神三日月の神光が触れると鏡の中から「倭文《しづり》の神の働き」が出現する。
倭文とは織物を織る事である。

日本の国の神話に倭文《しづり》の神の事が少し載《の》っていて〝神代の昔「星《ほし》の香々背男《かがせお》」と言う星神が威勢を張っていて世の中を治めていたところへ　天の神様が　瓊々杵命《ににぎのみこと》と言う御孫さんに此の国を治めさせたくなったので　武甕槌命《たけみかずちのみこと》に其の手配をする様御頼みあそばした
ところが　星の香々背男の力が強すぎて思う様にならない
やむをえず　倭文の神　建葉槌命《たけはずちのみこと》にお願いして星の香々背男を退治して貰った〟
斯う書いてあるのだが　倭文の神が何処の世界から出てきた神様であるか　誰も知らない　何処にも書いて無い。

その倭文の神はアンドロメダの暗黒界の神鏡から御出ましになる　運命形成の神　である。

此の神が黒神三日月と言う　月の神　に依って招ばれるのだが　更に　招《よ》ばれた倭文の神は宵の明星と言う金星の神界から其の神力を発動させなさる事になっている。

星の神と月の神の関係が分かったところで　再び　イバの海　南支那海　呂宋島　三日月祭に戻る。

月影の上に宵の明星と呼ぶ金星が煌《きら》めいて黒神三日月の神力を振りおこし　地球の新生・人類の新生・フィリッピンの海に集まる世界の海の神々の新生　等々　数え切れぬ程の祭祀を始めた。

やがて月が沈み　空は一面に銀の砂を撒《ま》いた様な星で埋まった。

其の中心にオリオン座の星が一際《ひときわ》強い光を放っている。

其の神力で　海底の泉から清水が無限に湧き立ってゆく（一九九八年四月十一日の新聞紙上に　オリオン星雲に　地球質量の百万倍相当の水蒸気のかたまりが発見され　此の領域で毎日　地球の海の六十倍の水が作り出されていることも確認され　地球など太陽系の水の起源解明につながると期待されると記されている）。

空にオリオン星が出る時　地球は其の磁気波動を受け　泉水　を湧かせるのだが　此の世界に宮主からの　祭祀　が注《そそ》がれると　一変して神光の世界が躍動し始める。

それは巨大な　運命作成エネルギー　に成る。

此の祭祀よ　地球に遍《あま》ねかれ　と希《ねが》う。

祭祀が終って仰ぐ夜空の美しさは限り無く幽幻に　神秘に　私の魂を染めてくれた。

戻ったホテルの芝生に　夕べの涼風が優しく吹き渡る。
その中で　私は　ハーモニカを吹く。

私の周りに数人が腰を下して耳を傾けている。
三人　四人　五人　その人達の背後には無数の亡魂が参集する。
戦争で亡くなった人々であろう。
此の音色《ねいろ》が神の　慈《いつくし》み心になって　みたま鎮め　することを祈る。

一位流合気古武道・美剣体道を習う

二月二十二日はイバの高校生達を集めて　日本の古武道を教えることになっている。
バイクに乗った男の子　女の子　全部で二百名集まった。
暑い日射しの下で芝生が稽古道場になる。
子供達でさえ日陰に入りたがる強い日射しだが　ハイスクールの校長先生やマニラから訪れてくれた弁護士の熱心な目差《まなざ》しに見つめられながら　演武を披露《ひろう》する。

庭石を避けながら　河野師範の身体が私の頭越しに投げ飛ばされると　学生達が　ウォーッと感嘆の声を挙げる。
次は
子供達の集団稽古になる。
稽古の度《たび》に呂宋《ルソン》の子の手を握る。
ウン　日本の子の肌と異《ちが》う。
此の異いは何処《どこ》から来るのであろうか？
イタリーの人とフィリッピンの人で触れた感覚が微妙に異う。
表現してみよう。
イタリーの人は　皮膚の上にもう一枚　目に見えない皮膚がある感じ。
フィリッピンの人は　皮膚を一枚剥《は》いで其の人を生《な》まで握る様である。
民族の異い
気候の異い
食べ物の異い
引っくるめて　国民性　と言うほか無さそうだ。

時間が経過する。
汗が流れる。

皮膚の感覚が消え　民族の意識も消えてしまった。
フト気がつくと私の奥を虚《うつ》ろな風が吹き過ぎた。
此の風が吹いたら流れが変る。
ハイッ　それまでッ

来賓の方々の御言葉をいたゞいて稽古を終った。
子供達は全員楽しそうだ。
明日の流れは知らない。
今日　生きて　充実すれば良い。
未来に希望は持つ　けれど　期待をしてはならない。
期待が裏切られた時　人は必ず　己れ自身の心を傷つけるからである。

一年に一度　フィリッピンを訪れる予定を立てた。
一ヶ年の間　人は努力をする　生活する。
地球は　フィリッピンは　呂宋島は　そして此のイバの村は　どれほどの変化を見せてくれるのかと思う。
努力して生活するのは　人間だけでは無い筈である。

スウビックの話

フィリッピン呂宋島　スウビック
此処《ここ》に巨大な米軍の弾薬貯蔵基地が設置されていた。
広い敷地内を自動車で走りぬけてゆくうち実弾射撃場に着いた。
何の飾りも無い発射場
思ったより強烈な発射音
無邪気に銃を手に執《と》る人々

私は　只　苦痛の中に立ちすくんでいる。
此の腹痛　此の胸痛は何処から来るのだろう
射撃の的《まと》を変えて人間にしてみた。
其処《そこ》に　哀しみと苦痛に堪えている日本兵の群が在った。
昨夜　芝生の上で吹いたハーモニカの音に招《よ》びおこされた戦没日本兵の苦痛が　今　私の体内を揺すっている。

酒井氏に目で合図したら　直ぐに理解してくれた。
早めに射撃場を去る。

スウビックの奥　此処から先へは入って行けない所。
小さな店がある。
原住民が手製の竹細工を売っている。
其の店の横に小さな道があって裏山へつながっている。
坂道
その向うに渓流。
板橋かな？
渡った向う岸に小柄な女の人
マダレナ・マガイさんと紹介された。
山の匂いがいっぱい　たゞよってくる。
酒井氏が原地語で通訳する。

私の後の小川が私に呼びかけてくる
水龍神の声
思わず振り向いて　エッ　あなたは？

〝然《そ》うです
日本の国　伊賀の赤目の瀧に住んで　以前宮主様の鈴まつりの折　お逢いしたことのある　ヨマヨ

ヒの龍　です〃と答えなさった。

此の龍神は　昔　私が伊賀の敢国《あえくに》神社に招《まね》かれて　伊賀津媛の神から　人間の世界の罪障や因果の諸悪を鎮める力を秘めた　銅製の鈴　の造り方を御教えいたゞいた折　親しくお手伝いして下さった龍神である。

何《ど》うして此処へ出現なさったのですか?

〃水神の世界で　日垣宮主がフィリッピン呂宋島を訪れなさる事を知るや　此の私に下命あって宮主様に水神の祭祀を依頼すべく　参上致しました。

此のフィリッピン国は　水の神の国　でありますが　心無い外国人が　しきりに水を汚す様になりました。

ピナツボ山を噴火させて此の国土を守りましたが　今日　改めて　宮主様から天地むすびの祭祀を執り行って下さる事をお願い致します〃

成る程　私がフィリッピンへ招ばれた訳が分った。
海底から湧く泉の神水
此の渓谷に湧き　流れる川の水
再生の願いであったのか

承知した。
塩がありますか——入口の店にあった。
祭祀の場所は——板橋の上。
一握りの塩と清水を以て　水神界と水源の新生祭を執り行った。
まつりが終った時　私の腹痛　胸痛が消えた。
マダレナさんの頭髪は天然の防水らしく　水をかけても忽ち弾いてしまって濡れないと言い乍《なが》ら
実際　やって見せてくれた。
其のマダレナさんに頼んで　川底から小石を一個拾い上げて貰った。
茶色の小指の先程の石——今日の祭祀の記念にする。
此のマダレナさんは又　薬草に詳しい様だ。
お山が薬草の宝庫みたいである。
一枚の葉　一本の草　それが一つ〳〵病名を言いながら治療効果があると教えてくれる。
葉も草も水の精から生れる。

今回マニラへ着いた折　出迎えてくれた弁護士　レナト・ディラグ氏の令嬢が私の首に掛けてくれた　花輪《レイ》も良い香《かおり》がしていたが　あの花も薬草の仲間かも知れない。

呂宋の宝石に翡翠《ひすい》がある。

私は海外で格別の祭祀をする折　其の国土で産出する宝石に　其の国の神々の面影を留め　参加者に頒《わ》けることがある。

今回はその翡翠に呂宋島　水精神魂を籠めることにした。

はて　さて　フィリッピン国の祭祀は是《こ》れだけで終って良いものであろうか。

二十四日　マニラ市を走って帰途についての途中　眺めるマニラ湾から〝哀しみと恐怖〟が私の胸いっぱいに広がってくるでは無いか。

この思い　この哀しみ　是れが現在のフィリッピン国土の心であろう。

長い長い年月　此の島を占領してきた者達への恐怖心が去りやらず　此の儘《まま》続いたら　やがて　大地が裂け　海が逆巻く時がやってくるかも知れない。

奇しくも重なったフィリッピン革命十周年記念の日に此の国を訪れ　此の国から新生の祭祀をした縁の深さ　を忘れない。

十　旅はヒマラヤへ

地球が一秒〳〵刻《とき》をきざむ
黙っていても時間が過ぎてゆく
人の一生は短かい
私の一生も限られている
其の一瞬に　永遠　が躍動する可能性を求めて　私は　今　地球まつりの旅をする。

一九九六年（平成八年）十月二十二日は日本の国　京都の東山に昔から神道の伝統を守り続けている　大元宮《だいげんぐう》　で　日本と世界のみたま祀りを厳修した。

現在　天皇家に伝わる八神殿《はっしんでん》の神々は明治以前　此の大元宮に祀られていたので　私が此処《ここ》で祭祀を行うと　沢山の神霊が出現する。

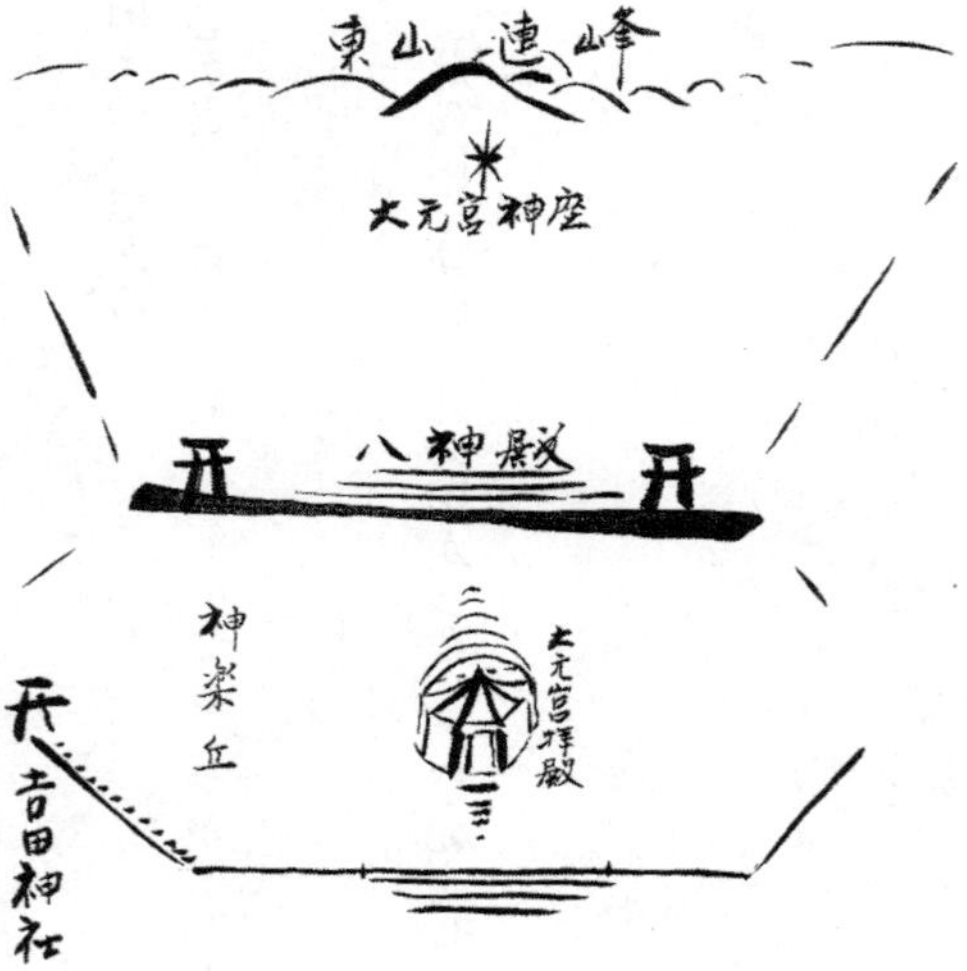

一ヶ月前の祭祀では五百五十五柱の神霊が参集して私と対面なさった。

天地創造の神話が世界中の民族に　さまぐ〜な物語りになって伝わっているが　ずーっと以前　世界と民族の誕生がバラバラである道理は無いと思う。

元々一つであるべき地球の民族が争って久しいけれど　神々の根元界から見れば一家族である。

その一家族が何故《なぜ》争うのか　戦うのか。

その争いの根元は何処《どこ》にあるのであろうかと考える。

考えていても解決にならないので私は　私の中から働く神の声に従って地球上に　新生祭　を執り行うことにした。

その波に乗って世界を眺めると　今　地球は天空の星を斎《いつ》き祀《まつ》るべき時を迎えている。

私は二十三日からヒマラヤ山の祭祀に出発するが　此の星まつりに較べれば比較にならぬ程の展開であろう。

神仙界の話

聞くところに依れば　人間の世界の因果律はヒマラヤの神仙界から振りおこされていると言う。

神仙と言う名称は中国に伝わる「道教」に依って日本国に知られる様になったものであるが　宮主の学んできた神道から改めて神仙の世界を眺めると　現在　巷間《こうかん》に伝わる所と大いに異なる。

私は幼い頃（三歳の時）死の恐怖に襲われて以来　不死の道として神仙の世界が存在すると信ずる

様になった。

次第に私の思想が深くなるにつれて現世と隠世《かくりよ》の別が理解と実感の中に浮び上がり　その中に神仙界の姿が見えてきた。

その結果
事実として此の身に感覚する神仙は人間と言う五感に翻訳される　神仙　であって神仙の全体像では無かった。

人間と言う存在が単なる肉体だけで無く　幽体も霊体も在り　個体も普遍身もあるところの不可思議体である様に　神仙にも個体と普遍体が在ることを知った。

此の辺りになると理屈で分り難《にく》くなってくる。

もう少し分り易く説明する。

ヒマラヤ山という山岳があるがその山岳は誰が何時《いつ》どの様にして創ったのであろうか?

科学者の言うところでは全長約二千五百五十キロメートル　幅は二百二十キロメートルで最高峰はエベレスト山で八千八百四十八メートルと説明するが　生成過程は誰も知らない。

そのヒマラヤ山に山の精が存在する。

人に霊魂がある様に山の霊がある　山の精がある。

此のあたりに神秘を解く鍵が置かれている。

人間は肉体が母の胎内で成長し　誕生する一瞬　その肉体に霊魂が入って此の世へ出てくるのだが山岳はどうであろうか。

山岳が未《いま》だ此の世に姿を表さぬ時　神界に山岳の神仙が存在するのだ。
そして　その山岳神仙が偉大な霊力を振りおこして山岳の姿を此の世に出現させる。

これが私の聞いた山岳誕生と神仙の物語りである。

石が子石を生み　子石が次第に生長する所があると聞いた事がある。

山岳神仙界の仙魂が小石になってから数十億年かけ今のヒマラヤ山に成ったと言う物語りは嘘の様な本当であろう。

火山の爆発で一瞬の間に山岳が此の世に出現することもある　けれど　此の地球は　さまぐ〳〵な生命の躍動力を秘めて　今も成長し続ける天体であると言うことを　人は　全身で感覚せねばならない。

人間界の因果律

現代科学は宇宙の限り無い拡大論を肯定する。ならば　地球の成長論が在っても良かろう。

ヒマラヤの神仙界の奥の奥に存在する創造神力の中に人間界の因果律（法則）があった。

そして今迄　人間性の成長をこの因果律の中に置いたのであるが　愈々迎える新世紀に此の因果律を根底から変える必要がある。

その因果律とは
この世で悪事を重ねた人が次に再び生まれて来た時　今生の悪の報いで来世は不幸に見舞われると言う約束ごとがある。

これを前世の報《むく》いと言ってきた。
善因善果　悪因悪果　と言う此の因果律で縛られている限り人間の世界に希望と言う光は褪《あ》せてゆくばかりだ。
新世紀は因果の流れを越えて貰いたい
その願いをこめて　ヒマラヤ山　へ向う。

一九九六年（平成八年）十月二十三日　私はネパール国　カトマンズに着いた。

前日は京都から関西空港迄行き　空港内ホテルに泊った。
新大阪空港は　つい此の間迄《まで》海であった。
何も考えなければそれまで
でも　私は思う。
私にとって　今の世界の光景が昔の光景に重なって見えるのだから仕方が無い。
フランスのパリーへ行った時　ホテルで寝ていたら　いつの間にか私は昔の大沼の上に居た。
調べたところ　間違い無く其処《そこ》は大昔の沼地であった。

家島群島の岩石の話

関西国際空港と呼ぶ新しい大阪の空港が飛行機の発着で賑わっていても　その下は間違い無く大海

である。
大自然の意志に依って創造される山河の姿と人智に依って創られた山河の違いが在る。
大自然の創造は　天理　に叶って出来ているのだが人造の山河には　無理　がある。
無理はいつか亡びる。
その一が大阪城だ。
日本の国　関西に大阪城が偉容を誇っていたが戦国の末期に亡びた。
その大阪城を築く為　播磨灘の家島群島の岩石が運びこまれた。
その為　家島郡島内の幾つかは姿を消した。
今度の関西空港建設にも家島群島の巨岩が運びこまれたと聞く。
私は其の頃　地球新生祭を家島に於いて毎月の様に執り行っていたが　播磨灘を行く船上から　次第に消えてゆく小島を眺めて胸が痛んだ。
地球が新生できると言うなら　消えてゆく小島の精霊も許すことであろう。
〝自分達が関西国際空港に生れ更るのだ〞と信じて貰いたい。
ヒマラヤ山　エベレストは世界の最高峰
その山への旅立ちに当って　私は大阪の海中で一眠りすることになったが　其処に一つの物語りがある。

＊　＊　＊

空と雲の物語

空に雲が湧く
何の為だろう。
千変万化する雲の姿にどの様な意味があるのだろうか？
私は知っている——空に雲が湧く時　大地の底にも雲の霊雲が流れていることを。
空から雨が降る時は大地の底から水の霊水が噴き上ることを。

＊　＊　＊

海底は深い
エベレスト山頂は高い
深い海と高い山を結ぶ神の糸がある。

エベレスト山で宮主が執り行う祭祀は大阪湾の海に深い縁がある。
琵琶湖からエベレスト迄の旅路がある。
その縁のお話
大阪の海は淀川の水が流れ込む。
淀川を遡ると琵琶湖へ辿りつく。
琵琶湖畔に有名な神社が幾つかある。
近江神宮

白髭《しらひげ》明神
竹生島《ちくぶしま》明神
礒崎神社
その一つ〳〵が大切な役目を持っている。
日本の国の神社ではあるが視界を広げるなら地球上の神社である。
地球は広大であるが神社の存在は日本だけである　他の宗教の様に海外向けの宣伝などしていない。
それは日本国と言う国土でなければ果せない仕事があり　役目があるからである。

私が近江神宮を訪れた時　神宮背後の山神が　志賀の宮主阿文神　と名乗って出現し　学問・学芸の神なることを示しなさった。
世界中の文化交流の溯源《さくげん》につながると言う此の神は　やがて　宮主より「地球文化交流会」を発足させることになるのだが　当時　阿文神の呈言で琵琶湖と竹生島と余呉湖をめぐる　むすびまつり（産霊祭祀）を開始することになった。
毎月一度　雨の日も雪の日も　晴雨に関らず此の祀りは九十九回続いた。

還来《もどろぎ》の梛の葉の舟
礒崎神社は「日本武尊《やまとたけるのみこと》」を祀る神社で　景行天皇の御代　全国を巡って日本国の神霊を祀りなさった日本武尊が病気になって亡くなった所に神社を建てたものである。

聖武天皇の御代（今から千二百七十年昔）に天皇の御命令で建立されたので　日本武尊の死後六百数十年経《た》っている。

諸国に巡察使を派遣した天皇の心に　日本武尊祭祀の思いが湧き上った結果である。

人間は此の世に生きているが誰でも其の前世がある。

宮主の前世に格別の関係ある日本武尊の霊力を背にして琵琶湖の祭祀は終了したが　その祭祀の中に　還《もど》来《ろ》祭《ぎ》祀　があった。

此の神社は琵琶湖の水源に建ち　境内に美しい梛《なぎ》の木《き》が繁っている。

還来の神木である。

昔から　旅は危険が多かったので旅立ちに還来の神木の葉を貰い受け　身に着けると　無事に戻って来ると言う信仰がある。

その神木の葉に祈りを籠め　私は礒崎神社の前から琵琶湖に此の神葉を浮べ流した。

〝汝　今　神の船となり　地球を遍《あまね》く周り　世界の宝を載せて戻れ〟

世界へ旅立った梛《なぎ》の船は　淀川を下って大阪湾へ出た。
一枚の木の葉が世界の海を渡る船になる道理は無いのだが　此処《ここ》に道理を超えた神理が在る。

朝鮮半島に金剛山と言う霊山がある。
此の霊山に秘められる　神の船　が存在する。
印度《インド》に伝わる物語りの中に空を飛ぶ絨毯の話があって　一枚の絨毯が魔法の力で空を自在に飛ぶそうだが　金剛山の神船も同様な力を持つ。
但し　こちらの方は此の世と彼の世の両界に亘《わた》って飛ぶと言うのだから凄い。

さて、話は還来神船にもどる。

一枚の木の葉があると思ってはならない　水上も水中も自在に走る神影があって　此の神影に包まれると　その人の人影が自在に水中・水上を走る。

還来の神木は其の神影様である。

その神影が一枚の木の葉に姿を変えると知るなら話は分り易い。

地表を川が流れ　海を海流が流れることは誰でも知っている

けれど　地中を流れる地下水の川の流れを知る者は少ない。

私は頼まれて　井戸掘　の手伝いをすることがあるが其の手伝いは　地下水の流れている場所を発見するところにある。

地下を流れている川の流れを発見せねば井戸を掘っても水は出ない。

此の地下水と言う川の流れは地球全体に亘《わた》って水脈を結び繋《つな》いでいるので　礒崎神社の前から流した梛《なぎ》の葉の神舟が行く所を追ってみると淀川から大阪湾に出て世界中の海を巡るだけでは無かった。

地下へ入って　水脈の到る所を巡ってゆく。

今回　ヒマラヤ山へ行って大切な祭祀をする訳であるが　その祭祀の中で此の神舟を使うことになるとは思わなかった。

ともあれ　地球上に神縁を結び終った梛の舟の精が戻ってきたので　其の迎えまつりを　余呉湖と礒崎神社で執り行った。

これは大変な祭祀になった。

戻ってきた梛の舟（神影）に世界中の神々からのメッセージが乗せられている。

そのメッセージが　玉手箱　に入れられたまゝにしてある。

何気無しに開いたら浦島太郎の様に忽ち爺様になって　ヨボヨボになるかも知れない。

時節が来る迄開けないことにして　帰還祭をした。

礒崎神社では上空から薄桃色の採光が降り注ぎ　還来の舟の帰還を祝ってくれた。

（玉手箱はやがて一九九八年（平成十年）十二月十三日と十四日の両日に亘る宮主の降誕祭に開くことにした）

空と大地の底が一緒になって神気が流れるので地球が生々《いきいき》としている。

琵琶湖をめぐる比良の山々に居る文化の神々が　斯《こ》うして　見えない世界から結びの働きを起していた。

そして　今　私は其の縁を辿って大阪の海で眠る

翌《あく》る日はヒマラヤだ。

次は雪のお話。

雪のお話

カッパドキアの地球まつりで　トルコ全土が初雪に見舞われた。

同じ頃ヒマラヤ山は時ならぬ豪雪で遭難者が出ている。

はて　雪は何故《なぜ》降るのだろうか？

空気中の水蒸気が冷えると雪になるそうだが　霰《あられ》でも雹《ひょう》でも其の原因を尋ねたら似た様な返事が返る筈だ。

それなのに　何故　雪なのか。
ヒマラヤ山に雪が無かったら変なものだ。
私は雪に尋ねた
雪は何故降るのですかッ　と
その答えは次の様である。

〃人間に言葉がある様に空気にも言葉がある。
その言葉に温度《ぬくもり》がある。
人の言葉と言葉が互いにぶつかり合う様に
右手と左手で拍手を鳴らす様に。
空気言葉が　虚空の世界で　ドーン　とぶつかり合うと雪が生れる〃

以前　私は福井県の敦賀《つるが》と言う所へ行った時　此の音を聞いたことがある。
突如　ドーン　と大きな音がして雷鳴が鳴り出したと思ったら雪が降ってきた。
土地の人々は此の音の事を　雪起し　と言っている。
然《そ》うすると
雪は空気同士の言葉の交流から生れることになる。
カッパドキアで降り始めた雪とヒマラヤ山に降った雪が　虚空界で交されたカッパドキアの神とヒ

マラヤ山の神の言葉の結果だとしたら本当に物凄い話だと思う。


雪山に雪崩《なだれ》が生れる。

雪崩に逢って登山者が死亡する例が多い。

その雪崩だって　単なる自然現象だけでは無い様に思う。

そのうち雪崩の言い分も聞きたいものだ。


もう一つどうしても気になる事がある。

「おまつり」のことだ。

まつりの意味

スイスでおまつりをした。

フランスでおまつりをした。

エジプト　トルコ　フィリッピン　中国と言う様に続くおまつり。

日本列島を北から南までのおまつりを続けてきたが　その根ッ子は何処《どこ》にあるのだろうかと改めて考える。

是れは難しい問題だが　少々無理をして取組んでみよう。

天地の心を集める

地球を川が流れる。

目には見えないが神々の世界に　生命の川が流れている。

天空にも川が流れ　風が渡ってゆく。

人間の体内には血管と呼ぶ大小の川が流れている――毛細血管・静脈・動脈　その数を知らない。

血管と言う川に流れる血液で人体が生きている様に　地球も神界も神気と神力を流す神の川に依って保たれている。

その川に浮かぶ　舟　がある。

人がまつりをする時　人の心と人の霊が此の舟に乗って此の川に浮かぶ。
神々も　まつりをなさるとき此の川に此の舟で浮かぶ。
ただし此の舟は人間の世界の舟とは大いに違って　時間と空間に制限されずに翔《か》けめぐるので　日本の古典では此の舟の事を「まなしかつまの舟」と呼んでいる。

宮主は今　地球のまつりをしている。
地球のまつりをする時　どうするか？
まず　宮主は　自己を虚空の世界に置く。
虚空の世界に地球の心の川を流す。

地球の霊魂の川を流す。
その川に　舟　が浮かぶ。
その舟に吾が身を乗せる。

そして　まつり　を始める。

地球のまつり　月のまつり　星のまつり
太陽のまつり　等々　それは難しいのだ。
何度繰り返しても　決して同じ川は無い　同じ舟も無い。

吾が身を虚空界に置くつもりで坐っても虚空界が訪れないことだってある。
その時は　まつりにならないのだ。

まつりになるとはどんな事か。
まつりにならないとはどんな事なのか。
一言で言えば　心が集まるか集まらないかである。
地球のまつりは地球の心が集まる。
月のまつりは月の心が集まる。

星も太陽も其の心が集まるからまつりになるのだが　この様な難しいことが他にあるものかと思う。

第一　人間に太陽の心が分るか　月の心が分るか　星の心が分るかである。

どんなに難しくても此のまつりはやらねばならないので　今迄　繰返し　繰返し　毎日〱　まつりを積み重ねてきた。

その結果　まつり方が解った。

はじめに人間が神から祀って貰うと　祀って貰っている波に乗って　こちらから神を祀ることが出来ると解った。

日の神のまつりをする日の斎主様
月の神のまつりをする月の斎主様
風の神のまつりをする風の斎主様
此の方々の力で　人間が　ふわりッと霊《たま》の舟に乗せて貰うと　その時　人間が天地を祀れる。
神界に　玄胎《げんたい》　と呼ぶ太玉《ふとたま》があって霊の舟に変幻《へんげ》するのであるが　此の舟に乗せて貰う為　真心こめ日月風三神をおまつりせねばならない。

三神に祀られて　人　はじめて祀主《まつりぬし》となる。
その祀主は天地の心を集めることができる
地球まつりの旅を私と共になさる皆様方に此の心得をお伝えして置く。

カトマンズにて

ネパールの国カトマンズに入って宿の名は
「ソルティホリデイイン　クラウンプラザホテル」
人員は私を含めて三十三名
案内役は日垣の庭道友小西氏の御子息　小西浩文氏と同僚の松原尚之氏。
それに加えて現地人ガイド　ニィナ嬢　ギャルツェン氏　ペンバツェリン氏。
総勢三十八名になった。

山には山の心がある。

山が彼方を向いているのに私がどんなに心をこめた祀りをしたところで何の役にも立たない。

エベレストが最高峰のヒマラヤ山と言うと　エベレストばかりが目立ってくるが　行ってみて驚いた。

どの山も　どの山も　皆んな　俺が最高峰と言う姿をしている。

その山々の心を全《すべ》て祀る。

祀らねばならないのだが何処《どこ》から手を付けたら良いか。

暫《しば》らく考えた。

心を静め　心眼を澄ませ　今から私の行くべき所を決める様にッ　と祈る。

丘がある　石段が続く　泉が湧く。

左側に大きな川が流れている
その様な場所は何処にあるのか?

それは　チョバールの丘　と教えられたので三名程連れてチョバールの丘へ行くことにした。

大きな川。

道路をはさんで右側に石段。

心の目で見たより少し汚れが目立つ其の石段を登る。

私の胸には小さな光る石が納めてある。

ヒマラヤの霊峰エベレスト頂上の石だが此の石に哀《かな》しい物語りができてしまった。


登山家の小西浩文氏が無酸素でエベレスト頂上へ登る計画を立てた時　私が　小西さんに頼んでエベレスト頂上の小石を一個採ってきて貰う約束をしてあった。

大きな荷物を背にして先導する現地の山岳民族が居て　今回も小西氏の手伝いをしていた。

三千メートルの地点から呼息を調えながら　四千メートル　五千メートル　六千メートルと言う様に稀薄になってゆく酸素に身体を馴らしながら登ってゆくので可成《かな》りの日数を必要とする。

宮主がヒマラヤ入りする頃　下山できる予定で登山計画が進められていた。

その計画が破れた。

私は毎朝神前に小西氏登山計画書を供えて安全祈願をしていたのだが　其の日に限って誰かゞ其の計画書を神前から取り下げていた。

直ぐに気がついた私が元通り計画書を三方の上に乗せたのだが　恰度《ちようど》　その時間　登山中の人々に大変事が発生した。
七千メートルを越した所で小西氏は疲労を覚えたので小さな岩陰に入って小休止した　その一瞬小西氏を追い越して行ったシェルパー達を一瞬の雪崩《なだれ》が飲み込んでしまったのだ。
私の頼んだ頂上の石は採れなかったので七千メートルの小石を一つ採って下山した小西浩文氏は遭難者達の救助活動に追われながらも宮主の依頼に応えて　昔　頂上迄《まで》登って霊石を持ち帰った　ヒマラヤ行者　から其の一片を頒けて貰って私に手渡してくれた。
米粒程小さな石であるが　尊い人命と引き換えの様にして入手したヒマラヤの霊石である。
その小石が今　私の胸の中で脈を打ち続ける
此の小石こそ　ヒマラヤ全山の心　であると思う。

坂を登ると右側に大きな菩提樹が見えた。
左側にドウピー樹——此の木は〝葉を一枚貰って山に登る人は災難を除ける〟と信仰されているそうだ。

何処かに清水を湧かせる水源がある筈だと思いながら道を登ると　大きな寺院へ入った。
ヒンズウ教の寺で左廻りに廻る風習があると聞いた。
古い銅板を長く綴って帯の様に作られた紐が風に揺れていた。

初めて触れるヒンズウ教の霊域に私の心を結ばせて貰って合掌礼拝する。

もっと先に何か無いかと心細くなりながら道を辿ったが　とう〳〵行き止り。

来た道を戻って来たら左側に霊水の湧く井戸があった。

鉄の扉にヒンズウの文字　意味不明。

通りかゝった婦人に　此の井戸の水は使えますかと尋ねたところ　井戸水の精霊が直接私に答えなさった。

〝此の水はヒンズウ教の寺専門に使用することになっておりますので使えません〟と。

同時に此の婦人が道の右斜面を指し　もう一つの井泉《いど》があると教えてくれたので早速其処《そこ》へ下りて行った。


在ったッ！

心眼に見えた通りの井泉《せいせん》だ。

石組みは荒いが神気が香り出している。


此処《ここ》で十三夜祭を執り行うことになった。

チョバールは日本語に訳して「丘の頂上」である。

伝説に依れば　ネパール国の歴史は八世紀に始まっている　その頃　現在のカトマンズ盆地は一面の湖水であったと言う。

私が心耳《しんじ》で聴いたところに依ると　チョバールに清水の湧き口があって　その水が湖水になってい
ると言うことであったが　今　見る此処の風景は　泉の湧口をめぐって林が広がり其の下を川が流れている。

再び伝説に戻る。

チベットから此処を訪れた　マンズスリ菩薩が　湖水の真ん中に光り耀く蓮華《れんげ》の花の美しさに見とれ　その蓮華が欲しくなった。

そこで　チョバールの丘を少し切って湖水の水を流したが　流れる水の勢いが強過ぎて湖水の水神も流されそうになってしまった。

心配したマンズスリ菩薩はチョバールの丘の裏側に湖を新しく造って水神をお移ししたそうだ。

此の蓮華を「スワヤンブナート」と言い
此の水神を「キングコブラ」と言う。

今でもチョバール湖にはキングコブラが棲んでいるそうだ。

私は時々　頼まれて　井戸神の祀りをすることがあるのだが　初めて井戸の中に水神の姿を発見した時　異様な姿を見て驚いた。

その姿がキングコブラであった。

カトマンズの街を歩くと　所々に金色のコブラ像が祀ってある。

チョバール十三夜祭

十三夜のまつりに何故チョバールの泉水《せんすい》を必要とするのか。
此の泉に湧く水は　灌頂水《かんぢようすい》　であった。

〝汝の罪は許されたり〟と頭頂に御仏《みほとけ》が清めの水を注ぐのが灌頂水。

キリスト教で頭頂に聖水を注ぐ作法を洗礼《せんれい》と言う。


十三夜の月は地球構成力を持っているので　チョバール灌頂水を十三夜の月の神に捧げ奉る意義は深甚である。

地球に関《かかわ》る全《すべ》ての罪障を洗い清める程のエネルギーに成って　十三夜の月の世界に昇ることであろう。


十三夜祭の祭壇を築くことにする。

井泉の上に剣を置く。

井泉の前面に　塩のカマクラ　を置き其の中に五色の勾玉を入れる。

その時　私の掌《てのひら》に音も無く小石が降ってきた。

泉の上に架かっていた岩の小片が欠けて落ちたものであるが　その小片の形が大きな岩そっくりの

姿をしている。
塩のカマクラ　は何故造るのか?
深い意味がある。
日本国山形県に鳥海山が在って　其の神々を祀る大物忌《おおものいみ》神社が在る。
そも〳〵　カマクラを造るのは秋田県の風習で　毎年　冬になると雪を集めて雪の家を造り　その中に水神様を祀る。
カマクラは　コモリクラの事で　籠座と書く。
正月を迎える前に　年神　が籠座に籠って新しい年を迎える準備をなさる　その籠座《かまくら》　に迎える水神様は雪の神々である。

日本国が新しく生れ変ることを願って鳥海山の神々を　雪のカマクラ　に迎え　日本国で最古の神剣と言い伝えられる「天国《あまくに》の剣《つるぎ》」　を供え　天皇家と日本国と民族の新生祭を執り行った事がある。

そのカマクラを　今　チョバールの丘に造りたいが雪が無いので雪の代りに白塩を使ってカマクラを築いた。

イタリー国五泉の神々を迎える為に使用した五色の勾玉《まがたま》をカマクラの中に入れたのは　水神様を迎え　雪神様を迎える神体にする為である。

此のカマクラを造っている時　新事実を一つ知った。

今回　ヒマラヤのエベレスト登山に際して小西浩文氏が雪崩の中で其の身を守られたのは　カマクラの神の恵みであった。

【註】
小西浩文氏は此の祭祀の後　風雪の鳥海山へ登り　カマクラの神霊に篤《あつ》く感謝の心を捧げたのであるが　以後　日本山岳の神霊から格別の加護を戴き続け　平成十一年の正月テレビ放映　雪の穂高《ほだか》　で全国に其の名が伝わっている。

祭祀開始！
奴奈川媛《ぬながわひめ》の神が突如　　宮主の前に表れた。
これは思いがけぬ事だ。
どうしてヒマラヤ山の祭祀に奴奈川媛が出てくるのだ？
何故　奴奈川媛の神がヒマラヤ山の祀りをなさるのか？

神界で最も美しい女神《めがみ》で大国主の神に見染められ　その妃《きさき》になったが　その後　大国主から逃れ行方《ゆくえ》を知らず　と伝説がある神様である。
紀行文は内容が豊かであるに越した事は無いので　ネパールの祭祀の中に奴奈川媛の話を少々織り込ませて貰う。

日本の国に伝わる昔話の一つ

越《こし》の国（現在の新潟県　富山県　石川県　福井県）に　一番の美女と言われた　奴奈川媛を見染めた大国主命は毎日〳〵通いつめ　とう〳〵自分の妻にすることができた。

その後　奴奈川媛は　美保の神や諏訪の神を産んだが大国主命から逃れる様にして別れたそうだ。

大国主命は媛の後を追わせたので　とう〳〵追われた媛は入水して亡くなってしまったと言う。

宮主は奴奈川媛と言う神の事が気にかかって、越の国を　あちら　こちら　尋ねて廻った。

その心が通じて　宮主は不思議な縁で　富山県城端町と言う所へ行き　其処《そこ》で　奴奈川媛が入水した池へ導かれたが　其処は水芭蕉の天然記念物の群生地で　人も通わぬ程の山上であった。

心無い人が池の中へ小石を一ツ投げ込んだだけで　一天俄《にわか》に曇り　忽《たちま》ち雨が降り始めると言う神秘の池である。

縄ヶ池　と名付ける此の池には　もう一つ不思議な話が伝って　琵琶湖に深い関係があった。

琵琶湖の龍神と琵琶湖に近い滋賀県の　三上山に棲んでいた百足《むかで》が常に争っていたが百足の方が強いので琵琶湖の龍神が困っていた。

そこで　俵藤太《たわらとうた》　と称する豪傑に頼んで百足を退治して貰った。親の百足を退治した時　俵藤太は百足の子が哀れになって　そっと抱き取り此の池迄連れて来た。

それ以後　ムカデに因《ちな》んで此の池を縄ヶ池と呼ぶそうだ。

その縄ヶ池に奴奈川媛が居た。

奴奈川媛は新潟県の姫川と言う川の精であった。

姫川はヒスイの採れる川として昔から宝石の加工者の多かった地方である。

奴奈川の名を書き替えると　瓊川《ぬな》　になる。
宝石の神様でもあった瓊川媛
美しい川の美しい女神瓊川媛
美しい玉の様な女神瓊川媛
奴奈川媛・瓊川媛は翡翠の精霊を生む不思議な川の神であった。
私は今回ヒマラヤへ向う前に　どうしても欲しかった　紅玉宝石　がある。
ヒスイは翡翠と書いて水の精さながらであるが　その水の精と一緒に火の精が必要になった。
水の精と火の精が結んでこそヒマラヤの祭祀が成就する筈である。
そして　その希《ねが》いの通りの紅玉が手に入った。
奴奈川媛の冷たい心に温《ぬく》もりが伝わって貰いたいと希った。
然《しか》し乍《なが》ら　その奴奈川媛が最大至高と思われるヒマラヤの祭祀に　斎主の神の一柱として御出まし
あそばそうとは夢にも思わなかったことである。

神々が其の手に執り給う　瓊鉾《ぬほこ》　がある。
瓊鉾の持つ神力は鉾に取り掛ける瓊《たま》の働きに依って千変万化する。
これが判ると
瓊奈川媛の瓊《たま》の神力を此の祭祀に必要とする祭祀の流れも理解できる。
今

私の祝詞《のりと》奏上の声に応《こた》えて瓊鉾《ぬほこ》が振られ生命の泉が湧き上ってゆく。

ネパール国　チョバールの泉の精霊が十三夜の月光の中で躍動すると
其の響が月の世界に跳ね返り　更に　月から地球の海に響き　海底の泉が水を噴き上げている。

八重事代主《やえことしろぬし》の神は世界中の海が生み出す神力を集めるので　十三夜の祀りが始まると海鳴りが祭祀の響きに変ってゆく。

その響きを　少名彦那《すくなひこな》の神が集めて　小槌に籠らせ　ネパールの大地を叩《う》つ。

ネパールの大地がその響きで　根の国の扉を開く。

ネパールの「ネ」の扉があった。

一国の国名は人間の世界の単なる約束ごとで付くものでは無かった
ネパール　ヒマラヤ　エベレスト　それぞれが持つ役目がある　働きがある。

瓊川媛の生んだ子が美保神社に祀られていて　その神社では毎年の行事に舟を仕立て、八重事代主の神を迎えて行く祭祀がある。

今
ネパール十三夜祭で　瓊川媛の神が八重事代主の神力を此処《ここ》に招《まね》き　少名彦那の神に結んでゆく。

たった是《こ》れだけの動きであるが其の動きは天と地を動かしている。

まず瓊川媛の出現そのものが——出雲神界と呼ばれてきた世界を動かす　瓊《たま》　が長い眠りから覚め

て活動を始めた。

八重事代主の神の神力を少名彦那の神に結ぶと——世界中の海に蓄えられたエネルギーが少名彦那の神に届けられる。

届いたエネルギーが小槌に籠《こ》もって少名彦那の神の祭祀と共に働く。

その働きで　今日　ネパールの国の根ッ子が動き始めた。

ネパール国の根ッ子が動くとネパール国土全体が十三夜祭に参加して十五夜まつりと称する満月祭を豊かに染め上げてゆく。

寂《しず》かにチョバールの泉に十三夜祭の幕が下りて　愈々　カトマンズからポカラへ向うことになる。

十月二十五日　空路　平穏

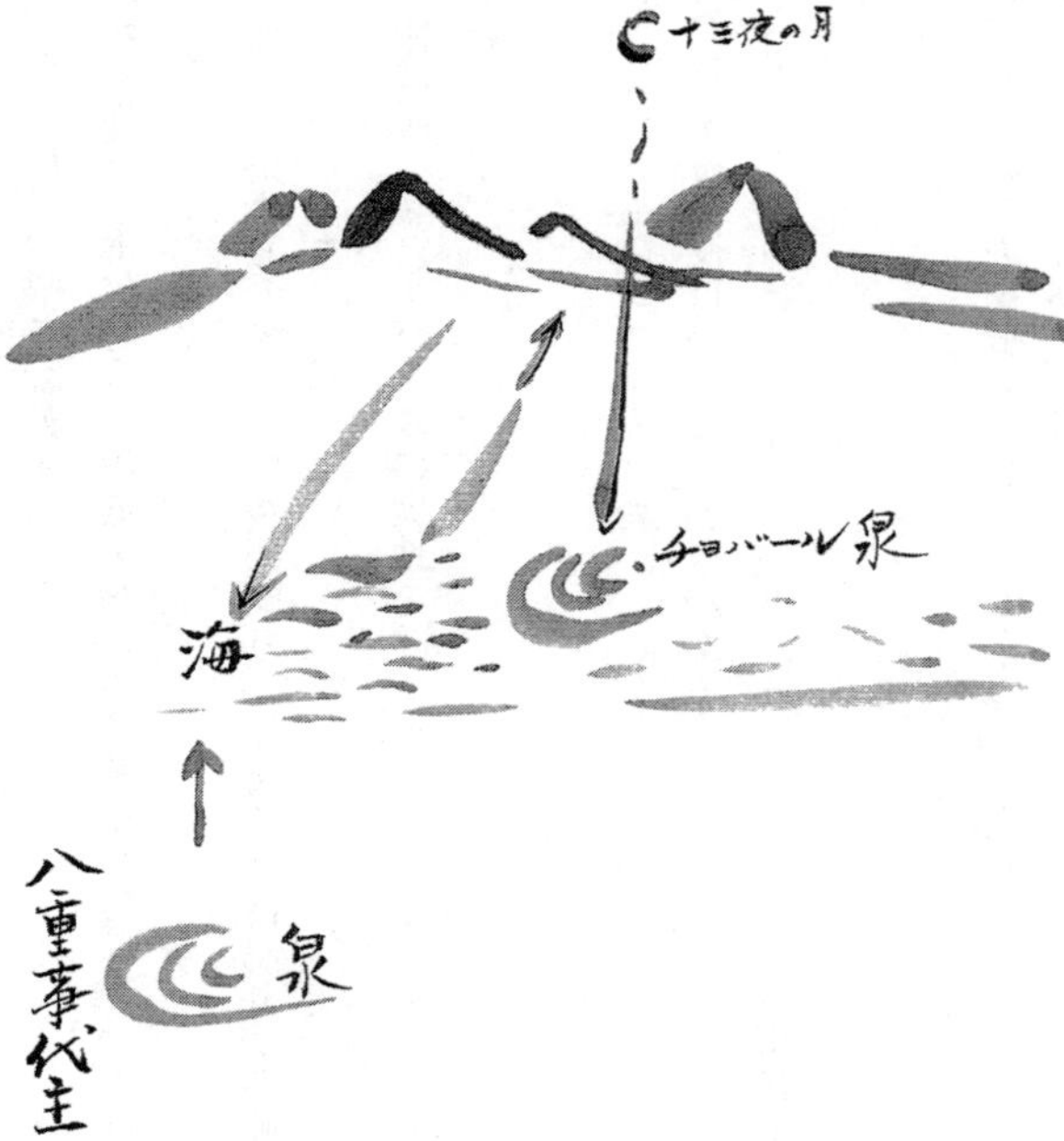

ホテル　ニュークリスタルへ入った。
宮原と言う日本人がネパール国の為　尽力しているそうである
その人の経営するホテルは日本の観光客が多い。

ヒンズウ教と牛の話

ネパール国はヒンズウ教徒の国で　沢山の牛が悠々と散歩している。

日本で言うなら生きている狛犬《こまいぬ》みたいなものだろう。

狛犬と言えば　ヒンズウ教で　バーガバティと尊称する神は　九大神力を持って人間を獣類の害から守り　阿修羅（此の世界に住む者はねたみ深く斗争《とうそう》を好む　悪鬼の世界である）から守る力を持っているそうであるが　此の神霊が狛犬の役目をなさるのかも知れない。

然《そ》う思って眺めると　道路・寺院・石段　到る所に脱糞する牛の姿も有難く思える。

ところで日本の国でも仏教と牛の話があって　信州の善光寺如来が牛の背に乗りなさると言い伝えられるが　牛と仏様の話を宮主が物語ると次の様になる

＊　＊　＊

民族に民族を守護する神々が居る。

日本民族を守る神もあれば漢民族を守る神もある。

その中でヒンズウ教を信仰する民族の守護神を　風神　と見る。

ヒンズウの人々の守護神は風神である。

風の速さは格別で人間と一緒に歩いている事はできない。
風神は牛の背に乗ることに決めた。
ヒマラヤのヒンズウの人々を守る風神
信州戸隠山の仏教信者を守る風神
此の二つに似た所がある
九大神力を持つバーガバティがヒンズウの人々を守るなら　九頭龍大神《くずりゅうおおかみ》と称する戸隠山の神は戸隠の人々を守っている。
私の感覚に映るところ　九頭龍大神もバーガバティも　共に岩石の神霊である。
そして　戸隠山の岩肌とヒマラヤ山の岩肌は非常に良く似ている。

ヒマラヤ祭場を探ねる

一枚の地図がある
図面を見つめる
一点が私の心眼に向って浮かび上る
其処《そこ》に　ベグナス湖　があった。
ベグナス湖に向って満月祭をする事に決めたが其の場所が分らないので　小西　松原　両氏に案内を頼み　道友二名を伴って　タクシーに分乗した。
此処《ここ》からヒマラヤの難行が始まった。

タクシーのシートの下から鉄線《バネ》が露出して凸凹《でこぼこ》道を走る度《たび》　尻の下から突き上げる。

今から三十数年昔の日本製トヨタカローラが全力で走る。

ガタン　ガタン　ゴトッ　グーン　ググゥーン（これはエンジン音）

道の左右は一面の稲穂が埃《ほこり》で白くなって辛《つら》そうに立っている。

大きな川を渡る。

トラックが水浴びしている
広々した宿場にトラックが数台
布製の店がならんで多勢の男女が群れている
左側に向って道路が一本通っている　その道の向うに祭場があると予感したが　タクシーは其の儘《まま》
其処を通り抜け急坂を登って行く。

悪路　跳ねるタイヤ　自動車が分解しそうだ。

とう〳〵行き止り迄走って停った　左側に広場がある。

周囲が林の様で正面から上方に斜面が見られる。

石を積み上げた様な台上に女の子　八歳くらい　誰だッ？　お前達はッと言う眼。

カメラを向けたら急に怒り出した。

頭を下げて謝る。

牛糞を避けながら左手の丘へ登ってゆく。

歩くこと凡《およ》そ十五分　一度に展望台の丘上に立った。

美しい！

遥か下の湖水はベグナス湖
遥か彼方はヒマラヤ連峰の雪嶺
ポカラの蜜柑が黄金色に成っているので味わいたくなった。

小西氏が持ち主に交渉し　代価を払ってくれたので分けて貰い早速頬張《ほおば》った。

期待はずれの味
蜜柑には悪いが　そっと側に置き祭祀の予想をする。

どうも気になる所だ。

景色も見事であり霊気も溢れているのだが　此処《ここ》を使うことに気が進まない。

満月祭の最中に　チョバールの灌頂水《かんちょうすい》が　此処に降ってきたら暗黒の中で身動きがとれなくなるだろう。

やむ得ず　考えることを止めて湖神を招んだところ〝向って左側　丘陵の陰の辺りへ行けば祭場が在る〟と答えてくれた。


再び坂道を下り　前程気にかゝった道を右に折れ直進すると大きな湖水があった。

小雨が降りはじめた。

前面に堤《つつみ》が築かれ右に灯を点《とも》す商店がならんでいる。

その前を暫《しばら》く歩いて水際に立った。

湖水に面して広場があってボート数艘あり。

小西氏が流暢《りゆうちよう》な現地語で　しきりに　今夕の祭祀に関わる準備交渉をしてくれている間に私は湖水の神に語りかけ湖水の神から伝え言を聞く。

チョバールの湖水の水が干《ひ》いて平野になった頃　未だ此の一帯は満々と水を湛《たた》えた大湖であったが其の後　此処から川が流れはじめ　陸地が表れ　人が住む様になったそうである。

その湖底に　今　立っていると思うと此の足が頼り無く感じられる。

長時間の交渉で漸く話し合いがついた。

日没後でも小舟を湖上に出してくれる事になったので有難い。

プェワ湖の龍神

満月祭の祭場が確定したと言うことは湖の神霊との間に祭祀の約束ごとが成立したことでもある。

ベグナス湖の祭祀に先立って少々やらねばならぬ事があるので　プェワ湖　へ行った。

ベグナス湖に観光客は見えなかったがプェワ湖は賑やかだ。

湖岸に立つと湖の中に小島が在って一本の太綱が張ってある。

岸に大きな筏《いかだ》があって人を乗せてくれる。

何の気も無く乗って岸を離れたが　心に引っかゝるものがある。

何であろうか?

レストランへの道を辿《たど》ってゆくうち　気がついたら客席に腰掛けていた。

茶を飲んでからレストランの裏側に出ると広々とした湖水が眺められた。

皆《み》んなで記念の写真を撮ることにして並んでいたら　先程から心に掛かっていた答が出た。

湖水の龍神に声を掛けられたのだ

〝日垣宮主様　ようこそ！

私は天の戸隠の神から遣わされた　ヒヨトリ龍魂であります
私の役目は　空飛ぶ絨毯《じゅうたん》の様に地下の水流と水流へ自在に飛んで世界中の湖神の間を結んでいる使い神であります。

チョバールの湖とベグナス湖とプェワ湖を走り翔《と》び　更には日本の国に縁の深い湖と湖を結び　アルプスの神泉や国魂の神々の御使いを果しまして　今回　ヒマラヤ満月祭に格別の御仕え事を致します〟

と申される。

成るほど　一本の綱を伝って此《こ》の岸から彼《か》の岸へ渡り　彼の岸から此の岸に戻ると言う形に此の湖の龍神の御働きが示されていたのかと　漸く胸のつかえが除《と》れた。

案内の女に其の話をしたら肯《うなず》きながら　昔チョバールの湖と此の湖は地下でつながっていると聞いたことがあります　と言うことであった。

ヒマラヤ満月祭

愈々ベグナス湖の満月祭に出発した。
小雨が降っている――やはりチョバールの灌頂水が降り注《そそ》ぐか。
傘をさして湖岸へ向うのだが　祭祀にもいろ〳〵な準備があるし　湖水へ舟も出さねばならないので　降り続かれては困る。
少しの間　雨を止めておいてお呉《く》れッ

雨が止んだ。

祭壇を築き　着座。
心魂を鎮め　心眼に満月神界を映し奉る。

いったい満月神界はどの様な世界であるのか。

説明は出来ない。

何故なら
一ヶ月に一度満月があるのだが　満月神界は常に新しい創造の世界の中から展開するので　その度に展開する光景が異《ちが》っている。

時　処　位　と言う言葉がある。

今は一九九六年十月で　満月祭場はネパール国ヒマラヤの山麓（山中と言った方が良いかも知れぬ）

そして祭祀の位は地球と人類の新生祭であるから　従って　此処に出る月も　展開する神々の御働きも　其の神力発動光景になる。

紀行文を記すのは役者が演技力を発揮するのにも似ている。

日暮れのベグナス湖。

汀《なぎさ》に祭壇の灯火《ひ》が点《とも》されて白衣姿の人々が静かに坐る。

湖面は　祭祀を迎える神々の心を映して寂然《じゃくねん》としている。

天から降る雨の気が　雨気《うき》の穂先《ほさき》を湖上に注《そそ》ぐ。

湖底の更に下なる地中の岩石から立ち昇る地球の水気が　水気の穂先を湖面から満月に向けて立ち昇らせる。

真剣勝負をする武人が二人　互いに剣先を交える一瞬　両者の気力が内部から噴き出し生と死を別けてゆくのに似て　天と地の気魄《きはく》が此の一線に充《み》ち満《み》ちてゆく。

此の　機　に乗るのだッ！

小舟を出して貰うなど丶言う隙《ひま》も無い。

舟ッ

乗る
漕ぎ出す
湖上を滑《す》べってゆく舟
時が凝縮《ぎょうしゅく》してゆく
弓の弦《つる》を引きしぼってゆく様な時が過ぎる！
是《こ》れ以上待てないッ

私の手にはイタリー国の五泉を巡拝しながら神光を宿し籠めた五色の勾玉の数珠が掛けられ　水晶球が握られている。
その手を柔らかくした分だけ腰《こし》　脚足《きゃくそく》に力が入ってゆく。
無心
満月の気が太い光線の様に全身を貫《つらぬ》く
噴き上がる　声　声が生れてゆく
祝詞《のりと》に成る
アー　エー　イー　オー　ウー
天地創造神力　香り立ちませーッ
勾玉《まがたま》の数珠《じゅず》を水中に沈め奉る
水晶球を水中に沈め奉る

大元宮《だいげんぐう》の祭祀の庭の砂を水中に沈め奉る
数珠　水晶球　砂　すべては地球の祈りを籠め　地球の心を充満させたる神々の光体である。

雨は止み　雲間に満月の光彩が滲《にじ》み出す。

私が此の世に出生以来　尽くし続けた悉くの神修が　今　祭祀の花を咲かせるか。

ベグナス湖は　言葉の泉の神界だった。
ベグナスは弁求鳴鈴《べぐなす》の神だ。
ヒマラヤ最高峰エベレスト頂上から入手した霊石が私の懐《ふところ》にある。
其処《そこ》へヒマラヤの神仙・龍神　その他の神霊が参集してくる。
古今未曾有《ここんみぞう》の祭祀が始まる。
人類史あってから此の方　人間の世界を司配《しはい》してきた　因果律　を停止させる。
地獄界は消える
真実人間界誕生！
満月神と地球神が重《かさな》り　その上に太陽神が生命磁気を放射する。
此の時　月の裏側に全天の星神が集まる。

（此の星神達が　地球上に再臨する神々と成ってゆく　そして一九九八年十一月十八日　地球に降臨あそばすことに成る）

曽《か》つて　人を生みます大神が　神依さします運命《さだめ》ありき
〃人は身中《みぬち》の斎境《いわさか》を斎《いつ》き祀《まつ》れ
禍津日《まがつひ》を背に負いつ、歩め
その背《そびら》の神力表れいでまし
星の諸世《もろよ》を集めまつる時に
人は神とこそなりぬべしと
定めましけること今ぞ顕《あらわ》る
されば今迄流転《ながる》る定めとて
宿世《すくせ》に亘《わた》る因果《いんが》の巡《めぐ》りける
運命《さだめ》は消ゆれと宣《の》りまつる
人界《ひとよ》の罪障《ざいしょう》悉く消え了《は》つれ〃

ヒマラヤの神仙界こそ人類の因果律を発生させた根の国であった。
そして　地球に人類を置き　民族

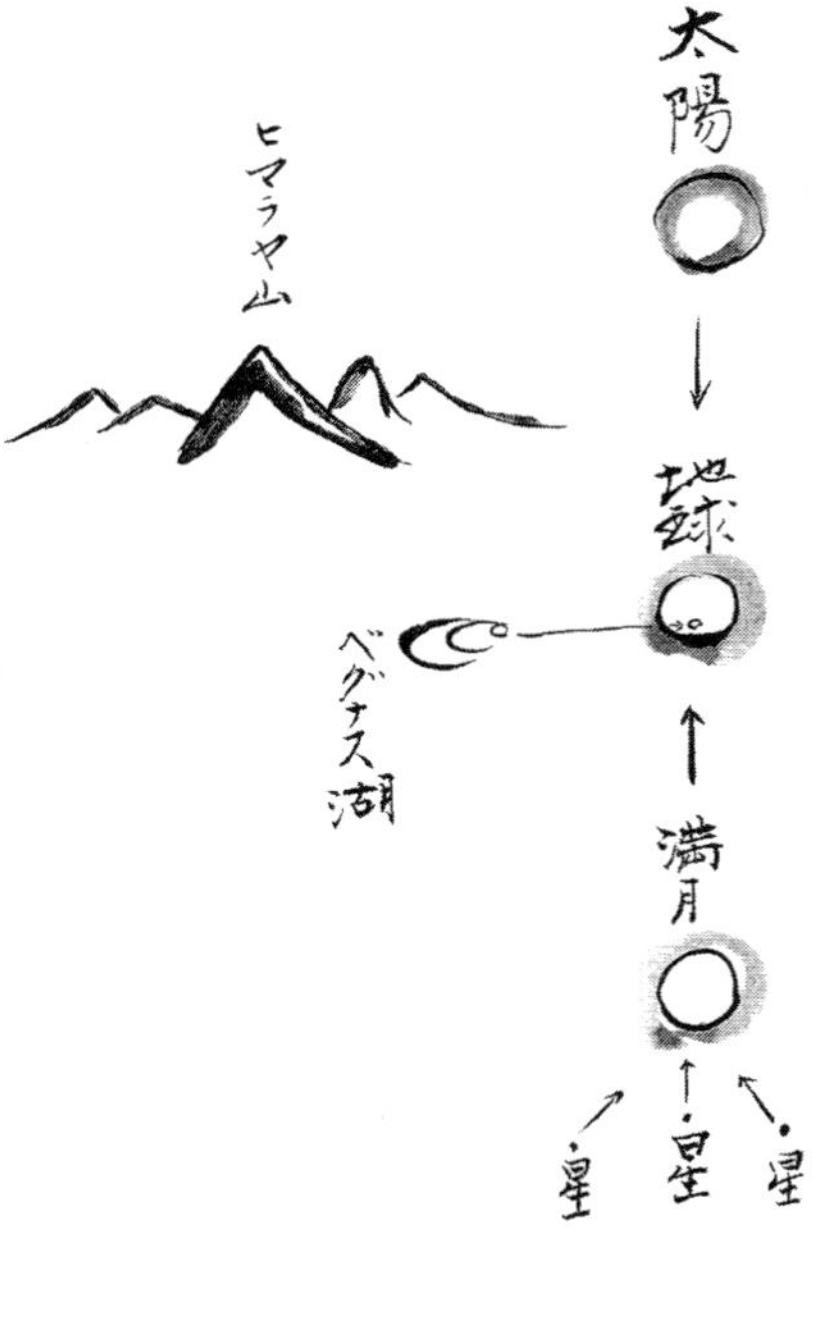

を置き　民族に言葉を与えなさった神々の神郷《さと》であった。
今　其の神郷《さと》が新生の息吹《いぶ》きを始める。

祭祀が終了して忽ち天地晦冥《てんちかいめい》　雨降りしきる。
夜明け前の混頓界《こんとんかい》に終りは無い
さりながら
必ず日は昇る

十月二十七日
薄明
ホテル屋上に立ち夜明けを待つ。
旧暦　ながつき　満月が引き開《あ》ける日の出がやって来る。
ネパールの人々が年に一度の「ダサイン祭祀」それが満月まつりである。
やがて夜明け
ヒマラヤ連峰が雪嶺を浮かみ上らせる
眺める
涙が頬をつたわる

合掌
静寂
躍動とは斯くも静けきものなるか
吾れも亦　寂然《じゃくねん》　躍動者たらむ

ノーダラの丘を行く

ネパール国を歩いたと記憶にとゞめたいので　今回のスケジュールに　ノーダラの丘を歩かせて貰うことにしてあった。

サァ皆《みな》さん　これから山へ登りますッ
小西氏の元気な掛け声で出発する。

何処《どこ》の山へ登るにも私は下駄履《げたば》きで登るので今回も下駄を履き　モンペ姿である。

遠くに湖水が見渡せる。

あの湖水から湧き上る霧が見たいものだ。

登る道の傍《かたわら》に織物を売る小店が点在するが買う者は無い。

これから坂道を登る者が荷物を買いこむ筈は無かろうと思う。

明るい太陽の下
私は何の為に　今　此の道を歩くのかと思う。

思うだけで答など雲の彼方《かなた》である。

昨日の雨が嘘の様で　皆《み》んなの足取りは軽い。
案内する人が身近に居るのは力強いものだ。
目的地が何処《どこ》に在るのか　何の不安も無しに歩いてゆけるなど　私の修行道には全く無いことである。

辿り着いた丘の頂上。

眺望絶佳！

見渡す限り白雲の湧き立つ様に白壁の山々が連っている。

此の山も眺める人の心に依って優しくも見え　峻厳《しゅんげん》極り無く見えるのであろう。

展望台の下に古代の祭壇さながらに土を盛って築いた台があったので其処《そこ》に坐って　ヒマラヤ山四方拝を執り行った。

ベグナス湖にあった丘とノーダラの丘に大切な縁がつながっていると知って　再度　ベグナス湖を訪れることにした。
では丘を下りることにする。
途中で少憩　持ってきたハーモニカを吹奏しないと　心残りの気になった。
腰をあげ　昇ってきた道をゆっくり下りてゆくと　土で造った家屋の土間に　ゆるりと寝ている婦人の姿が見えた。

昔と言う生きものが　今　其処に寝ている。

ヒマラヤからの戻り道

此処《ここ》はタクシーで最初に訪れたベグナス湖の丘の上。

今頃　別動の人々はノーダラの丘を越えながら野の花を賞《め》でていることであろう。

前日の祭祀の前に眺めた丘上からの眺めが余りにも美しく変貌しているのに驚いた。

何の変化であろうか。

景色とは　風景と色彩の事であろうが其の風景に変りは無く　色彩が変っているのであろう。

人に顔色がある。

病んだ顔と健康な顔では別人の様に見える。

同様にベグナス湖全景が　すっきり　立ち直っていると感じた。

緑の丘がゆるやかに延びる
雪嶺が遥かに眺められる
心地良い風が吹き渡る
湖水を見下す草原に立って膝を伸ばし背筋を引き緊《し》め　ベグナス湖から湧きあがる神霧に包みこまれると　私の全身を周《めぐ》って天と地の光彩が集散する　それは神の呼吸である。

(此の光景は美しく写真に撮れている)

私が呼吸する
天地が呼吸する
其の呼吸が　其の儘《まま》　天地の祭祀になることを切に希《ねが》う。

＊　＊　＊

翌二十八日　カトマンズに戻り　小雨の中チョバールの泉に感謝の訪問をする
足取りも軽く泉神の前に立ち合掌する。

泉神の声の中に〝道友の中に室井政雄なる者は其の霊魂発生を此のチョバールの泉に置く〟と言う
言葉を聴《き》いたので　振り返ってみると　室井氏は涙ホロホロ　泣きながら立ちつくして居る。
室井さん　前へ出て　此の泉の水を五口《ごくち》に分けて飲みなさい　と言う。
神の水を五ッに分けて飲む作法は　蘇生の作法である。

以前にも　白頭山神の池を訪れると言う小泉澄真子氏に〝貴女の霊源が白頭山から降る瀧の中なる
岩石と噴き上る神霧の中にある〟と申しあげた事があって　其処へ導かれた小泉さんが溢れる涙を
しとゞ　白頭山頂に注《そそ》いだと言うことがあった。
知らず識らず辿る人生の幾山河ではあるが斯《こ》の様に観《み》る時　一滴の涙は幾百千年の歴史を含むもの
である。

ヒマラヤ神に逢い奉る

翌二十九日　空港からヒマラヤ山を訪問することになった。
一番機と二番機が用意された。
地上に於ける祭祀を以てヒマラヤの祭祀と心得ていた私は　空から神々の山を見下す事に躊躇《ためらい》を覚えていたのであるが　ヒマラヤの神々が承知なさらないので　急遽《きゅうきょ》搭乗手続きをしたので二番機へ乗る事に成っていた。
ところが　発進時間になって　二番機が先に飛ぶことになった。
神作《しんさ》如　斯《かくのごとし》！

美しい　爽やか　清浄
言葉にならない世界が目の前に展《ひら》けた。
白皚々《はくがいがい》の山容が　胸の前に迫ってくる度に
此の胸の奥が熱血に滾《たぎ》る。
〝今ッ　死んでも良い〟と言う想いは私の想いなのか将又《はたまた》ヒマラヤ山霊の声なのか！
エベレストの峰に沿って満月が白々と浮んで見える。
是れだッ
是れがヒマラヤの満月祭なのだッ。

ヒマラヤの神仙界に世界の言語の発生源があった。
バベルの塔など、称される物語りの根源もヒマラヤの神仙界に在る様だ。
言葉の無い言葉が人を動かし世界を動かさねばならない。
心根《こころね》が真実のみたまを振りおこす時　地球が動き　世界が動く。
人は　斯《か》くあらねばなるまい。

空からのヒマラヤ訪問が終って一同　富士レストラン　で祝いの食事を共にする。
皆《み》んな　無言！
言葉に尽くせない世界に触れた其の感激を肚《はら》の底から味わっていた。

〃真実の祭祀
それは神との対面で完了する〃
十月二十九日　カトマンズ空港発
三十日十一時四十分　関西空港着

十一　中国への初旅

幼い頃　中国への夢があった。
英雄・豪傑が多彩な活躍をする。
遣随使や遣唐使の話は少々難しく　私の夢には入り難かった。
いろ〳〵な意味で　夢の国　中国。
夢の国へは現実に訪れることが叶わないのだが　縁《えにし》の糸　と言う糸に引かれて　とう〳〵夢の国へ行けることになった。
一九九七年三月七日は　私の中国訪問記念日である。

前生で私は誰？

私が神を求め続け　日本神道に辿《たど》り着き　修行らしい事を始めたのは　一九四八年の頃で　日本の国に伝わる古事記と言う歴史の書の解釈をして貰いながら　厳寒の瀧に打たれ　断食の修行などをしていた。
そのうち　大病に罹《かか》って死にかけたが這《は》う様にして水を浴び続けた。

鹿島神宮と言う武神を祀る神社へ一週間断食と参籠をさせて貰ってから　心に誓って　毎年一週間必ず鹿島神宮で断食と参籠と洗身を二十ヶ年続けることにした。
二十ヶ年の間　さまぐ〜な体験をした。
その中で　自己の前生の模様を一巻の絵巻物にして見せられると言う神秘に出逢ったことがある。
その時　同時に　私が生れてからそれ迄に夢を見た　其の夢の　悉《ことごと》くを走馬灯《そうまとう》の様に見せられた。
夢は　夢から覚めれば忘れることが多いのに　忘れていた夢を全部見せられて驚いた。

それ以後　時々　他人の前生が何であったかを知る様になった。
それも　絶対に必要な時に限られている。

扨《さて》
中国へ訪れる私が　前生で如何《いか》なる人生を送って亡くなったのかを少し確かめる必要がある。
神仙録などを読むと　その様な事を口外した者は死期を早めると記すものがあるので　いささか躊躇せざるを得ない。
劉備玄徳《りゅうびげんとく》を囲んで活躍した三国志物語の中に出てくる智将の一人であったこと。
山東省の済南《さいなん》　千仏山と称する霊山に学び　後に日本国へ渡った学僧。
紫禁城が築かれた頃　活躍した皇帝の一人。
などぐ〜は今　此の紀行文を書き綴っている私が　既に中国訪問を重ね　さまぐ〜な祭祀を繰り返しているので　此の身に体験した事実として述べることができる次第である。

フランス国を訪れた時も　イタリー国でも　トルコでも　一緒に旅をしている者が前生に於いて生活していた所へ行くと　噫《ああ》！　貴方は此の国に今から何百年前　或《あるい》は何千年前に生れていた事があると言い切れる。

そして　その前生と現在の人生に深い関係がある　と知ることが出来た。

でも　斯《こ》の様な事は　絶対に必要と言うものでは無い様である。

元来　人が誕生する際　必ず　前生の記憶を消されて此の世に再生すると言う事は　大きな定めごとであって　神律で決められている事実であることから考えても　一人一人の前生を知る必要の無いことは明白であると思う。

皆《み》んなが私と同じ様に前生と今生を結ぶことが出来たとしたら　気狂《きちが》いが生れる。

斯《か》く言う私自身

一つの事を実行している最中《さいちゅう》に　もう一人の私が其の仕事を手掛けていたとしたら　私の中で心の細胞が分裂することに成る道理がある。

既に　その様な体験を通過している。

前生で私は誰かと言う答は一つ　〝私である〟の一語に尽きる。

それは然《そ》うであるが複雑きわまり無い人生模様を楽しむことも許されて良いと思う私は　今　成田

空港発　北京経由　済南に着いた。
日没の済南空港は広々とした原野に飛行場の灯が一つ点《とも》っていると言う感じであったが　遠からず此処《ここ》も　灯火の不夜城に変貌するのであろう。

タラップを下りた一瞬　私の胸を淋しさが流れた。
淋しい　心
それは　おそらく　私が前生に於いて千仏山を出て日本国に渡らねばならなかった時　恋しい女との別れがあった　その心音《こころね》が蘇えったものと思う。
やはり　前生と今生は切れないものか！

一つの縁

今回の中国訪問に最大の協力者が居る。
現在　日本の国の中央大学で中国語の講師をしている　祁放《ちいふあん》女史　である。
日本名は　弥生　さん。
私が提唱して結成された　文化交流の会　は現代文化と古代文化の間に心を交流させることに依って　世界中の人々が心を結べる様にと言う趣旨にもとづくものであるが　私の長女「厳子《いつこ》」が知り合った祁放女氏に　現代の中国　と言うお話をしてくださる様に依頼した　それが機縁になって　日垣宮主を中国山東省の友人に紹介してくださった。

紹介する時　日垣宮主の職業を伝えねばならない。

宮主に職業は無いと思っている。

職業とは　それを以て生活の為　収入を計るものである筈であるが　ずっと以前から私は金銭から縁を切っている。

神を求め　神に接し　神と語り　神の心を伝える道を歩いていると　沢山の人の善意や悪意に触れる。

善意を金銭に表して私に金銭を下さる人々は　それを　玉串料　或《あるい》は奉納金と表現なさる。

お陰で私は生活してゆける　旅にも行ける　出版物も発刊できる。

確かに有難い戴きものと感謝しているのだが　その時　金銭に多少の差があると　金銭の少額者への心が痛む。

心が痛めば其の人への応対に微妙な変化が生れる。

これは間違いのもとだと思ってから後　金銭に関り無い様な生き方を取らせて貰っている。

〝皆んなのお陰で私は生きている〟


だから職業は無いと思っている。

けれど　辿《たど》る道は確乎たる道を歩む。

その道を人は宗教と呼ぶ。

道教の祖は〝道の道たるは道にあらず〟と訓《おし》える。

私も世界各国を訪れるに当って〝道の道たるは道にあらざるも　道が無ければ人は通れないではないか〟と言う道理を一歩進めて　「道は常に新しく生れ　無限に展開する」と言う訓えを型に表し「美剣体道《みつるぎたいどう》」を以て交流の資質に当て、来た。

美剣体道はスポーツでは無い　「武芸《ぶげい》」と呼ぶ芸術と心得ている。

一枚の絵に天地の息吹《いぶき》を感覚せしむるなら　其の絵は　芸術の粋　と言えよう。
一挙動の体捌《たいさば》きが天地に和するなら　其の動きを芸術と称して憚《はばか》らないであろう。
其処《そこ》に武の芸術を見る。
日本古武道の中に　吾が師家に伝わった　「一位流合気古武道」が存在し　今　私の手に依って武芸　美剣体道と成る。

祁放女史の尽力で中国への正式訪問は十月に決定したが　日本と中国の間に文化交流の会を設けると言う大事を成すべき時　只　成り行き任せで良いのかと思案した。
形に先立って　心　がある。
文化交流は先ず　心　からであると思うのだが　中国と言う国土に接して私の心が何色に染まるかを確かめたいので　三月の中国訪問を実現させて貰った次第である。

私の中に育ってきた日本の心がある。
中国の心は　道教　に深く根ざしていると聞くので道教の現状を知りたくなった。
祁さんにお願いして中国道教の知識人を紹介して下さる様　手配して貰った。
一人の宿縁が全世界の国の縁につながることを有難く感謝する次第である。

道教寸話

済南《さいなん》市に到着してホテル斉魯飯店へ入る。
山東省文化庁から　許逢乾氏　が笑顔で迎えて下さった。
山東省の広さは北海道を除いた日本全土に等しいので　其処の外事処と言えば吾が国の外務省に匹敵するのではなかろうか。
休日にも関《かかわ》らず　わざ〴〵私の希望を容れて下さって　道教関係の諸先生方を招《よ》んであったので早速会見する。

山東省宗教研究局から　蕭《しょう》恩深氏
山東省芸術学院音楽科教授　王希彦《ちげん》氏

蕭先生は道教研究の専門者で　王先生は宗教音楽の専門者であった。

蕭先生は胸に道教士の璽《しるし》「玄」の一文字を象《かたど》ったペンダントを下げていて　私の質問に答えて下さる。

王先生は録音された道教音楽を再生させながら解説なさった。

私は最初　民族に就いて少々難しい質問をしてしまった様なので　これは　自分自身の中で解決することにした。


民族が民族と自称できるには「其の国土に住み生活を始めてから五百年以上の年月を経過した結束に対して」○○民族と呼称することを神許されるであろう　と言う神々からの伝えを記すにとゞめる。

その意味で現代中国民族の誕生は　明・清・中華民国と言う時代の波の中で漢民族が其の他の小民族を呑み込み撹拌した結果であろう。

そして　其の時代の波を呼び込み　呑み込んだのは間違いも無く　中国と言う大地　である。

民族とは大地に根をおろした人々の結束体であろう。

その民族が信じた道教は巨大な音楽と言える。

鳴り響く民族の音楽　調べが道教であり　其の音楽と共に漢民族の興亡が繰り返されている。

知識としての道教を説く者は多い。

道教の歴史一千年と言う。

道教に　全真派と正一派があると言う。

全真派は妻帯を禁じ正一派は妻帯を許すと言う。

然《しか》しながら　その説話　その歴史に　真実の道教は無い。
真実の道教は中国　漢民族の血潮の高鳴りを伝える音楽であると感覚した。

王先生が道教の音楽を復活させる努力を重ねるのは　即　漢民族血潮の復活であろう。

その録音
私は瞑目して聴《き》きはじめた。

私の全身が　白雲の立ち籠める世界へ導かれる。

其処《そこ》に直径五十メートルほどの円球が浮かんでいて円球の中に道服を着た一人の仙人が立っていた。

誰であろうか？

昔　道教の音楽を創始なさった道人である。

音楽は　全真正韻　と名付けられ　師子相承の音律（先生から特別に其の弟子に直接伝授される音律のこと）であった。

此の音楽を天地神霊に通わせ　民心を安定させる事を以て理想にすると説いて下さった。

言う迄《まで》も無く　天地とは漢民族の天地であり　神霊とは漢民族の神霊である。

民心とは中華人民の心である。

そして
真実の音楽は　心の響き　心の高鳴り　であると感覚した。

厚意　深謝！

歓迎の波に乗る

夜　文化庁主催の晩餐会。

章永順副庁長の笑顔と歓迎のスピーチ。

老酒で乾杯！

中国料理の食卓を囲んで山東省庁の人々と芸術学院の諸先生方に交り　私と一緒に中国を訪ねてくれた道友や子達　それ〴〵に　精いっぱい　心の交流をと努力している。

相変らず私は肉食不可能　飲酒微弱体質で皆《みん》なの嬉し気な動きに合せ　時折　話を交し続ける。

私と中国人
笑顔で互いに握手しても　心迄握ることは難しい。

人は　生活している。

生活が人の精神構造を変える。

精神とか心とか言う流れは常に　生活の波に埋没してゆくので　生活の異《ちが》う民族が其の心を結び合うのは　とても難しい。

だから　もどかしくなる。

その　もどかしさが疲労に変ってゆく。

参ったナ
やはり時間と言う長さが必要かと思いながら電灯の下で揺れる中国の友の顔を呆《ぼ》んやり眺めていた。

続いて山東省芸術学院の歓迎舞台に招《よ》ばれていたが　翌日への体力を残さねばならぬと自戒して

私だけホテルに残った。
明朝は　私が中国で最初の祭祀を　趵突泉《ほうとつせん》　と言う公園内を借用し　旧暦如月《きさらぎ》　月次祭《つきなみさい》（毎月一日に執り行う大切な祭祀）をすることになっている。

音楽は民族の血潮の調べであると言った。
現代中国民族の血潮を　滾《ほとばし》らせる若者達の演ずる舞踊と琴の音が　ホテルで休む私の魂に響いてくる思いがする。
だから　諸外国へは行かねばならぬのだ。
行かねば　此の身に伝わって来ない音がある　声がある　心がある。

趵突泉のまつり

一九九七年三月九日　旧暦二月一日　朝八時　ホテル斉魯飯店を出て明けゆく空を眺めた。
日本の国の公園と中国山東省の公園の違いがある。
新しい香りの日本公園　それは日本民族にとって未だ馴染み薄い　少しばかり他所《よそ》他所《よそ》しい存在である。
旧い土の匂いが立ちこめている中国の公園は其処《そこ》に　大地そのものが精気と歴史を残している記念物さながらであった。
此の土の匂いは　とても重く私の肩に　ぐんッ　とのしかゝるのだ。

此の重さは　いったい　何なのだ?

私の心が答える――中国の民族に神々が下さった使命の重さだッ　と。

使命に重さがあるのだろうか。

重大な使命と言う表現があって　その意味は通常〝大切な　大切な〟と言う様に受け取られている
が「重さ」があるとは気がつくまい。

ところが此処《ここ》に重さがあるのだ。

天に　カシオペア座　と言う星が存在してカシオペア座の星が生み出すエネルギーが変化すると
霊影　と呼ぶ姿を形成する。

此の霊影に重さがあるのだ。

研究熱心な人が居て　小石を一個持ってきて秤《はかり》にかけ其の重さを記した後　其の小石を握って精
神を集中させる事一時間　再び小石の重さを量ったところ　小石の重さが以前より軽くなったと言う。
何度も此の実験を繰り返した結果　小石は人間の精神力の重さに応じて其の重量を変化させること
を確認した。
此の場合　重さの変化は精神の重さの差であるが　此の重さを霊影の重量と呼ぶ。
別の角度から説明してみよう。
人が生きている。

生命の炎が燃えているから生きられる。
此の火が燃えている限り　人は　此《こ》の世でも彼《か》の世でも生きられる。
此の火を「霊火《たまび》」と名付ける。
霊火の根元世界が北極星の神界に在る。

北極星の手前にカシオペア星座がある
Wの形をした星座　カシオペアが北極星のエネルギー　霊火を受けて展開する世界が霊影の世界である。

万象形成と簡単に言う。
けれど
万象が　霊火と霊影のエネルギーから形成されてゆくことを知れば　此の地球上の凡《あら》ゆる物象が星の世界のエネルギーを貰って形成される不可思議に　呆然とするほか無い。

中国民族の信仰は道教に始まると聞いている。
道教は信仰の中心を北極星に置き北極大神を信仰する。

「玄」と言う文字がある。

玄元は初発の意味で　玄元皇帝は唐の時代に老子に贈られた尊号と聞いている。
玄天は北方の天。
玄玄は限り無く奥が深いこと。
玄武は北方の神で水神。
そして玄の古字は　　と書き　見えるか見えないかと言う程細い糸を表している。
現在　道教の玄義を表す文字として此の古代文字が尊ばれるのは　右の様な意味から推察できるのであるが　水を表す北極神が何故《なぜ》　宮主の手に乗って　霊火の根元界になるのかは説明の仕様が無い。
事実　あるのみ！
生命が水中から誕生すると言う学説を聞いたことがあるのだが　其の生命の根元が一点の火魂に発する事実を誰が否定できようか。
最近の科学で　水素燃料　が華やかな舞台に躍り出した事を知るなら　玄天に燃える霊火を理解する一助となるであろう。

道教に生きる民族が「玄」の無限個性を秘めた民族であることを知らねばならない。

そして　中国の人々自身　その個性の根元に置かれてある星の神々を知るべきであろう。

其の自覚の量が中国民族の霊魂の量であり重さであろう。

その重さの中に吾が身を置く所に趵突泉《ほうとつせん》があった。

不思議な泉　不思議な名称　趵突泉。

虚空界に突如　孔が開いて　泉を湧かせると言う名　趵突泉。
泉と言うけれど　其の泉もさまぐ〵であって　善・悪　二流れのエネルギーを放出する　明・暗
二流れを織り出す神秘を含んでいるのだ。

朝の公園は既に数人の散歩人影を呼んでいるが　その人達に混《まじ》って　ゆっくり足を運びながら趵突
泉の神霊に向って私から呼びかけた。

私を此処《ここ》へ招《よ》んだ神々は　私に何を要求なさるのか。
私は此の公園内の何処《どこ》を使って祭祀をするのか。

私の足は澱み無く進んで其の祭場を探り当てゝいた。
其処は公園内で最も噴流水の激しい所で　湧水が瀧の様に流れ落ちていた。
湧水の前に数百年を経《へ》た風格ある四阿《あずまや》が建っている。
省庁の許可を戴いて　此処を祭場に決定。
祭祀用具を調え　神饌を供え　如月の神魂を招び奉る。
今日は三月九日　陰暦如月《きさらぎ》（二月）一日。

坐った私の心を中心にして　中国と言う国土の神々の心が一度に流れ込んできた――宮主に告げる。

過去数千年に亘り日本国へ渡って失《う》せける中国人の霊魂を　今　此処に翳《かざ》し給え　其の霊魂が日本と中国に架け渡す交流の橋に成るであろう。
更には　済南より長白山に宮主を導き渡す魂の架け橋と成るであろう。

次に告げられた事は私の思いもよらぬ事であった。

――魂の架け橋が日本と中国に架けられたら　昔から今迄　日本国に渡り日本国で亡くなった中国人の霊魂の全部《すべて》を中国に里帰りさせて貰いたい。

中国の神は　その代り　みかえりとして　中国で亡くなった日本人の霊魂を全部日本国へ戻して差しあげよう――と言うのだが　聞いた私に一瞬理解された此の事を一般に理解して貰う為　少し詳しく物語ることにする。

＊　＊　＊

誰も知らぬことであるが　日本国が中国に進攻し　戦争をした時　沢山の人々が死んでいる　戦死したり病死したりしている　その人々は死後一人残らず中国の牢獄に入っていて日本国へ戻されないそうである。

遺骨が戻れば亡くなった人の霊魂も戻ると思ったら　とんでもないことであった。

その霊魂を此の祭祀に依って残らず帰国させてくださるそうだ。

＊　＊　＊

では其の祭祀に依って動く霊魂の数は　いったいどのくらいあるのかと尋ねると　亡魂五十八万体

と言う。

斯《こ》うして如月《きさらぎ》の祭祀が開始された。

おかしな話だが　中国と言う国で日本語で語りかける私に中国の神々が日本語で答える様な感覚なのだが　事実は違っている。

世界中の人々は　心　を共通にしているので　心から心へ語りかける　其の心が私の身体の中で自然に日本語となっているだけである。

其の心と魂の世界の律動が私の肉体の内部でさまぐ〳〵な変化を見せる。

私の頭の中が拡大する。

頭が痛む。

別世界が顕れる。

其の世界に魂魄《こんぱく》が集まる。

沙魂――砂粒の様に小さな形をした魂。

集まって五十八万粒魂。

その粒魂が趵突泉に湧く水の粒子に結ぶ。

六角形の水粒子内に粒魂が入る　宿る。

如月を著更衣　又は衣更衣と書く。

霊魂の大群が　衣更え　してゆく。
次は何《ど》うなるのか　分らないのは　十月に到る迄《まで》此の祭祀が続くからだ。
十月に私は此処を再び訪れ　今日の祀りの仕上げをせねばならない。
十月迄の間に　まだ〴〵沢山　やらねばならぬ祭祀がある。
やりかけた祭祀。
第一回趵突泉まつりの記を閉じる。

大明湖へ行く

三月の大明湖を歩く。

索莫《さくばく》と　風が吹き　柳の小枝が揺れる。

湖面に細波　そして陰影が走る。

あの陰影に乗って疾風の様に湖上を渡る物《もの》の怪《け》がある筈だが　彼等は何《ど》んな姿をしているのであろうか　逢ってみたいと思う。

湖水に面して　北極神殿　が建っている。

石段を上って神殿へ入った。

大きな金色の神像が安置してある。

安置してあると表現するほかに表現の方法が無い程　神像が無表情なのだ。

昔から鎮座している神像なら歴史を見て来た神像の心があって　私に其の心が響く筈だが　全くの

無表情である。
哀感！
それは何処《どこ》から漂い出すのであろうか。
黄金の面を除《と》り去って生地の儘の御顔にして
差しあげたら　と　勝手に想像させて貰った。
世界中の人々が　面上に面を覆《かぶ》って生きてい
る現代の様な気がする　その世の中が　面を除
った儘の素顔で語り合える時代は直ぐ側まで来
ているのだ。

その神殿に石段がある。
此の石段には欲望も衒《てら》いも無く　只　滑《す》べ
〴〵と光っていた。
滑る手摺に両股を開いて乗った人達が笑い声
を挙げて　スゥーッ　スゥーッと滑って下りる。
滑っている人の心に黄金面神像さんはストレ
スを発散させているみたいだった。

千仏山

ホテルの前の道を登ると千仏山（歴山）と呼ぶ仏教の聖地があった。

一番始め　目についたのは古代瓦を積み上げた所で　今から数百年の昔　此処に建てられていた寺院の面影を偲《しの》ばせる色彩　古色　がこぼれる様に置かれている。

そーっと手を伸ばしたら懐かしい思いがした。

そして　私は其の昔　此の山で学び　その後日本国へ海を渡って行った学問僧の一人として此の山に住んでいたことを想い出していた。

涙ながら　別れを惜しんだ一人の女人が居たことを覚えている。

はからずも　私を此の中国路へ導いてくれた人の中に其の女人が　無心に協力して下さる　因縁不可思議。

千仏山に昔ながらに修行僧が籠ったと言う洞窟があった。

首を縮め　そッと入ると　おやおや思いがけない光景に逢ってしまった。

昔から此の山に棲《す》んでいる狐や狸の霊が皆《み》んな痩せ細っているではないか。

昔は沢山の僧侶が修行していたので　山に棲む狐狸共も其の仏果を食べながら福々しく肥えていたものであるのに。

でも　狐狸達も良く無い。

食べることに熱心で仏果を豊かに養う努力を怠ったのだから仕方無かろう。

博物館

古代中国の面影が生きていた！
北極神像が古代の土の匂いを残して立っている。

古代の木船は大きかった。
船の精霊が未だ生きて私に語りかけてきたのは嬉しかった。
〝今　此の船は　古代国王の霊魂を乗せて　黄泉路《よみじ》を翔《か》けます〟　と言っている。
船に　霊体　があるのだ。

中国の遺跡　などと思ってはならない
遺跡に残る霊体は現代に生きて古代国王の霊と共にあるのだ。
是《こ》うしてみる中国は　古代と現代を結び　未来に船を進める国柄の様に見えてくる。
さらば済南の神々　十月再会へ！

十二　初めてのアメリカ旅行

アメリカ合衆国は広い。

北アメリカと南アメリカがあるのだが　アメリカ合衆国は北アメリカ大陸の中央部に出来た連邦国家のことであると聞いている。

私は地球のまつりを続ける者である。

アメリカ合衆国と言えば其の大地に座って大地の声を聞くことから　まつり　が始まる。

アメリカと言う大地が地球誕生の時から続いて　その大地に大地の精霊が居る。

大地の精霊と一緒に住む人々が居る。

その人々の体内を流れる血潮は大地の声を伝えて来た筈である。

だから
大地と共に其の国の人々を訪ね　その国の人の血潮の響きを私の全身に響かせることにしている。

その大地に最も近いアメリカの人々は何処《どこ》に住む人達であろうか?

分らない。

米国の商社に深いつながりを持つ道友の一人に　関口弘治氏　があって此の人が熱心に其の原点を尋ねてくれた。
幸いに　ホピ族と言うアメリカインディアン民族に触れる機会があって　ホピ族に関する出版物（写真入りの物語り本）を届けてくれた。
神の導きと思う。
本の中の地図を　じっと眺めているうち　地図の精霊と私の心が交流を始めて行く。
そして　地図の上の一点を指し〝此処《ここ》へ行って地球まつりを致します〟と申しあげた。
旅行者を案内する旅行会社が沢山ある　その中で　日本人の経営する一社を選んで旅の計画がたった。
ソルトレーク――セドナ――グランドキャニオン――ハンフリーピーク――ホピ族
これが旅程である。

空の旅　いろくの道

一九九七年五月十七日　成田空港発　サンフランシスコへ向って飛ぶ。
太平洋の彼方にあるアメリカ大陸へ空の旅。
窓から下界を眺めた

一面の流氷群の様だ
高度　一万メートル以上
外気　氷点下四十度
私には全く無縁の世界が展《ひろ》がって　海が動き氷が流れ　その中にも生き物が生きている。
イタリーへの旅とは全く違う感覚であるのは何故《なぜ》だろうか。
同じ地球上の筈であるのに？

道が違えば景色も違い空気も違う
イタリー国への道
フランス国への道
フィリッピンへの道
ヒマラヤへの道
それ〴〵の道があるのに気がついた。
同じ空を飛んでいるのでは無かったのだ。
大地に道路がある様に空の道があって　風景もさま〴〵であったのだと気がついた。
その空に　雲　が湧く
雲が空を彩る
雲は何故空に湧くのだろうと思った。

雲の話

人に顔があって　喜　怒　哀　楽　さま〴〵な表情を表す様に　雲は空と言う顔に出てくる宇宙の心ではなかろうか。

然《そ》う思った私は飛行機の窓から　浮き雲に話しかけてみた。

まず　今浮かんでいる雲さん　あなたは何を言いたいのですか？

人間の世界で〝子を亡くした親の悲しみが宇宙空間に滞積されてゆく〟ことがある

その悲しみを神様が消しなさるのが下の様な雲であります。

此の様な雲は

亀は万年の齢《よわい》を保ち　鶴は千年の寿《ことぶき》を保つほどの

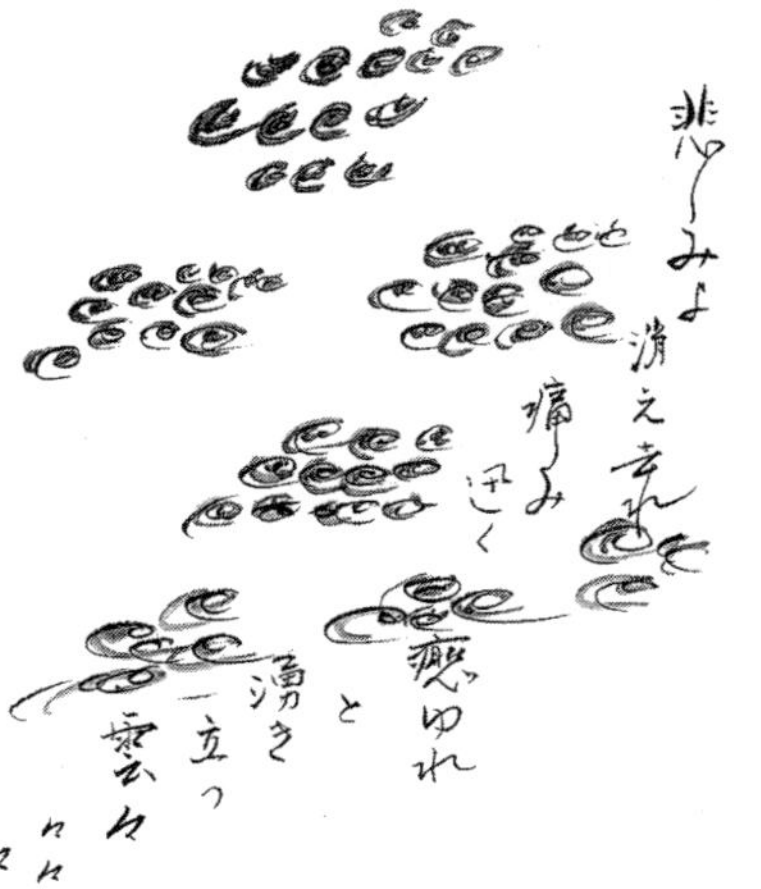

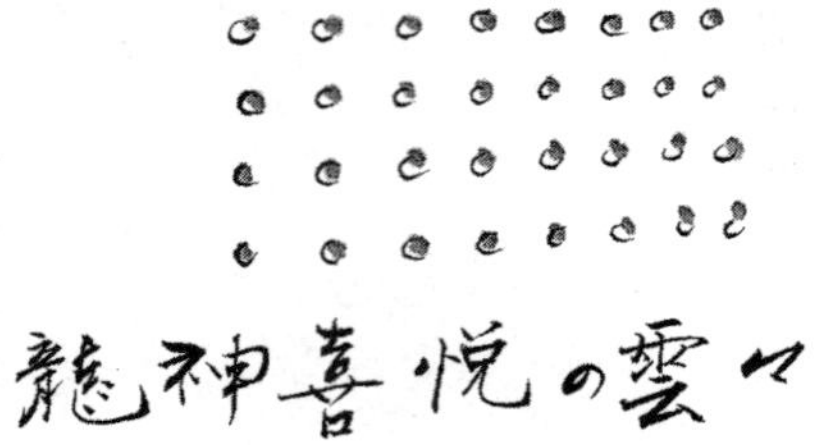

長寿を祝福なさる神々の喜びが宇宙空間に遊泳する時の雲。

上の様な雲は龍神の喜悦雲と申しまして　龍神が其の神力を高くしてゆく時の喜悦心の発動。

白雲が下の様に美しい点になって分列行進をする時　世の乱れが消え新生神界が出現する　其の響きが宇宙空間に鳴り出すのであります。

次頁の様な雲は　長い間の苦難を越え　今から新しく喜びに赴《おもむ》くという知らせの雲。

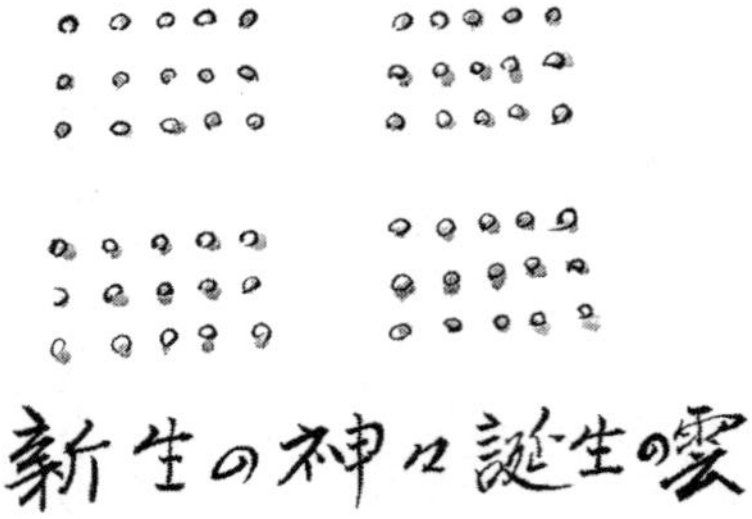

では　雲さん　世の中に凶変が出現する様な時　どんな顔をなさいますか？

それはお答えできません。

雲と話をしている間にサンフランシスコ空港に着いた。

暫《しばら》く時間を置いて　ソルトレイクへ飛ぶことになるそうだ。

見知らぬ男　インディアン

一人の若者が私に近寄ってしきりに話しかける。全身に親愛の心を示しながら握手してくるので快く御相手をさせて貰った。

何となくインディアンの体質が匂ってくるのは私が是れから訪ねてゆくホピ族につながる　縁《えにし》の糸　の為であろう。

アメリカインディアンの民族神から日垣宮主宛のメッセージを感覚する。

苦難から喜びへと
茜さす雲が延々と伸びる

此の若者は〝今　サンディエゴに住んでいるが　四代前の先祖はインディアンだった〟と誇らしげに胸を張って答えてくれた。
傍に居た宮主の妻が　先程から　小さな紙で折っていた折り鶴を若者に渡すと　大きな身体に小さな折鶴がとても可憐だ
手に持って踊り上って喜ぶ姿は　鉄人が紙を握った様だ。
折り鶴さん　今にもバラバラになって失《な》くなりそうだった。
ソルトレイク行の飛行機が出発するので席を立って皆《み》んな歩き出した。
擦《す》れ違う婦人が　そっと　私を見て　ほのかな笑顔　目礼　心が一瞬和む。

ソルトレイクの祀り

未だ逢った事の無い　未知の国　未知の世界の霊達に　これから会いに行く私
そして　相手方は全く私を知らない立場である。
ソルトレイクと言う国が機影の下に見えてきた。
柊《ひいらぎ》　の様な形状をした島が多くの起伏を見せて私の目に入ってきた。
案内をして下さる神霊に尋ねると　〝此の島にはソルトレイクの産土《うぶすな》霊魂が鎮座している〟　と教えてくれた。
私は此の産土様に　柊の神　の名を差しあげた。
私の胸に響いてくる——その昔　アメリカインディアン民族の一つがソルトレイクを住居地として

いたのである――と。

着地　空港からホテルへ入る。
奇麗な街で　道路に塵《ちり》一つ落ちていない
思わず案内の人に尋ねたら　モルモン教の本部が此の地に建てられてから　此の街は清潔な風紀に変りました　と説明してくれた。
清潔！
それなのに街を眺めている私の心から次第に潤《うるお》いが失われ　乾燥してゆくのに困った。
モルモン教の教会へ入って見た。
庭を歩かせて貰った。
私に語りかけ　親しみを寄せたのは教会の傍らに立つ二本の古木だけだった。
沢山の人々が教会の内部に　何かを求め　集まっている。
けれど　今の私には無縁と思う。

例に依って　十三夜祭の祭場を何処《どこ》かに求める必要がある。
一枚の地図に向って　私の心の予定地点を指定し　其処《そこ》へ連れて行ってくれる様に頼んだ。
ところが其処は米軍の演習地で入れないと言う。
念の為　確認して貰った。

一ヶ月前頃から演習地立入禁止が解除されていると判った。

出掛けに当って　案内神霊の声があって　〃米を少々持参してください　途中で必要になります〃と言うので急ぎ其の用意をした。

運転をしてくれるアメリカ人は元軍人で恰幅《かっぷく》の良い話好きな人柄。

此の近くで　今は大きな牧場を経営していると話している。

私の胸に伝わって来る　此の運転手の前生はインディアン民族と戦って戦死していた。

同行は関口弘治氏と前田景清氏の二名。

残った人達は市中見物。

ソルトレイクは塩の湖と言う名称で　その名の通り　走る道の右側に大きな湖水が見えて来て　その湖畔に製塩所がある。

塩のピラミッドが三基積み上げられて太陽にキラキラ光って見える。

三角の塔の上へ　光りながら　次々　塩の粒子が積まれてゆくので　雨が降ったらどうするのか尋ねた。

ところが此の地方に雨は殆《ほと》んど降らないそうだ。

雨が降らぬのに此の湖水の水は何処から湧いてくるのであろうか？

本道を走っていたら　案内の神霊が　〃其の先を右に折れます〃と教えてくれた。

そして次に辿《たど》る道順を私に伝えた。

〝暫く走ると左側に小山が見えるので其の手前を右へ折れて走って下さい〟と言うので其の通り運転手に伝えたが　其の時　俄《にわか》に私の胸が苦しくなった。

やはりやって来たかと思って眺めると　自動車を取り巻く無数の亡魂の群！

後から後から次第に其の数を増す様だ。

急いで　米を一掴み
車窓を開く
夜美の母神の恵みを祈念し　窓から　走りながら撒《ま》く。

急いで窓を閉める。

走るうちに胸の苦しさは消えた。

一緒に乗っていた関口夫人も此の時　同じ様な苦しみに襲われていた様だ。

斯《こ》の様な障碍《しょうがい》は時折訪れるものであるが　一瞬の遅れが自滅への道につながるので油断できない。

うっかりして亡霊群の餌食《えじき》になることだけは御免蒙りたい。

教導に従って走ると坂を一つ登り切った所で俄に視界が展《ひら》け　一面の大平原。

平原の彼方に塩湖　ソルトレイクが鮮やかに浮び上った。

美しい　空と湖　そして平原！

明日の十三夜祭は此の平原で執り行うことに決めたが　下準備が要《い》る。

俄にやってきて　サァ　十三夜祭を致しますと言っても祭祀が容易で無い。

大地の霊が居るので　其の霊から祭祀の諒解を得ねばならない。

その為の小さな祀りをすることにした。

周囲を見渡す
十センチメートルばかりに伸びた草が一面　風にそよいでいるのに　不思議？　ソルトレイク一帯が動きを止めた感じがする。

暑気が厚い層を作って上から押しつけられるみたいだ。

動きを止めた　其処《そこ》に　死者の世界が展《ひろ》がっているではないか。

何処《どこ》の民族なのだ　是《こ》れはッ
おそらくアメリカインディアン民族であろう。

持参した米粒を使って　草原の一隅に簡単な祭場を作る

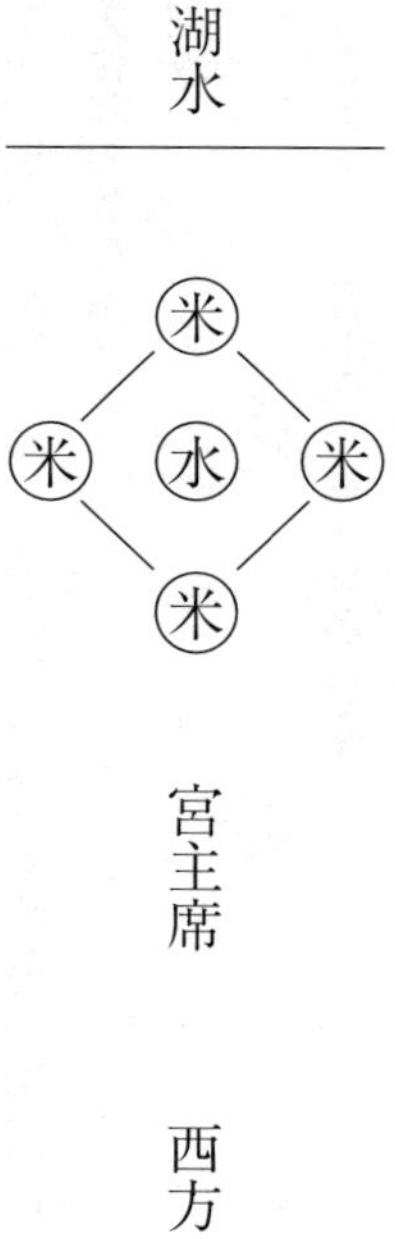

集めた亡魂は八万柱。

亡魂を鎮め終った時　草原の気が蘇えって精気が流動するのが分った。
十三夜の祀りで亡魂の祀りをする予定であったが　長い〳〵眠りから覚めた亡霊群にしてみれば
今が其の時機ッ　と思ったのであろう。

帰途　遠くから眺めていた塩のピラミッドに立ち寄った。
其処で御分け頂いた塩は粒子が宝石のようにキラキラ輝き岩塩の精の様に見える。
此の塩が翌る日の祭祀で大きな働きをしてくれると思って有難く頂戴した。
聞くところに依ると　昔　兵士への給料を此の塩で支払ったそうだ。

愈々十九日　十三夜の月のまつりに出発する。

タクシー四台に分乗
走っても　走っても　家が無い程広大なソルトレイクの国道を一時間半走って前日に予定した祭場に着いた。

午前十時に祭祀開始。

暑い塩湖の草原に今日は爽やかな風が吹いていて皆《み》んなを迎えてくれた。

一晩　恵みの月光に染まった亡魂達は一緒に祭祀の御手伝いをしてくださる。

此の世の人間の様に肉体を持たない亡魂が私達の手伝いをする訳が無いと思うかも知れないが　とんでもない事で　肉体を持たないからこそ手伝えると言うことが沢山〳〵ある。

例えば　皿の上に果実を三個盛って神様へお供えする時　私共から見れば果実三個であるが　果実の精霊の世界があるので　其の精霊群が一万集まれば一万個の果実に変化すると思って貰いたい。
私が　神前に　祭祀の折々捧げ奉る品々を祭祀の最中　写真に撮れると山の様に盛り上がって撮れることがあるのは斯《こ》う言う訳である。

祭祀をして分ったのだが　今から八万年昔に神々の世界で今日の此の事が予定されていたそうだ。
八万年の昔　今日の祭祀を予定して塩湖が誕生し塩が作られ始めたと言うのだから驚くほか無い。
何の為の塩か
此の塩が　炎の生命力　になる
此の塩が神々の生命燃え旺《さか》る火の精であった。
世界中の海に塩分が含まれている　その塩が　燃え旺る神々の生命力であると知れば　吾が国の祭祀に於て必ず　神前に塩を供える礼儀の正しさも理解されるであろう。
此処《ここ》は米国　アリゾナ州のソルトレイクであるが　古来　地球大地を蘇生せしむる祭場の一つに選ばれ　神々が其の生命力を結集し塩湖を誕生させた　聖地　であった。
以前　エジプトのピラミッドを訪れた時　此のピラミッドを人間の世界に築かせなさった神霊が日本国で八重事代主大神《やえことしろぬしのおおかみ》と尊称する神であると伝えた事がある。

岩塩も亦《また》　八重事代主様が祭祀に用いなさる神宝であると　承《うけたまわ》っている。

今　神々は炎となってソルトレイクの湖面に立ち昇る。
天から太陽の炎
湖面に神々の炎
二つの炎が結んで　霧　が発生した。
日の盛りだ　旱々《かんかん》照《で》りの草原だ
霧が発生する道理が無い
然しながら霧もさまぐ〲で　神霧《しんむ》と呼ぶ霧もあれば霊霧《れいむ》と呼ぶ霧もある。
日本の古典には此の霧を　天之清霧《あめのさぎり》　地之清霧《くにのさぎり》　と表現し　神々の創造力顕現の折に発生する霧と解いている。

その霧が私の手に執る剣に連れて渦を舞きはじめた。

(此の霧は写真に撮れている)

神霧が十三夜の月の神の力で　次に行われる満月祭の為のエネルギーを産み出して下さった。


ソルトレイクの祀りが終った。

私の中に祭祀の光景が絵の様に残って消えない。

生涯に二度と訪れる事は無いであろう　ソルトレイクよ　さらば。

フェニックスへ　そして満月祭

エジプトの神話にフェニックスがある。
五百年毎にアラビヤから飛び立つ鳳《おおとり》が　祭祀の炎の中へ自らの身を投げて焼け死に　再び　灰燼《かいじん》の中から新生するので　此の鳳を不死鳥　フェニックスと呼んだそうだ。

ソルトレイクは　炎　の祭祀だったが　其の祭祀の中にフェニックス祭祀が始まっていた。

自動車は高速バス　乗心地は良好　セドナへと向う。
フェニックスと言う言葉には　紫紅色　の意味があるそうだが　セドナへの道の左右に展開する岩石の層は　まさにフェニックスそのものである。
紫紅色に染まる岩石群が数百万年の歴史を一挙に滲《にじ》ませるかの様に迫《せま》ってくる。
此の辺り一面に雨が降ることが無かったのに　宮主が訪れた日は小雨続きで　雨に洗れながら紫紅色が鮮明に浮かび上っているのだ。
加えて　夕陽が照り映える。
月が昇って来る。
素晴らしい地球　大地のドラマが繰《く》り展《ひろ》げられてゆく。
バスを暫く止め　寂《しず》かに浮かぶ十三夜の月を拝ませて貰った。

一年間の降雨は三回乃至六回《ないし》で　昨年は殆んど雨が降らなかったと言うセドナ地方に　今　ソルトレイクの霧神が小雨を運んでくれたのであろう。


ホテル　インオヴセドナ　に泊る。

近くに日本食のレストラン佐々木が在ったので早速足を運ぶ。

鼻下にヒゲを付けたマスターは声にも張りがある日本人で　職人肌と思える。

御自慢の　水　をたっぷり飲ませて貰ったが　なか〳〵の美味である。

チャペルオヴホーリークロスを水源にした此の水で炊き上げたアメリカ産の米飯は　とても舌ざわりが良かった。

＊　＊　＊

ホテルに戻って　セドナ在住の龍神からの物語りをゆっくり聞かせて貰った。

〝セドナに　モンテズマウエル井泉《せいせん》　と呼ぶ巨《おお》きな池があります。
池の底から噴き上がる清水と池の周辺から湧き出す清水が流れて川になり　やがて　コロラド川に注《そそ》ぎます。
モンテズマウエル井泉は其の背後に広大な龍神界を控えております。
水龍神の世界で　セドナからナホバ一帯に亘《わた》って雨を降らせ　風を吹かせ　雪を呼び　霧を齎《もたら》し
ますが　此の龍神界に立ち並ぶ龍館（龍神の屋敷）がありまして　柊《ひいらぎ》の龍館　と名乗らせておりま

す。
　昔　柊の龍館に誕生した龍神の一柱が人間の世界に人魂を貰って生れ更ったことがございまして　此の龍魂人間は日本の国に生れ明治維新と言う頃　勝海舟　と名乗りました。
　日本の国から船に乗って海を渡り　アメリカ合衆国を訪れ　親善使節の役を果すことの出来たのは　此の水龍神界の守護に依るものであります。
　一五五九年　七十七歳で亡くなりましたが龍神界に戻らず　その儘《まま》　再生して只今は米国アリゾナ州に住みつき　日本国から訪れる人々の世話をして居ります〟

＊　＊　＊

　斯《こ》ういう話を龍神から聞いていると　どうやら　今回の案内役　女性観光会社社長は其の生れ更りの様に思えてならない。

モンテズマウエル井泉

見下《みおろ》す　其処《そこ》は太古《たいこ》からうごめく動物の様に巨大な池が真下に広がっている世界だ。
池畔に自然の岩を利用した家が在る様に思われるのだが人間が住む所とは思えないのだ。
本当に　太古さながらの生き物が棲《す》んでいる感がする。
池の底から多量の清水が噴き上がってくるそうだが全く目に見えないのは深淵《しんえん》の為であろうか。
池畔を右廻りに歩き少し道を下った所に清流があった。
渓谷と言う感じの浅瀬から　せゝらぎが聞かれる。
左に折れ曲がった所に大きな岩壁が在って泉神が息をしていた。
その前に小さな祭壇を置き　泉の神に向って礼儀をつくさせて貰った。
俄《にわか》に湧き水の量が増えてきたのは泉神の真心であろう。
岩壁に光が反射し　湧く水がキラ〳〵と煌《きら》めく中でモンテズマの龍魂が敬々《うやうや》しく鎮魂を始めた。
此の世から神々の世界に亘り　神々の世界から更に再び此の世へと　黄泉界《こうせんかい》の神々の歓喜が伝って新しい清水を噴出させ続けなさる。
その間　幾人かの観光客（ヨーロッパ人）が　ひっそりと合掌してお祈りを捧げていたそうである。

地球と人類の約束ごと

ソルトレイクで不死鳥の話をしたが　灰燼《かいじん》の中から新生する火の鳥は　コロラド川の源流　モンテズマの井泉《せいせん》を飲んで生気を取り戻すことであろう。

此のモンテズマ井泉から流れる川がコロラドになり　流れ続けた所に　フェニックスと呼ばれる川の神の所在地が置かれ　その向うに美しい三角山《ピラミッド》が聳《そび》え立っているのだが　此の大自然と人類の間に架ける神秘の橋がある筈である。

日本国　茨城県鹿島町に　鹿島神宮と言う神社が在って　其の神域内に「要石《かなめいし》」と呼ぶ小さな石が祀ってある。

小さな石を掘り出そうとした人が居て　掘りはじめたところ　地中に広がる岩石が巨大でとても掘り切れなかったと言う　其の石を　地軸につながる神の柱と信仰して大切にお祀りしてあるのだが　其の要石の置かれている位置場所を調べてみた人があって　要石を中心に東方に　エジプトピラミッド・ボスホラスの海峡・カッパドキア　など　今迄日垣宮主が人類の発生点　地球の生成点として祭

東——要石——西

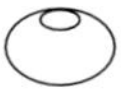

エジプト・カッパドキア

日本国鹿島

ソルトレイク・グランドキャニオン

祀を執り行った国々が存在し　その西方に　ソルトレイク・セドナ地域モンテズマ井泉・グランドキャニオン・神の山ハンフリーピークと言う国々が存在し　東と西の恰度《ちょうど》真ん中が鹿島の要石であったそうだ。
此の要石の在る所は　太古　倭文《しづり》の神と呼んでいた織物の神が住んでいた所で　星の神の世界の中《うち》天地経綸の織業を司る神々が倭文《しづり》の神であると伝えているのも不思議な話である。

地球は今から四十五億年昔に発生した星の一つであると科学者が証明する。
人類は今から二百二十万年昔　アフリカ地方に発生した旧人類が祖先で　一万年程前から新人類（ホモサピエンス）が誕生したと報告している。
けれど
私には　此の報告では　地球と人類の　発生と結びつきは全く解らない。
ボスホラス海峡の祭祀で私は　人類の発生原点の話をしたが　何故　海底から人間が生れてくるのか分らない。
皆《み》んなも　知りたいだろう
私も知りたい。

＊　＊　＊

日本の国の神話を一つ紹介する。
大国主《おおくにぬし》の神が海を眺めている

海上に鏡の船が浮かんで誰か乗っている
いったい誰だろう?
誰も知らない
タニグクと言う者に　お前は知っているだろうと尋ねる
タニグクが答えて　クエビコ様が知っている筈ですと言った
クエビコに改めて尋ねたら教えてくれた
鏡の船に乗ってきたのは　少名彦那《すくなひこな》の神であると分った。
クエビコ様は智恵の神　知識の豊庫の様である。

＊　＊　＊

私はクエビコ様が住んでいる所を知っていたので　早速クエビコ様にお尋ねすることにした。
世界中　何処《どこ》で何があるか　足で歩くことはなさらないが　悉《ことごと》くを知っている神様　クエビコは
日本海の越前の海の亀島の沖の海中に住んでいたり　北海道の芦別《あしべつ》のカムイ山に住んでいたりなさる
のだが　ボスホラス海峡の祭祀をした時は宮主と一緒であった。

ではクエビコ様にお尋ねする
人間と地球の関係は?

科学で究明した結果　四十五億年昔の地球誕生　そして二百二十万年昔の人類発生と言うのだが

地球も人も神々の世界から生れたことは確認しない様だ。

そこで今日はクエビコ直伝《じきでん》の話を紀行文風に書いてみる。

昔々　神々の世界に人間の魂を出産なさいました。
産まれなさった人魂を何処で育てようかとお考えになった祖神様《おやがみ》は　新しく地球と言う世界を創造することにした。

そこで先づ最初に　地球魂　と言う魂を生んで地球形成活動を開始した。

やがて地球形成が完了したので　祖神様は地球魂と人魂を呼び寄せ　サァ　これから　人魂は地球上に肉体人間となって誕生しなさい　地球には人間を育成する役目を与えますとお話なさった。

地球魂と人魂が縁結びする聖なる所が決められ　現在のボスホラス海底になった。


其処《そこ》で人と地球は互いの繁栄を約束なさったと言う。

日垣宮主が一人の人間として　地球新生祭をするのは斯《こ》の約束ごとに依るので　地球も此の祭祀に応《こた》え　元来の神機に立ち戻って貰いたい。

私は　今　山も川も草も木も　そして空も海も　人間の様な血を通わせ心を湧き立たせてゆく世界を此の世に実現させたい。

ハンフリーピークの満月祭

アメリカの国内で活躍している道友　関口弘治氏が今回の訪米に当って　さまざまな資料を届けてくれたが　今　私の前に一枚の地図が置いてある。

心の奥の扉を開けて地図を見つめていると地図が現実の大地に変ってゆくので　その地図に向い私が行くべき満月祭の祭場を問う。

地図が私の問いに応えた　其処にハンフリーピークと称する山があった。

此の山は富士山より高い山であるが富士山の神々との縁が深い様だ。

明日は満月祭
今日は祭場探しである。

皆《み》んな一緒に乗り込むバスが発車してハンフリーピークへの登山道を走る。
日本と変らない山路と林の中を走っていると俄《にわか》に地図から話しかけられた。
〃此の先　左の方角に祭祀を要求する山神達が居る〃と言うのだ。
運転手が――其処《そこ》は入山禁止になっている――と言うので其の儘《まま》前進する。
では其の先三百メートルの地点で一度停《と》めてくださいと頼んで停めた所が丁度　自動車走行可能道の終点であった。
左側が草原　所々に樹木。

右の前方遠く　ハンフリーピークの頂上が眺められる。

斜面を下りながら　地霊に導かれて一つの巨大な岩座《いわくら》に辿り着いた。

茶褐色の岩肌に泥土が覆《かぶ》さっている
長い〳〵間　日垣宮主の来訪を待ち続けていたと言う岩石の精霊の声がする。

此の岩石は遠い昔　ハンフリーピークの山頂に在ったものであるが　或る時　突如として襲来した龍巻きに乗せられ　現在地に移ったものである。

ハンフリーが何を意味するかなど問題では無い。

大切なことは何故此処《なぜここ》で満月祭をするかである。

米国アリゾナ州のハンフリーピークと称する此処は間違い無く地球上の聖地である。

地球は個人の所有物では無いし　如何《いか》なる権力に属するものでも無い。

それは巨大な神体そのものである。

地球神体の中に此の神山が置かれて　月神界に特別の関係が結ばれている。

此の山で月に向って祀りをする事で地球のエネルギーが新生する。

だから此処で満月祭をお仕えするのである。

扨《さて》　此処に発見された岩石であるが　此の岩が日本の国に伝わる神話に関係があると知ったので其の物語りを記すことにする。

＊　　＊　　＊

日本国に富士山がある。

富士山に　木花咲耶媛《このはなさくやひめ》と言う女神《めがみ》が祀ってあるが　此の女神から産まれた神の中に「火子火々出見《ひこほほでみ》の神」がある。

炎の中から生まれた神で火山脈の中を自在に往来する。

此の神が海底火山脈を通って海の龍宮城を訪れ　龍宮の姫神と結婚して子を生んだ。

鵜草葺不合《うがやふきあえず》の命《みこと》と申しあげる此の御子神《みこがみ》が　はじめて　神界と人間界を自在に往来することの出来る最後の神になって　此の神以後　神は人間の世界へ出て来なくなった。

斯《こ》の様な神話に出てくる火出見の神は　今でも神界を形成していらっしゃるが　その神界には沢山の火龍神が居る。

その火龍神の中の御一方が此の巨岩の中に刺《さ》し籠《こも》っていた。

＊　＊　＊

サァ　皆《み》んなで此の岩石を掃除してください。
周囲の枯木を取り除く人
岩石にこびり付いた泥を落とす人
皆んな　一生懸命
ところで　岩石に籠りあそばす龍神様は　何処で何をなさっているのであろうか？
岩石から五メートルほど上空に炎の様な姿で浮かんでいらっしゃった。
五月二十二日　午前零時　ホテル発　ハンフリーピークの祭場へ行くことに決めたのだが　雨が止

まない。

皆んな心配して　此の雨が止まなかったら満月祭はどうなるのだろうと雨音を聞いていたが　愈々出発の時間がやってきたら　忽ち雨が止んだ。

満月が微笑む。

遠望するハンフリーピーク山頂に純白の雪が見えて美しい。

壮厳さが一面に神気を漂《ただよ》わせはじめた。

寒冷の山気の中に坐って祭祀をするのだが気温は氷点下迄《まで》下っている様だ。


此処《ここ》は　今　前方遥かに雪のハンフリーピークを拝し　背後　遥かに　昨日登山の途中呼び掛けられた神の森が眺められる所である。

満月が頭上に鎮座する。

その月光の下に一同着座して祭祀が始まった。

ハンフリーピークの山神が宮主の祭祀に応えて　吾が名は「天《あめ》の一《ひと》つ火山《びやま》」と仰言《おっし》やる。

火子火々出見《ひこほほでみ》の神は炎の中から誕生した火《ひ》の神子《みこ》である。

神々の世界に　火を産み出す世界が在って天一火《あめのひとつび》神界と言う。

天一火神界につながる此の山。

その山に籠る火子火々出見の神龍。

その山で祭祀をする日垣宮主。

宮主の前に美しい瑪瑙《めのう》の赤玉が置いてあって　格別の働きをすることになっているのだが　此の瑪瑙の玉の物語りがある。

＊　＊　＊

日本の国　若狭《わかさ》と言う所は昔から瑪瑙の宝石の産地として知られている。
其処《そこ》に若狭彦神社が在って　火子火々出見の神を祀っている。
此の神は海水を自在に満《み》たし　自在に干《ひ》かせる神玉《しんぎょく》を持っている。
海水を自在にする神玉は　月　である。
月の引力で海水は満潮になり干潮になる法則があることは皆《み》んな知っていると思う。
従って　火出見の神が持つ神玉と申す力は月の神の神力をお祀りする　玉　である。
其の神力を宮主に拝借させて戴くことにして私は特別の祭祀をしてきた。
若狭の瑪瑙赤玉を頂戴して　伊勢神宮と言う所へ行った——其処には内宮《ないくう》と外宮《げくう》が在り　更に其の神社所在地の産土《うぶすな》神社（宇治神社）がある。
内宮に天照大神と申しあげる太陽神が祀ってある。
外宮に豊受大神と申しあげる稲神が祀ってあるが　此の外宮の所在地に湧く神の水が月神の神気に溢れていることを知っている。
若狭の瑪瑙赤玉を此の神水の中に置けば　必ず此の宝石は月神の魂を宿すに違い無いと知ったが外宮の神水の井戸から汲み上げる水はなかなか入手できない。
丁度　其の時　伊勢神宮内に代々俳句を教授する家柄に生れなさった　藤波孝生氏に逢ったので

藤波氏に頼んで外宮の神水を汲んできて頂くことができた。

瑪瑙は在る。

月の神水は手に入った。

でも　月の神水と瑪瑙赤玉が魂結びせねば役に立たない。

どうしたら魂結び出来るかと思った時　其処に宇治の産土様が出て来た。

満天に星が煌《きら》めく浄闇《じょうあん》の夜　宇治神社へ行って魂結びを成就させることができた。

魂結びしたところ　其の玉が新しい神力を顕《あらわ》した。

夜美路《よみじ》と言う神界があって其処に　伊弉那美《いざなみ》大神　がおいであそばす。

夜の世界で人の死後の霊魂を其の胸に抱いてくださる神様である。

その神様の言葉が此の玉から生まれる様になった。

名付けて　夜美《よみ》の言霊《ことだま》の神　と申しあげる。

此の玉が　ハンフリーピークの祭祀で御祀りをなさることになっていた。

ソルトレイク十三夜の神力と　火出見様の炎の生命力と　月の神力が入った夜美の言霊の神力がハンフリーピークに天一火の真姿を出現させた。

此の一瞬　火子火々出見様は 天界《あまつよ》の一ッ火を地に点《とも》す神に成った。

前に述べた様に　人魂が初めて誕生し　地球魂が初めて誕生したのは天地創造の祖神の神界で　其処に燃える火を　天一火《あめのひとつび》　と言うのであるから　其の一火を点すことが出来る御方は　人間の生命の火を点《とも》す神と言える。

一九九七年五月の満月祭は　人間が再び立ち還り　神霊群が再び立ち還らねばならない星の故郷《ふるさと》に生命の火を点し給う神の誕生祭になった。

澄みきった空
玲瓏《れいろう》の月
無心に座る人々
祭祀終了。

ホピ族の話

今回のアリゾナ州訪問の中に　ホピ族との交流が予定してあった。

ホピ族はアメリカインディアンの中の一族である。

アメリカ合衆国の特別保護地区内に居住するホピ族に逢うことは至難の事であったが　いろ〳〵神々の助けがあって　ホピ族の代表者と逢うことが可能になった。

其処《そこ》は合衆国のユタ州とコロラド州とアリゾナ州に加えてニューメキシコ州が　ぐるり取り囲む位置　大平原の彼方にあった。

其の地区内で家屋に向って写真撮《と》るべからず　住民に向って写真撮るべからず　スケッチ禁止　民家立入禁止　等々厳しい制限令が敷いてあった。

ホピの民族はグランド　キャニオンと呼ぶ巨大な渓谷を母なる大地のホト（子を産み給う母神）と尊敬していると聞き　私達は　まずグランド　キャニオンを見せて貰うことにした。

高さ千五百メートルと言うグランド　キャニオンの大地に立った。

遠く　幽《かす》かに　コロラド川が光った。

アメリカインディアンの種族はホピ族以外にも沢山あるそうだが　その悉《ことごと》くが此のグランド　キャニオンを聖なる谷と尊んでいると言う。

観光の為に開かれた此処は全長四百キロと言うキャニオンの中　南側の三十キロだけであるが　此処へ導かれた宿縁を想う。

一緒に連れ立つ道友の中に　幾人か　前生でホピ族として一生を終った者が居るのだ。

シナイ半島を訪ねた時　砂漠一帯が其の昔　緑の大樹を茂らせ　大河を流した島である光景を私の心眼に映したと記したが　今見るグランド　キャニオンの太古も亦《また》　間違い無く巨大な湖沼地帯で緑の世界であったと確信する。

小雨が降る中を散歩する。

眼は色彩万化するグランド　キャニオン岩群から離れてくれない。

その私に　何かゞ見えて来ない
　　何かゞ聞えて来ない
何だろう?

そうだ　分った　此の風景の裏側の世界が悉く背を向けているのだ。

風景は生きもので心を所有する。

その心が観光を拒否している。

グランド　キャニオンの精霊に尋《たず》ねると五億年の歳月が此の大地に畳み込まれているそうだが　そのキャニオンは天地創造の神を父とも母とも仰ぎ　その父母にこそ　福徳豊かなる姿を見せたく思っている。
更に又　此のキャニオンは人間から畏《おそ》れと尊敬を以て礼拝されるに価《あたい》する大地であると胸を張るスピリットである。
然《しか》るに人々は其の誇りを無視して此のキャニオンを見世物に変えたからたまらない。
その昔　アメリカインディアン民族が誇りと尊敬を以て祀り続けた大地が　偉大であればある程其の尊厳を失った無念さ加減は計り知れない。
其の思念《おもい》が　今　グランド　キャニオンを変貌させてしまったのであろう。

私は　今　グランド　キャニオンの奥深い所に　人を近付けない聖地が在ることを感覚している。
小高い丘が見える私の心の世界に！
其処に神秘の水を湛える泉がある筈だ。
何時の日か　めぐりぞ逢わん　其の泉に！

グランド　キャニオンよさらば。
自動車は高速でホピの人達の住む村へ向って走る。
やがて日が暮れ　雨が降り続く　対向車は殆んど無い。

右も左も涯無《はてな》く広がる原野を一時間ほど走ったら漸《ようや》く灯火が三ッ四ッ見えて　再び　原野になる。

暗い未知の世界に迷い込む様な心細さに漸く終りが来た。

其処に　ホピ　カルチャーセンターが建っていた。

夢の様に想像していたホピ村は何処《どこ》にも無いではないか。

無気力な建物に入って呆然とした。

就寝。

夢を見るどころで無い一夜が明けて翌《あく》る日は五月二十一日。

カルチャーセンター内の会議室で　ホピ族の代表者達と会見した。

浅黒く　日本人に良く似た人々が多い。

皆《み》んな　無表情。

取り付く島も無いと言う状況だったが　通訳を通して私の方から話しかけるに連れ　次第に和《やわ》らぎが漂《ただよ》って行く。

私は　持参したハーモニカで日本の子守歌を吹奏した。

何かゞ　はぜたッ
涙が　流れている　皆んな泣いている
此処《ここ》にホピ族がある。

日本民族の中に　ホヒノ命《みこと》の一族がある。

遠い歴史の中で結んでいた二つの民族に共通する祭祀の流れがあった。

祭祀民族ホピ——インディアン
祭祀民族ホヒ——日本

ハーモニカは進呈した。

ホピ族を代表して私達に歓迎の言葉が述べられている間　私は遠い昔のホピの先祖達と交流をしていた。

〃八百年昔は幸福だった
その昔に還りたい〃
然《そ》う言って嘆《なげ》くホピの霊達を慰める言葉が無い。
此の交流会が終った翌日がハンフリーピークの満月祭であったのだが　私がホピの村に一泊しているうちに　ハンフリーピークに俄《にわか》の降雪があって全山純白の装いをなさった次第である。
アメリカ合衆国の隆盛の陰にインディアン民族の衰亡《すいぼう》があるとしたら大変な罪悪と言えよう　けれど　百を越す部族の悉くに文字が無い為　部族同士が其の意志を交流すること叶わず　却って部族間の争いを惹《ひ》き起し続けた歴史を思う時　今　共通の英語に依って文化の交流を得つゝあることを改めて感謝せねばなるまい。
世界は広い
その中で文化の交流が生れつゝある

希《ねが》わくは　互いに争うこと無く　地球は世界人類の為に存在すると云う根元を弁《わきま》え　その地球への感謝を一層深くしてゆきたいものである。

今　私は

ホピ民族の新生を切に希《ねが》って次なる躍進に力を尽くすことを約束する。

十三　長白山への旅

今から三年前　朝鮮の民族の血を引くM氏が長白山の写真集を持ってきて　宮主に　白頭山の祭祀をして貰いたいと言った。

朝鮮の国で白頭山と称し中国で長白山と称する此の山は　長白山脈の中に在って　中国領から朝鮮国領に亘《わた》る聖なる山である。

人に前生が在る。

今から五百年昔　私は当時の新羅《しらぎ》の国に生まれ　若くして死んでいる。

その因縁で　昭和二十年から昭和二十三年迄の間　私は平壌の一隅に捉《とら》われの身の生活を送った。

辛《つら》いと思った事は無かったが　一ヶ月に四千名を数える兵士がコレラ菌に負けて死亡すると言う惨事は　殆んど　私から人間としての思考力を奪い去った。

その中で　私を救ってくれたのは厩舎《きゅうしゃ》と軍馬である。

夏の夜　私は厩舎で愛馬と一緒に眠ったこともあり　白頭山迄の労働使役の折　軽車輌を取り外した裸馬に乗って大同江迄　坂下《さかおと》しに突っ走った事もある。

その頃の私は未だ　人に前生《ぜんせ》があり今生《こんぜ》があると言うことを僅かに感覚し　此の国に五百年前　王族の一人として生れたことがあると言う程度の知識しか持っていなかった。
それから五十年経《た》った　今　中国領から白頭山・長白山へ登ることになったことは夢の様に思える。

紀行文を綴っている現在　既に長白山の旅は終っているので　さまぐ〵な神秘を語ることができるが　その中で——白頭山と長白山が一体の巨《おお》きな龍神の霊体を持っていることを知る者は少ないであろう。
朝鮮側白頭山から中国側長白山にかけて巨大な龍神の霊姿が横たわる光景を想像して貰いたい。
白頭山の　頭　は龍神の頭を示し
長白山の　長　は龍神の胴を示す。

人に頭が有《あ》り　背骨があり　尾骨がある。
その要所〱に　頭頂　膝頭　亀頭　などの頭を置き　首の仲間に手首　足首　などを置き　腰部臀部《でんぶ》　を置く様に此の山龍も大切な要処を到る所に置いている。
その要処〱に　霊域　を配置するのであるが　人間から見る霊域は風光明媚な観光地点にすぎないかも知れない。
長白山頂に置かれる「天の池」は龍神の大脳中枢部と言える。
今回の長白山旅行の到達点を此の神池に置く。

北京を行く

一九九七年六月十八日　私は日本の国から北京空港へ向った。

空の旅は三時間半。

出迎えの旅行社は「中国康輝旡錫旅行社」と称する。

その夜の宿は「新万寿賓館」である。


北京の紫禁城《しきんじょう》の前に立った。

私の魂が紫禁城の昔を知っている。

懐《なつ》かしさと華《はな》やぎと哀《かな》しみが　今　私の中に蘇えってくる。

前生の一流れが走馬灯の様に走る。

頃は西暦一四〇〇年の始め　宋が亡び　元が亡び　明国が興り　永楽帝が中国全土を掌中に収め
北京に紫禁城が築かれた。

その城を　今　静かに歩むのだが　私をめぐって蘇えり来る霊魂の姿を見る者は無かろう。

歩む私の身体は　さながら虚空を歩む如き感覚の中に置かれている。

築かれた紫禁城の栄光も　その後の歴史に幾変遷を繰り返して来たが　人に霊魂《スピリット》あるが如く紫禁城にも其のスピリットが存在する。

六百年の昔から北京の大地に根をおろした紫禁城様が観光客を迎えられる迄には　時代の流れとは言いながら相当　精神的哀情《あいじょう》が重なったこと丶思う。

私共の家庭ですら　一人一人の来客に好悪《こうお》の感情を湧かせているのに　中国全土の権威を表してきた此の城のスピリットに其の感情が無いとは思えないのだ。
或る時は人の世の人情の豊かさに胸を熱くしたことであろう。
男・女・宦官《かんがん》　入り乱れて権力の座を争う流血に如何《いか》ばかり其の胸を痛めたことであろうか。
亡びゆく民族に涙を注ぎ　国の行く末を案じながらも尚且《なおか》つ紫禁城の誇りに自らを毅然《きぜん》たらしむる努力を絶やすことの無かった此の城に改めて尊敬の念を禁じ得ないのだ。

その私の胸が次第に寒々としてゆく。

此の城に深い関《かかわ》りを持った私の前生が　私の胸の奥で次第に凍《こお》りつく。

歴史の裏に埋もれた哀しみを消すかの様に朱々《あかあか》と塗り上げられ　新装の壁面の下に沈みこんだ歴代皇帝達の想念が　今　私の全身に伝ってくる。

歩道を飾る玉の光は失せて遠く霞む甍《いらか》だけが陽に映えている。

中国の国土は広い。
人民は数多《あまた》あり　人々の希望は豊かに見えるのだが　其の希望の灯が気にかゝる。
今の世は到る所で物慾騒然　経済第一主義　化学万能の様であるが　裏返せば　地球も人類も社会も其の存在を支《ささ》えるべき　霊性　を自らの手に依って破りつゝあるのだ。

神仏を敬い信仰を篤くしてあるが如き世相が　却《かえ》って神霊の尊厳を足下に踏みにじる結果を生みつゝあるのだが？


洋の東西と言う。

東洋があり西洋があるのだが此の東西の歴史を見るに　東の国が興る時　西の国々が衰亡し　西の国が興る時　東の国々が衰亡して来た。

衰えている民族にこそ希望の灯が点《とも》り　興隆の頂点に立つ民族の中に其の灯を見ないと言う流れが繰り返されているのだが　是《こ》れは　単なる運命の変転では無く　地球自身の回転律に深い関係があるのであろう。


飜《ひるがえ》って国の内外に広く其の目を転ずるなら　鉄骨とコンクリートの建築物に依って都市の空から紫の雲を追放されたとは言え　未だぐ〳〵　地球は山紫水明の境を失うこと無く　沼沢《しょうたく》に緑翠《みどり》の滴《したた》りを妨《さまた》げない。

田畑には人を養うに足りる作物の稔《みの》りを許している。

物に歪《ひず》みの限界がある様に　地球　世相　共に其の限界を持つと心得る。

人間が吾が儘《まま》を通し過ぎた時　歪みの限界を割るに違い無いのだ　地球も人類も崩潰《ほうかい》してゆくほか無くなる。

天安門広場は平和の鳩が一羽二羽舞っている。

佇《たたず》む私の足下へ旋風《つむじかぜ》が柔らかに吹き寄せながら　私に語りかけるのに気がついた。

聞くとも無く聞いている。


〃世の中に流血の災いが襲う　その原因はさまぐ〵であるが　此の中国に於いては太古以来　争乱に依って流れた血潮に死者の想念が結び憑《と》りつき凝《こ》り固ってきた――その凝縮体が巨大な生きものになる。

人が生きているのは生命の炎が燃えるからであるが　其の炎に流血の中から発生した巨大エネルギーが結ぶと　劫火《ごうか》　になるのだ。

此の劫火は転々として地上人類を戦乱の巷《ちまた》に巻き込むことになる。

天安門は中国の象徴だ。

此処《ここ》に燃えつく劫火を誰が消してくれるのか。

平和な風を舞わせる広場の大地に燃える劫火は消える時が無いのか〃と言っている。

私はヒマラヤ山の神仙界へ行って人類の因果律を転換させて貰った。

それに続く中国長白山まつりの旅に出逢う神々の声は空虚事《そらごと》では無い筈だ。

北京の大地がある
大地を歩く

その大地と私の足の間に薄い膜が張られている。

その膜の上を踏む様な気持で歩き　そして午后四時　北京空港に入った。

長白山に到る道は北京から延吉迄の空路を行かねばならない。


バスを降りて空港待合室へ向う。

歩き出した一瞬　私の心奥《しんおう》を大きな翳《かげ》りが通過した　そして周辺の空気が一度に暗転した。

私は思わず戸外を振り返って見た。

一面の夜闇《やみ》が薄墨を流した様に展《ひろ》がっている　其処《そこ》へ　稲妻ッ！

神が降りたのだ
豪雨が襲来して空港を雨の中に包み込んだ。

肩の辺りが冷たくなりはじめる
北京の空気が凍りつく

劫火が　今　消されるッ！

手を合わせて祈った――此の神力よ　土の底まで透ってゆけ　宿劫《しゆくごう》を消せ　と。

一時間　二時間　三時間　雷雨は止むことを忘れた様に襲い続け　待合室は搭乗客で埋まった。

待つ事五時間。

今日中に飛び立つ飛行機があるのだろうか？　雨が止んでくれるのであろうかと思ったのは最初の二時間ほどで　神経が苛立《いらだ》っていたが　気がついたら　心の中で合掌していた。

消すことの出来ない筈の劫火が　今　消えつゝあると言う実感に震《ふる》えていた。

漸《ようや》く雨が止んで搭乗許可がおりて滑走路に向って歩きはじめたが　冷えぐとする北京の空を仰ぎながら　劫火の消えた後の冷たささを想っていた。

中国の劫火迄《まで》行かずとも北京の劫火が消えるだけでも有難いのだが　私は慾が深い。

世界中から争いの種火《たねび》は消えぬものかと希《ねが》い続《つづ》ける。

日本とロシアの劫火

此処で話の道草を食わせて貰い　日本国とロシアの戦火物語りを挿入する。

日本国とロシア国は長い間　戦争と言う大きな壁で距《へだ》てられて来た歴史がある。

その戦火を消す祀りをした。佐渡ヶ島と言う島が日本海に在って　其処《そこ》に「加茂湖」がある。

さまざまな祭祀を繰り返していた或る日　日本海に浮ぶ「雄島」で　少名彦那《すくなひこな》の神から〝佐渡ヶ島の加茂湖に　火の神界　があるので其処へ行き　戦火消滅祭　をする様に〟と命ぜられたので早速地図を開いたが加茂湖の何処《どこ》にも火の神を祀った所が記載されていない。

佐渡の知人に頼んで調べて貰ったところ　殆んど廃屋《はいおく》に近い程荒れ果てた神社に　カムアタツ媛　を祀ったと言い伝えがあると知れた。

カムアタツ媛は別名を木花咲耶《このはなさくや》媛《ひめ》と申しあげる炎の神であった。

火山に祀られる神として知られている。

私は　其処へ行った。

聞きしに勝る荒廃の森で　心を鎮め　神の所在を確かめると　加茂湖の湖底に沈み込んだ炎の神界が浮んできた。

そして私は知った。

加茂湖は昔　海原　であった。

その海底に燃える　戦争の劫火《ごうか》　があり　海を越えてロシア国のバイカル湖あたり迄燃え広がったので　其の戦火で多くの人々が亡くなった。

茨城県の鹿島神宮に祀られる神様の事を　武神　と言って戦火の神の様に信じられているが　本当は戦争の神で無く武芸《ぶげい》の神である。

神仙界に戦争さながらに武芸を練り　吾が心魂《しんこん》を鍛《きた》える神霊の世界があるところから　誤《あやま》って語り伝えられたものと思う。

其の武神の依頼で私は此の誤りを正さねばならない。

少名彦那の神の御下命と鹿島神宮の武神からの依頼が佐渡の加茂湖　戦火消滅祭　となった。

その祭祀が終った後　ロシア国に大きな政変が起きて沢山の武器が姿を消して行った。


中国に於ける祭祀は未だ〳〵続くと思う。

私の祭祀は神道の形式を採っているが　それは日本民族としての礼儀であって　其の形式に拘《こだわ》るものでは無い。

〝郷《ごう》に入っては郷に従え〟と言う訓《おし》えがある様に　真心一つを真実の祭祀形式にするものである。

真心の世界に神道も仏教もキリスト教も　そして道教も　悉《ことごと》く其の形式は没入し去る筈である。

長白山のまつり

延吉の空港から深夜の道を走って　白山大厦　へ投宿し　六月二十八日朝を迎えた。
好い天気だ。
朝八時　長白山への登山口へ向って出発する。
バスガイドは　韓連淑と呼ぶ女性ガイド。
私は朝鮮族ですッ　と胸を張る勝気充分な人である。
今迄　私は朝鮮人は皆《み》んな朝鮮族かと思っていたところ　然《そ》うでは無かった。
中国に昔から　朝鮮族　と呼ぶ民族が在ったのだ。

長白山入口迄《まで》五時間半の行程は平坦な道路が続く。
走る自動車の右側が山又《また》山の連続で左側が盆地になっている。
盆地に家屋が建っている。
家屋の形式を見ると漢民族の家と朝鮮民族の区別がつくそうだ。
建てられた家屋の屋根の反《そ》り加減が違っている。
窓の外の景色がある。
眺める人の心が景色を変化させてゆく。
これを　心景《しんけい》　と言う。

高速バスの車窓から眺める風景が流れる様に後方へ飛び去る。
動く筈の無い風景が風の様に飛んでゆくのは当り前の感覚だと思っていた私は　此の時大変なことに気がついた。
世界中　乗り物が高速化されつゝある。
電車　自動車　飛行機などの高速性は確かに科学の進歩であり人智の明断《めいせき》を誇る所産に違い無い。
けれど　同時に人間の感覚を麻痺させつゝある。
いったい　どう麻痺したのか。
窓外の風景が流れ　飛んで行くのにも関《かかわ》らず　見ている人間は　その風景を流れると思わなくなる。

心の中で停止させることをしなければ自分自身　目まいがおこるのだ。
目をまわしたくなかったら　心を狂わせるしか無くなる。
斯《こ》うして　何億　何千万と言う人々の心が狂ってゆくと　世の中が狂うことになる。
幼児がテレビを通して殺人光景を見続けたら　どうなるか　其の結果は考えただけで身の毛がよだつ。

今ほど　静思　の時間を必要とする時代は無いのに　今　世界は踊り狂う若者を作り続けている様に思えてならない。
静思の中に　動いてやまない世界　動き続ける地球を全身で感覚する必要がある。
やがて　取り戻す情熱に地球は涙して喜ぶことであろう。

狂うな
踊るな
踊らさせるな
現代の若者達　子供達！
世界は　地球は　君達の情熱で蘇える
蘇えらせて貰いたい。

長白山麓に到着した。
杜鵑荘に入る。
直ちに登山することになった。
私は薄い紗の和服にモンペを穿《は》き　下《げ》
駄《た》履《ば》き姿で　長白山入口　と大書した飾
門の下に立った。

静思　合掌　長白山の神霊を招《よ》び奉り
只今から参上する旨を伝える。
長白山の神が其の霊姿を宮主の前に表した。
〝黄金色をした松毬《まつかさ》の上に立ち給い
光耀《かがや》く水色の神衣を召し
宝冠の前立に白鏡《はくきよう》を翳《かざ》し
右手に神泉を湧出せしむるスイカツラの杖《つえ》を持ち
左手に夜美路《よみじ》の霊光を集める鏡を持ち給う〟
登山道をジープに乗って走るのだが　猛スピードでカーブを切ってゆく度に振り落とされそうだ。
何かに腹を立てゝいる様な態度の若者ドライバー。

観光化された山神達の気持かも知れない。
目の前に急勾配の山肌がある。
赤茶色をした土が光って見える。
さあ　登らせて貰うか　と思って仰ぐ空には　雲一つ無い碧空《あおぞら》が広がっていた。
一息に登り切って天の池の池畔に立った。
強風
冷たい空気
遥かなる池の彼方《かなた》を眺めると一面の雪の壁で池の水は凍結している。
何一つ動こうとしない山頂　神池を只黙《ただ》って見つめていた。
宗教的行事は一切禁止しますと言う声を聞きながら　神の池を凝視し　立ちつくす私の目の前で
一瞬　天と地が縮んだ
縮んで私の合掌の中に入って来た。
有難い。
私が居る
長白山が在る
私の中の神界が無限の広がりを表すとき　長白山神界も無限の広がりを示す。
出来てしまった世界に無限は無い。
生まれ続ける世界に無限成生がある。

だから
双方が一点にならねば魂結びはできない。

目を上げて見る天の池の対岸の一点が忽然白光《こつぜんびゃっこう》を放って光りはじめた。

天の池の門が開く。

同時に私の門が開く。

天地創造など、言うものは斯《こ》うしたものである。

薄着の儘《まま》で登って居た私は冷風の為　心臓が痛みはじめた。

魂結びを果して急ぎ下山する。

私の魂と長白山の魂が結ぶことが　それほど大切な事なのか。

人間一人と長白山の魂が結《むす》んで何《ど》うなる?

何《ど》うなるものでも無いと思う。

第一　人間と長白山の魂が結ばれる道理が無いのだが　必要があるから斯《こ》うなる。

小さな小さな球体の水晶に天上の太陽が美しく映る様に　いと小さき人魂に海も山も映る道理に通うところがあって　私の魂に日月も星も映って下さる。

長白山魂が私の魂に映って満月祭を執り行う訳である。


下山の途中で翌日の満月祭の祭場を探すことにした。

長白山から降ってくる巨《おお》きな瀧があると聞いたので　まず其の瀧の近くへ行ってみることにした。

橋を渡り石段を昇って左右の景色を眺めながら　岩と語り　風に問いながら　歩いて行ったが途中で引き返した。

これは方角が違うと気がついたので急いで坂を下り橋を渡ったところで　驟雨《しゅうう》。

道友が傘を持って迎えに来てくれた。

雷鳴も轟く中　タクシーに頼んでホテル迄送って貰うことができた。

神の池に居た見物客達は皆《み》んな困ったことだろう。

登山中の晴天が消えて薄闇《うすやみ》の中を稲妻が走る。

天安門の再現！

文字の通り　天が安らぎを 齎《もたら》す門が此処《ここ》に開く様だ。

沈思　黙考
うん　此の近くに祭場が在る様だと気がついて　一人外出する。

天を仰ぎ　道標《しるべ》の神を呼ぶ。

満月祭の場に吾れを導き給えと祈る。

神線下降して吾れを導く。

紀行文は自分の思った儘《まま》を綴れば良いと　簡単に考えて書き続けていたが　気がついたことがある。

紀行文は読者の立場で書かねばならぬ　と言うことだった。

そこで　今日は私が神を招《よ》ぶ光景を一つお伝えする。

さま〴〵な作法があって一定の礼儀がある訳では無いが　今回　道標《しるべ》の神を招ぶ光景を述べることにする。

空を仰ぐ
心の中で神を招ぶ
明日の満月祭の祭場を探しますと申しあげて　方向を指示して貰う。

無心になって天を仰ぐ私の意識が自然に祭場の位置へと向ってゆく。

其の位置へ歩いてゆくと必ず其処《そこ》に目的地が発見される。

今回は　ホテルを出て左方へ道を辿《たど》ってゆくと　更に左折する　其処に川が流れ橋が架かっている。

其の橋を渡って更に進もうとしたらストップがかゝった。

不思議に思って橋の下を眺めると其処は　恰《あたか》も婦人の産道の様に見える。

その川の上の橋上で祭祀をすることに成った。

その奥は広い公園の様に思えるのだが　私の前に霊幕が下りて　入って行けなくなっている。

流れる川は多い。

けれど　流れる川の底に更なる霊川が流れ湧き立ち　天空の月　星の神気が流れを共にする聖所は少ない。

宿に戻って尋ねると　其処は小天池と名付け　長白山頂の天池に対して其の縮図であると思える。

杜鵑荘は温泉が豊富に湧いているホテルで　思いがけず恵みの湯にひたることができた。

長白山満月祭

六月二十一日　午前三時　小天池で祭祀を始める。

満月の時刻に月が上空に浮かぶとは限らない。

此の日の満月は未だ山陰《やまかげ》の彼方《かなた》であるが　思いがけず神秘に触れた。

此処《ここ》は長白山であるが別名を太白山とも呼ぶ。

その太白山の上に美しい金星が煌《きら》めいた。

金星を太白星と尊称する。

つまり
長白山と名を同じくする星だけが東の空に煌めいているのだ。

其の星に向《むか》う形で橋上に祭祀の場を作った。

何処《どこ》で祭祀をするかと言う祭場の選定は祭祀の流れを決めてゆく事が多い。

何故か?

むずかしい質問
事実　然《そ》うなっているのだが　少しくらい中味を公開させて貰うと次の様になる。

天空に日が昇り月が傾き星が流れる時　此の地球内部は天空の動きに呼応して　朝露《あさつゆ》を大地から昇らせて葉末《はずえ》を潤《うる》おし　一日の汚れを沈下させ　地下水が渦を巻くと言う現象が表れるので　其の現象

を正確に記憶している大地に尋ねると　其の折々の天地呼応現象を教えてくれる。
そこで
祭祀の一つ〳〵の内容に最も相応《ふさわ》しい場所を選定する必要が出てくると言う次第である。
然《そ》う言う意味で　今回の祭場は全く考えも及ばぬ程の神秘を籠《こも》らせていた。

天の池から流れ出した水が渓流になって　地の池（小天池）を過ぎる所に　岩石と渓流に依って形成された女陰《にょいん》さながらの産道が在った。

此の産道が長白山の満月祭で　人類始まって以来　空前絶後の祭祀を出現させる結果になった。

空前絶後とは　以前に無く今後も再び無いであろうと言う意味であるが　その様な祭祀が本当に在るのか。

それは
〝人類の遺骸《なきがら》を新生させる〟祭祀である。

遺骸が新生するのか？

今の世に其の様な理屈に合わぬ話があるものかと思うだろうが　話を聞いて貰いたい。

まず　人間の初発《はじめ》は何処《どこ》にあったか考えると次の様になる
1　神界に紀元神魂《きげんしんこん》と名付ける神の魂が在って此の神魂が地球を発生させ　人類を発生せしめ　宇宙を造り始める。

2　紀元神魂の働きで人間は神の胎内に　光の一点　となって宿った　そして誕生した。
3　其の光の一点が　更に　母なる人間の胎内に宿されて　次第に生長し　五体を調え誕生したのが肉体人間である。
4　やがて亡くなった肉体は遺骸《なきがら》として土中に埋まり　土になるか焼かれて灰になる。
5　百年も経たぬうち　忘却の彼方に其の人の存在は消えてゆく。

人類が誕生してから今迄　此の地球上で消滅して行った人々の遺骸は数えきれない。
然《しか》し　それは当然の事と思われてきた。
ところが
一九九七年六月　宮主に語りかける斎主《いわいぬし》の神の声を聞くと　それは人間の感覚に映ることだけであり　目に見える世界に限られていると仰言《おっし》やる。
人も肉体も実は此の世で目に見える姿だけの存在では無かった。
肉体　幽体　霊体　心体　神体　等々　沢山〳〵姿体を持っているのが人間であった。

母と言えば肉親の母とのみ思っていたが　その奥に神なる母も存在した　そして　神なる親から人間が出産している。

生まれた人間が成長し　人生を終って死ぬけれど　やがて　別の人間になって生れ更《かわ》っている。

何度も〳〵肉親の母の胎内を通って此の世に生まれるのであるが　此処《ここ》に　今迄気がつかなかった

真実があった。

その真実とは
母親の胎内に宿る一点は母親の生命力では無く　胎児自身の生命力であると言うことである。

母胎内部で成長する胎児は母の栄養を貰って大きくなるのだが　その胎児の成長する生命力は子供自身の内部から噴《ふ》き上がってゆく生命の光である。

母胎内で胎児は　己《おの》が生命力に依って己が肉体を成長させつゝある。

そして誕生する。

但《ただ》し　此処で間違って貰いたく無いのは　胎児の生命力と霊魂を明確に区別して欲しいと言う事だ。
人は内に生命を宿す　生命力が内在する。それは太陽神の分れであり　日神の分れであるが　同時に　人は内に霊魂を宿している。
霊魂は月神の分れで　胎内に在る中は未だ胎児の中に霊魂は入っていないと言う事である。
霊魂は此の世に出生する一刹那《いっせつな》　体内に入ると言う法則が在るのだ。

扨《さて》　此処《ここ》で私共は思いがけぬ事実に驚かねばならない。
誕生と同時に入って来る霊魂が肉体の成長と人生の営みに於いて　何時《いっ》しか肉体と同化すると言う事である。
つまり　肉体は霊魂の霊動《ひびき》に同化する訳だ。

死んだら　どうなる?

遺骸の中に霊魂の霊動《ひびき》を置いた儘《まま》　霊魂が肉体から脱《ぬ》ける。

霊魂が脱けても遺骸には霊動《ひびき》が生き〳〵と動き続けて　土に埋もれ灰になっても生き続けるのだから驚くほか無い。

一枚のフロッピーに過去のデータを一切納めている霊光が其処《そこ》に存在すると知ったら死後の遺骸を棄《す》てゝしまう訳にはいかん。

人の営みとは然《そ》う言うものだ　生命の営みとは斯《こ》う言うものであった。

是《こ》れは肉体人間の営みの一端であるが　では神なる母と其の母から生まれた人間は　どうなっているのか。

今　地球が新しく生れ更《かわ》ろうとしている。
人類も新生を希《ねが》っている。

地球と人間が新生する為　一度　紀元神魂の世界迄《まで》戻らねばならない。

紀元神魂⟷神なる母胎内一光点⟷人間⟷人間母胎内一光点⟷人間誕生⟷人間死亡

右の様な道筋を通って地球と人間が誕生の一点に　光　となって戻らねばならない。

此の時　亡くなった人間の遺骸《なきがら》が問題になる。
人の遺骸が　何千　何万と言う長年月に亘《わた》って生き続けているとしたら　其の隠《かく》り身《み》をどうするか。

〃悉《ことごと》くを母なる神の胎内に差し戻す〃

幾百十億　千億を数える遺骸が一点の光となって　天の川　銀河さながら　光を点《とも》し　神なる母の胎内に戻りゆく光景を想像して貰いたい。

此の祭祀を　今　私が　中国　長白山でお仕え申しあげることになった。

夜美路振《よみじふ》る言霊《ことだま》　と言う神霊が居る。

日本の国に伝わる神話に　伊弉那岐《いざなぎ》様が　亡くなった妻伊弉那美《いざなみ》様を慕《した》って黄泉国《よみのくに》迄追いかけ　どうかもう一度私の所へ戻って貰いたいと頼んだが　戻ってくれなかったと言う話がある。
その戻らない伊弉那美様の力が必要になった宮主が　天地創造の神にお願いして「那美様の神力を再臨させる神宝」を頂戴した。
その神力が働くから　人類発生以来の　人間の遺骸が　母神である那美様の胎内に戻される。

ハンフリーピークの祭祀で活躍なさった夜美路振る言霊の神が　今　改めて　那美様の神力を再臨させる神力を宿して下さった。

神の水が流れる　神の川が小天池の岩間を行く。
岩水は固い岩石から湧く水である。
本当に石が水を生み出すと言う世界が在るのだが誰も信じようとしない。
岩石が固い石の　塊《かたまり》　であると誰でも考えるのに　私だけは其の岩石を柔らかな神の心の様に思っている。
その岩　柔肌《やわはだ》の岩間を流れる神の水　それは間違いも無く　母神の産道を流れる　羊水　に変化している。

地球と人類が誕生して此の方　亡くなり続けた人間の遺骸が　今　夜美の光に染まって此の産道から母神の胎内へ戻ってゆく不可思議！
神道で　死《まかる》　返《かへし》神法　と名付ける作法があると古人が伝えてきたが　まさか　斯様《かよう》な光景に接しようとは　考えも及ばなかった。
人の咽喉部《いんこうぶ》に　通称　咽喉《のど》ボトケ　と呼ぶ場所がある。

咽頭部《いんとうぶ》である。
口とのどの境目《さかいめ》であるが　人相学上　此の所は女性の陰部《ほと》につながっている　其の咽喉が俄《にわか》に異常をおこし　私の声が出なくなった。
やがて　夜美路振る言霊の神の声に変った私の言葉が　静かに神を招《よ》びはじめた。

私は全てを抛《なげう》って祭祀をする。
その一つ〳〵の祭祀が地球と人間の利益に結びつくと確信する。
長白山に於ける　遺骸蘇生祭《なきがらそせいさい》　は人類に何を齎《もたら》すのであろうか。
祭祀の光景から外《はず》れるが一考したい。

人間遺骸蘇生の秘密

人と遺骸《なきがら》の関係は深い。
人は何度も此の世に生れては死ぬ様に出来ている　これを転生と言うのだが本当のところ其の本質

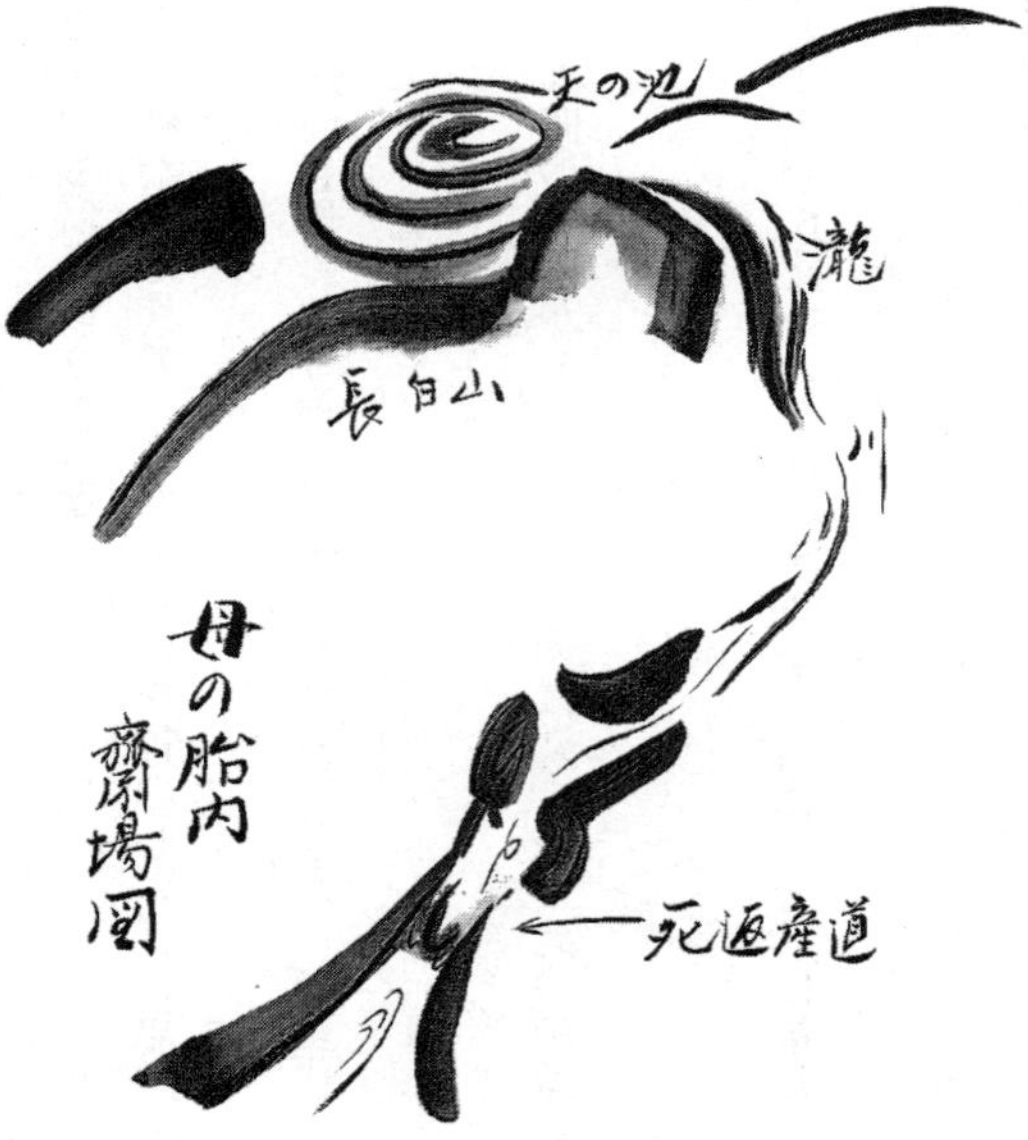

を知る者は無いと思う。

亡くなると亡きがらを残す　その亡きがらを　遺骸　と呼ぶことにした。

生きている人間に霊体が重っている。

霊体が脱けると亡くなるのだが　霊体には現・幽　二つの霊体があって　肉体から脱ける霊体の他にもう一つ死体に残る霊体がある。

前に述べた　霊動体　である。

人間の本質を更に深く探《さぐ》ると　其処《そこ》に　神御自身の　光体　が在る。
生れた人間から見れば　此の世に誕生して一生を送り　人生の終りで死亡する――そして霊魂が彼《か》の世へ行き　脱《ぬ》け殻《がら》が此の世に残るのだが　神の光体の立場に立って見ると其の景色が違ってくる。

人が此の世に誕生した時　霊界に本人の脱け殻が置かれる――死んだら其の人の霊魂が再び此の脱け殻に戻る――戻って一つになる。
此の時　遺骸の霊体が　影　の様に此処《ここ》へ戻っている。
言うならば此の居住点は　人間一人〳〵の神から貰っている　奥都城《おくつき》　であろう。
いったい　人は　此の世へ何回生れ更《かわ》って来たのであろうか　誰にも分からないが　誰でも還るべき奥都城は在る。
今　繰返されてきた　転生　の歴史が大きく変る時が訪れた。

奥都城が母なる神の胎内に差し変るのだ。

魂《たま》の故里《ふるさと》と言うが　母の胎内は人間にとって大いなる故里である。

流浪《るろう》の遺骸《なきがら》をして母神の里へ還らせ奉るなら　以後の人類に流浪の歴史は無くなる道理である。

はて　さて　此の結果　世界中の民族に如何《いか》なる変化を見るか。

時間と空間の制約下に置かれる人間の世界に　此の結果が事実となって表れる迄　どれだけの時を要するか。

それは　私に関《かかわ》り無いことである。

後世の歴史を待つほか無い。

話をまとめておく。
人と遺骸と神のつながりを綴っていたら　長白山まつりの旅　紀行文は終点に近づいてしまった。
天の池から落下する瀧の高さ　六十八メートル。
長白山に棲《す》む動物の種類　千八百種。
長白山の最高峰は　中国側で二千六百九十一メートル　北朝鮮側で二千七百四十九・二メートル。
長白山の峯は十六山を数え　その中　六山が北朝鮮側に在る。
気温は〇度から十七度。
天の池――深さ三百二十四メートルで　結氷は一メートルから二メートルに及び　東西三千三百五十メートル　南北四千八百五十メートル。

周囲一万三千百メートルに及ぶ天の池であるが　それは此の世の光景に過ぎない。
遠く　太白星を其の圏内に巻き込む長白山神界となると　其処《そこ》は　見涯無《みはてな》き光の渦《うず》になる創造神の世界である。

十四　中国へ文化交流の旅

太陽が毎日顔を出してくれる。
雨の日も雪の日も朝が訪れ　日が昇る。
不思議なお日様。
一ヶ月先の予定を立て　一ヶ年先の予定を立てる気になれるのは　いつでも　太陽が日を数え　月を数え　年を数えさせるからで　老《お》い先《さき》短くなるにつれ　生涯の終了迄の予定を立てる様になる。

月も毎日出てくれる。

月は夜の神様の様であるが昼間だって顔を見せる。

新月から三日月になり上弦になり満月になり　やがて無月で一度顔を隠しなさる　けれど　化粧直しをなさって再び御出坐《おでま》しになる。

お日様を眺めながら死を想《おも》う人は少ないけれど　月を見ていると亡くなった人を想い出すのは何故だろう。

私のお父様《とうさま》　お母様《かあさま》　お祖父様《じいさま》　お祖母様《ばあさま》　そして仲の良かった友達　皆《み》んな　今頃　何処《どこ》でどう

していくだろうなと　此の胸が熱くなってゆくのは月の光の下の流れである。
月光の神秘である。
ところが　最近　世の中が変ってきた。
月が人間離れしてきた様に思う。
人と月の縁が薄くなっているのは何故だろう。
夜空に舞い上った飛行機の窓から見下すと　電灯の光が夜いっぱいに広がって見える。
夜昼のけじめを無くして働く人間の影に負けて月影が薄くなってしまった。

人間が月から縁遠くなっても　地球と月の仲は　いつまでも無縁になって貰いたく無い。

春に桜の花が咲く日本の国。
牡丹《ぼたん》の花が開く中国。
公園に照明が当って花見客を集めると　此処《ここ》でも月は除者扱《のけものあつか》いされてしまう。
日本の心を歌った「荒城の月」を愛《め》でる時代は消え去った。
此の時代　此の現代　その中で地球も次第に生きる力を失いつゝある。
地球だけで無い　人も生きるエネルギーを失ってしまった。
魚は獲《と》られて食膳に上る頃既《すで》に死んでいる。
人はどうだ？

現代風調に捕獲《ほかく》され　既に死《し》に体《たい》と化しつゝある様だ。
男性は精子を弱体化させ　女性は卵子を失いつゝある現状は何処から来るのか。
月の恵みを忘れ　月の光に遠退《とおの》いた結果である。
月の恵み豊かな　清泉《せいせん》を涸《か》らして憚《はばか》ること無く　加工飲料に舌鼓《したづつみ》をうつ現代世相こそ民族を亡ぼし人類を滅亡させる元凶と言える。
飲む度に頭の悪くなる加工飲料の害から幼児を救わねばならないと思っている私の隣で　若いお母さんが　サァおいしいからお飲みと　幼な児に飲ませるジュースの缶が魔性にみえてならない。

私は月の祀りをする。
今月はアメリカへ行って　ハンフリーピークで満月祭。
今月はエジプトへ行ってピラミッド前で十三夜祭。
今月はフィリッピン　タール湖へ行って下弦祭。
今月はヒマラヤ山へ行って満月祭。
今月は中国山東省泰山へ行って満月祭。
等々　月の心を地球と人間に結んで貰うことを希《ねが》って　必死に祭祀をしている。
一九九七年
十月十二日　十四時五十五分　成田空港発中国の北京へ飛んだ。
新万寿館到着。

今回の旅は二十六名で　山東省文化庁の皆様方と一緒に「日本と中国の文化交流会」を予定している。

人口一千万人と言う北京の夜は想像以上の賑《にぎ》やかさである。

そのホテルを後にして翌朝　済南《さいなん》空港に向う。

空港には顔馴染《かおなじ》みの旅行社々員　鞏固氏に加えて張暁国氏が出迎えてくれた。

外国旅行に際して　いつも不思議に思うのは　案内を引き受けてくれる人々が私の前生に深い関りを持っていると言う事である。

今回　知り合った張暁国氏も其の前生を遠察《えんさつ》するに　山東省泰山の近く　現代の泰安市に昔　一人の国王が居たが　其の国王と私が前生に於いて親しい仲であった。

其の頃の私は　琅邪《ろうや》　に住んで居た。

一家に家長が居る様に一国に国主が居る。

代表者である。

私が日本国で中国からの来客を迎える時　私と一緒に出迎えなさる神は　大国魂神　とお呼びする御方であるが　私を中国山東省で出迎えて下さる神霊は　趵突泉《ほうとつせん》の泉神　であった。

済南市に清水を湧かせる公園が沢山あるが其の中で　趵突泉　の湧水が一番見事である様だ。

その趵突泉の神景を　後々の為　此処《ここ》に記して置きたい。

趵突泉の神景と千仏山

趵突泉から月の世界に虹色《にじいろ》の橋が架かり　其の橋上を神々が渡るのだが　渡御《とぎょ》する資格が必要である。

其の資格が神霊の衣冠束帯《いかんそくたい》に表され――冠《かんむり》に伊弉那岐大神より拝受する勾玉《まがたま》を戴き　御手《みて》に伊弉那美大神より拝受する神灯を翳《かざ》し　御足《みあし》には夜美路《よみじ》往来自在の神沓《しんとう》を履《は》き給う。

今の世に此の御姿を拝し奉ることを許される者が無い。

月の世界に向って迸《ほとばし》る水の精気が虹の橋になるのか　月の精が此処《ここ》に降《ふ》り注《そそ》ぎ虹の橋を生むのか。

感嘆久しくするのみ！

千仏山は別名を歴山とお呼びする霊山である。

歴山の大地は　其の地底に今も尚《なお》宮殿を置き　其処《そこ》に鎮座あそばす神々は　人々の心に安らぎの心波《しんぱ》を送り続けている。

見えないから　人々は礼儀を忘れる。

見えたなら　歴山参拝の礼を　中国風でどの様になさるのであろうか。

千仏山に登って旧跡見物していたら　山の底に宮殿があって神々が衣冠束帯の姿で御出《おで》ましあそばす光景が見えたとしたら　皆《み》んな足が竦《すく》んでしまうであろう。

世界は本当に広い。

あちらにも　こちらにも　同じ様な聖処が拝見される事を知って貰いたい。

趵突泉《ほうとつせん》の十三夜祭

十月十四日は月令十三夜である。

地球に緯度と経度があって其の二つが交叉する一点がある。

此の交叉点は十三夜の月の神力が地球内部に射し込む入口である。

東経百二十度・北緯三十五度と言う経緯《けいい》の近くに所在する趵突泉の一点が十三夜の月光を引き寄せる時　地球と言う生きものは　其の月光を巨大な大地のエネルギーと化することに成っているのだ。

此のエネルギーが祭祀を進めてゆく。


十三夜の月から趵突泉に架かる虹の橋は肉眼に見えない橋であるが　間違いも無く天の心と地の心を結ぶ橋になるのだが　その結《むす》び状《じょう》が尋常で無い。

趵突泉の霊体が異常な緊張を見せ　私が訪れ　祭事予定地点迄行く　その足下がピリッピリッと震《ふる》えている。

中国の皆様方の心尽くしのお陰で　祭場になる聖堂内はとても静粛で　端坐する私の前に湧き出す泉水《せんすい》の音が全身に響く。

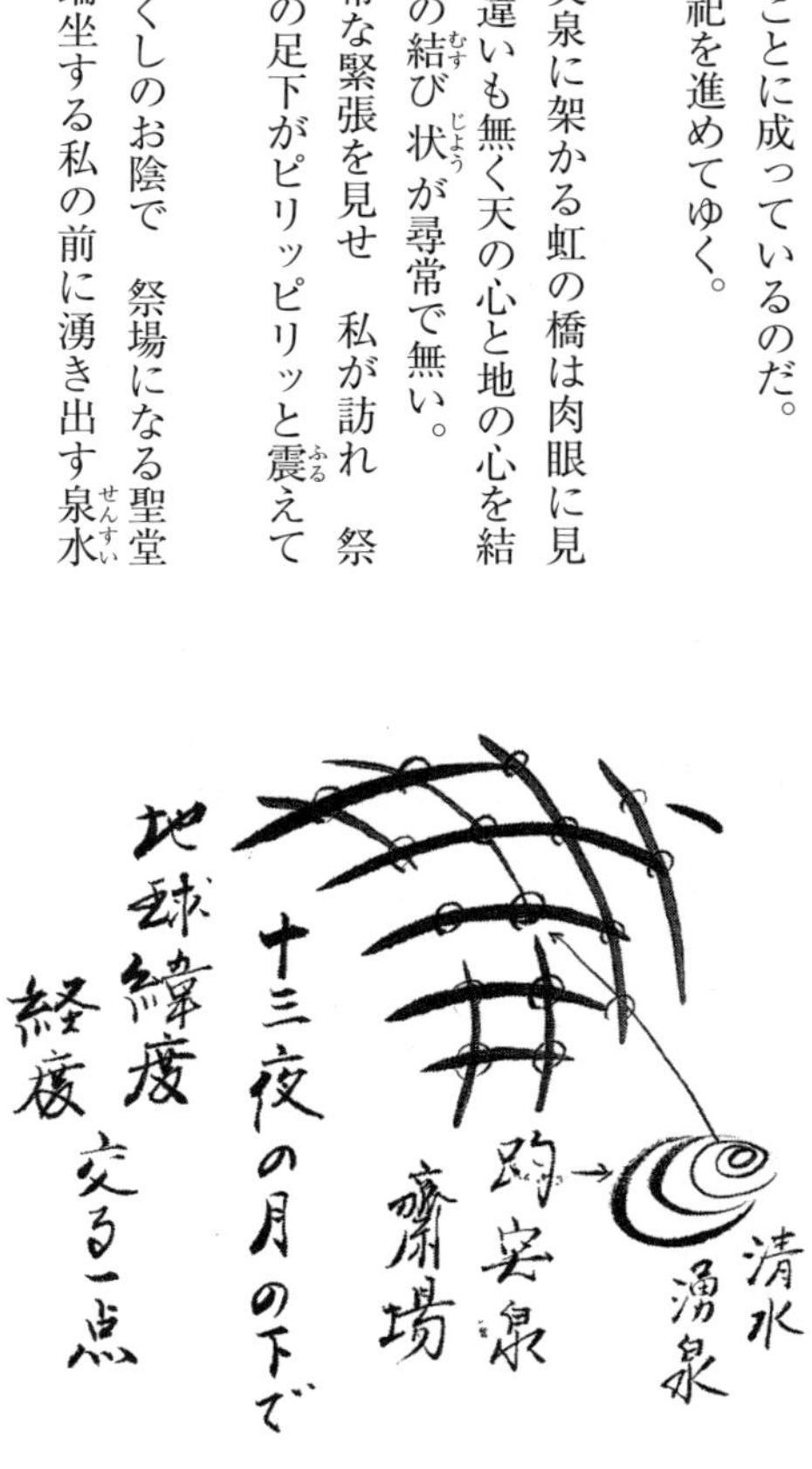

十三夜祭であるのに何故《なぜ》早朝に礼拝をするのかと言う疑問が残ると思うので其の訳を記す。

地球が回転して朝が訪れ夜を迎える。

山東省の朝は地球の裏側を夜にする。

私の祭祀は常に地球全体の動きと一緒になって執《と》り行うので　アメリカのニューヨーク辺りの海上に夜の訪れを見ながら　山東省済南《さいなん》で月の神を祀ることに成ると思う。

済南の聖地で御仕えする十三夜祭が地軸に月の神の光を注ぐのであるが　もう少し分り易く御話するなら次の様になる。

前生一点凝縮《ぎょうしゅく》祭

人は誰でも生れ更《かわ》って此の世に居るので　幾つかの前生があることは既《すで》に御伝えしてある。

地球にも過去の歴史があり　人類にも過去の歴史はあるが　人間の様に生れたり死んだり出来ない。

人間だけが生れたり死んだりしているのである　けれど　誰も自分の前生を覚えていない。

覚えていない前生が　考えも及ばない程重要な働きをしている。

何しろ此の世の人生は前生の続きをやっている訳だから　所が変り時が移っていても　其処《そこ》に生きている人間の一人〳〵の魂は変っていない。

私が地球のまつりを始めてから久しい。

大きな　終点　に向って一歩〳〵進むのであるが　その一歩の中に人類全体の歴史が一緒になって

流れているのは如何《いか》なる訳か。

それが私の使命。

それが私の仕事。

だから　誰も知らない所で　天地も気がつかぬ程の微《かす》かな祭祀をする。

せめては此の祭祀の紀行文を綴って置くことを許して貰いたいと思う。

祭祀は私一人で充分かも知れない。

けれど
地球も人類も世界と言う広さの中で動くので　地球にも世界中の人々にも地球を新生させ　世界を新生させ得るだけの　力　を蓄えて貰いたいと願うのは　神々の切ないほどの希望であると思う。

そこで今回
人間一人〳〵の持っている前生の「生きたエネルギー」を　今　生きている人間一人〳〵の中に凝縮できないだろうかと言う事に成って　茲《ここ》に　前生一点凝縮祭　が実現することに成った。


凝縮されたエネルギーを使って　私は　泰山《たいざん》へ行く。

泰山の黒龍潭《こくりゅうたん》で満月祭をする。

黒龍潭に泰山と言う聖山の神力が集まる。

黒龍潭に前生一点凝縮力が集まる。

黒龍潭に中国歴代皇帝の霊力が集まる。

黒龍潭に映る月影は其の儘《まま》満月の神に成る。

其処《そこ》で日垣宮主が御まつりをする。

其の宮主の中で　日月星　と呼ぶ天体の精霊が過去を祀り　未来を祀る。

その時　宮主の身体は普遍身《ふへんしん》に化《な》る。

普遍身に化ると言う事は消えて無くなると言う事である。

又々　難しい言葉を言い出すと言われそうだ。

〃あなたは一人　其処《そこ》に立っている
そのあなたが目をつむって空の星を想《おも》うとあなたの心は空全体に広がる
広がる心と一緒にあなたの体組織が霊体化して拡大される時　あなたの拡大された霊組織を普遍身と呼ぶ〃

神美産霊大神《かみむすび》が居る。

神美産霊大神の肉体化現象が太陽で　地上に光り　遍《あまね》く照り渡る姿は　神美産霊大神の普遍身である。

高美産霊大神《たかみむすび》が居る。

高美産霊大神の肉体化現象が月で　地上に光り遍く大地を潤《うるお》す姿は高美産霊大神の普遍身である。

日本の古典を読むと　神美産霊大神と高美産霊大神の神は天地創造神になっているが　是れは　太陽と月が天地を育《はぐ》くみ　人類を育くむ御働きに相応していることに気がつく。
創られた人間は創ってくれた親を覚えていない様であるが　本当は　魂の底で　知っている。
親神を覚えているばかりか　人間一人〳〵誕生して以来の　悉《ことごと》くを其の身に記憶しているものである。
自動録画装置が取り付けられている。
其処には　生れてくる以前の記憶も録画されている。
少名彦那《すくなひこな》と言う神様だけが此の録画を再生する能力を持っている様に思う。
エジプトの太陽信仰は　火の鳥の伝説　を生んだ。
太陽神が火の鳥に姿を変え　其の胸に　五千年に亘《わた》る世界史　人類史を抱いて　炎の世界に戻る光景が　焼け死ぬ姿で表徴《ひょうちょう》される。
やがて火の鳥は蘇えって月の世界へ入ってゆき　生命の泉で五千年の生命を蓄え此の世に蘇生する。
是れが不死鳥　フェニックス物語りである。
今
月の世界の門が開き　不死鳥が蘇える時。
世界中に其の羽搏《はばた》きが伝わる。

趵突泉のまつりは其のまつりの一つと心得る。

今　趵突泉の水中に私は「黒色勾玉《まがたま》」を一個沈めた。

これは大切な神呼びの璽《しるし》であるが此の勾玉に一つの物語りがある。

宗像の勾玉物語り

日本の国に古都が幾つかあるが最も知られている京都に　北山　がある。

北山杉と呼ぶ杉の木が有名で　此の杉の葉は触れても痛く無い。

日本家屋の床柱に用いられる程の銘木として知られてるが　此の杉山を守って古い神社が置かれ中川八幡宮　と称する。

或る時　直径三十センチメートルほどの床柱《とこばしら》を使った家に招《よ》ばれた。

その家に住む人が必ず災難に逢うので原因を調べて貰いたいと頼まれた。

原因は北山杉の床柱にあった。

此の柱が未だ山中に茂っていた頃　此の杉の木は山神様の神霊が住む　棲居《すみか》　になっていた。

それを人間の都合で伐り倒し床柱にしたので山神が怒っていると判った。

そこで北山杉の守神　中川八幡宮へ行って其の怒りを除く祭祀をした。

それが縁で其の後　繰返し　参拝しているうち　八幡宮のある山が不思議な霊力を持っていることを知った。

人間に　心　がある。
その心が何処《どこ》から訪れるものか誰も知らないけれど　心に強弱の差がある事は知っている。
中川八幡宮の神霊は　心　を守ってくださる力を持っていた。
その神力を豊かに蓄えているのが　山中の巨岩であった。
巌《いわお》の神が其処《そこ》に居る。
人は心を持っているが其の心を自在にコントロールする事は難しい。
私は中川八幡宮　巌の神座《かみくら》を魂城《たまき》の郷《さと》と名付けた。
毎月一度　京都の北山迄訪れる行事が続いた或る日　山中の巌の一片が眼前に降ってきたので　頂戴し　勾玉を作製した。
此の勾玉に　宗像《むなかた》の神　が宿った。
私の知る宗像の神は「虚空界」を自在に生み出す力を持っているので　以後　大切な祭祀を行う度に此の勾玉を使っている。

神々の世界には肉眼で見ることの出来ない神門《しんもん》があって　なか〳〵開かない。
此の神門が開かなければ神霊に会えないので祭祀にならない。
神門を開く鍵が虚空界である。
漆黒の勾玉が　今　趵突泉の水中へ沈んでゆく。
勾玉に麻紐《あさひも》が結んである。

麻紐は勾玉と夜美路振《よみじふ》る言霊の神璽《しんじ》に結ばれ弓弦《ゆづる》の様に張られた。

鳴弦《めいげん》の法　と称する作法があって神霊を招《よ》ぶ時弓弦を鳴らすことになっているが　今此の麻紐は神招《かみよ》びの弦《つる》の役目をする。

麻紐が弦になって夜美の神と申しあげるところの　霊祀り神　の心音を響かせると　湖中の勾玉に伝わる。

湖中の勾玉の玉鳴りが　泉の水に伝って趵突泉全体が神音に震い出すと　其の神音が　虹の橋を渡って十三夜の月に届く。

十三夜の月神の働きで　前生一点凝縮　が出現する。

此の凝縮は　巨大な光波　となって地球に展開し　その中に前生と言う前生を悉《ことごと》く吸収する躍動体となる。

人に前生がある　その前生は厖大《ぼうだい》な世界である

その世界を一つの玉の中へ入れてしまう。

是の様な無限神力が発動せぬ限り泰山《たいざん》の満月祭は成就しない。

一時間足らずの祭祀で完了できる様な祭祀では無いのだが　此処《ここ》に　中国に培《つちか》われた民族の信仰の力を借りる事ができた。

その信仰と言う大河を道教と称する。

日本の国に此の神縁を結び　大極　即　天之御中主大神《あめのみなかぬしおおかみ》と成る。

其の大極神魂に私の魂結びが通った。

お陰で趵突泉に　五百万体の霊魂　を集め新生の流れに乗せることができた。

五百万に及ぶ霊魂を　どの様にして趵突泉へ集められるのか。

雪に雪の結晶があり　氷に氷の結晶がある様に　水は粒子体を持っていることは理解できると思う。

又　空中に漂う霧にも無数の　水の粒子　が集まっていることも理解されると思う。

其の粒子の一粒に一体の霊魂が宿るなら　趵突泉に湧く聖水の万分の一を以て五百万体霊魂は集められる。

集まった霊魂が泉水から帯状の流れ火になって噴き上って来た。

それは　さながら光の川の如く見える。

【註】

祭祀中の写真に其の光景を見る。

精魂を尽くす祭祀が終って一時間経過。

祭祀に当って陰の尽力を惜しまぬ中国諸賢に心から感謝申しあげる。

日中文化交流

孔子が生れた山東省。

老子の教えの花が咲く山東省。

三国志に匂い立つ英雄の面影残る山東省。

訪れる私共に惜しみ無い情熱を傾けてくださる文化庁関係の皆様方。

十月十三日の夜は　斉魯賓館に　文化庁の章永順氏をはじめ　芸術学院の院長　校長　等々を御招《およ》びして　私共から感謝の晩餐会を呈供させて貰った。

日本在住の　祁放女史は中央大学の中国語教師であるが　和服姿も良く似合い　済南《さいなん》市の旧知と笑顔で挨拶を繰返している。


芸術学院の先生方から物語られる中国の話を聞いていると　今迄　知っているつもりでいた事がどれも　これも　耳新しく聞える。

そして今宵十四日は趵突泉《ほうとつせん》の行事に続く　文化講演会　である。

此処《ここ》は山東省随一の芸術学院の正門。

優しさが胸に伝わってくる出迎えを受けながら会場に案内された。

美しいテーブル掛け。
大きな花を生けた壺を置き　其の向う側に椅子《いす》が用意されている。
着席して眺める正面に　学生達がぎっしりと詰まっている。
皆《み》んな　瞳がキラ〳〵燃えている。
私の子達の様に思える。

歓迎の挨拶に続いて山東省の紹介。
更に諸先生方との交流――中国語の通訳を通して　握手を重ねてゆく。

何しろ　日垣宮主　小生は普段　余り人々に会う事が無い修行生活を続けているので　握手しても
挨拶しても　どうして良いか分らないので　お腹の底で　弱った〳〵と思うばかりである。

芸術学院の校長先生の言葉に
〝中国と日本の文化交流は外見だけで無く　心の奥に迄《まで》行き渡ることを希《ねが》い　今回の縁が素晴らし
い成果を挙げることを期待しております〟
と頂戴したのは感銘深い。

日垣宮主の講演と言う主旨

有難く頂戴して皆様にお話をさせて貰った。

文化講演

大きな中国
ゆったりした中国の人々
本当に素晴らしい。

その中国へ来てみて私は深く思う――中国の教育は無理に素晴らしさを失《な》くそうとしている。
文化　革新　経済　前進
活発な言論と行動の流れの中で中国民族の心が忘れ去られてゆく。
此の事は日本の国内でも同じ様な流れがあって　昔から伝わる日本人の精神を却《かえ》って否定し民族の底力を忘失させる結果を生んでいる。

中国の広い大地
豊かな人々と豊かな心
大地に愛情を注《そそ》ぎ　親を大切に　子を育《はぐ》くむと言う此の国の自然こそ中国文化として世界に誇り得るところであると思う。
芸術学院が高度の教育施設を備え　優秀な教授を揃《そろ》え　子弟を教育するところに　絵画は其の巧緻《こうち》

を極め　舞踊は華麗なる花を咲かせ　体育・武術に見事な演技を披露し　吾が国の文化は此処に在ると胸を張り得ると言うことは確かに現代文化の一翼であると思う。
然《しか》し乍《なが》ら　此の国の人々が此の国の大地を慈《いつく》しみ　此の国の大地から愛されると言う国民文化遺産の素晴らしさには遠く及ばない。
中国の心を象徴する文化遺産の一つに「道教」がある。
其の教えの卓抜していることは他の国の如何《いか》なる教えも是《こ》れに及ばないであろう。

日本国内に於いては土地の売買が盛んに行われているが中国はどうであろう。

奴隷売買は無くなった現代に於いて土地の売買は自由に許されている。

人に人格がある。

大地には大地の格は無いものか。

人に売られる哀《かな》しみがあるが　大地に売られる哀しみは無いのか。

真実の文化は　心の高さ　では無いのか。

私は中国の文化を高く評価する。

それは中国伝来の　心の高さ　である。

私が此の世に誕生したのは大正十二年　西暦一九二三年十二月十四日で　其の日は大嵐の一日であった。

前日迄の好天気が一変して雷鳴が轟《とどろ》き　豪雨が襲来したと　当日の新聞が記事を残している。

母の胎内で関東大震災を体験し　生れる瞬間に大嵐に逢った私の人生は　其の儘《まま》　波乱の人生であった。

人には生まれる前に　幾度か此の世に転生した前生がある　その一つ〳〵を振り返ってみると　やはり　私の人生は平穏では無かった。

私は　美剣体道《みつるぎたいどう》と名付ける日本古武道を身に付けている。

絵も画き書も或《あ》る程度は書ける。

その悉くに精魂を尽くす。

私の努力を　此の世の中で最高に認めてくれる者は大自然である。

雨も風も太陽も月も星も　私の仕事を援《たす》けてくれる。

中国の国土も私の訪問を歓迎してくれている。

さあ
中国の皆さん　真心と努力で未来を造りましょう。

お話に続いて　古武道の演武　を見て貰った。
小さな扇子《せんす》を剣に代えての演武を行ったが少々気障《きざ》な思いもする一刻《ひととき》であった。
何しろ　下は石畳だ
投げられる人は痛かろう

私の子は幼い頃から稽古して身軽であるが　さすがに此の石畳で投げ飛ばされた一瞬　肩の付け根に痣《あざ》を付けていた。

中国武術の枠は次回の訪問で拝見させて貰うことにしたい。

武術の演武が終ると一緒に私の講演終了。

音楽の交流会になった。

吾が子　容雄のギター演奏と歌唱「乾杯の歌」が始まると　芸術学院の学生達も一緒に手拍子　足拍子で和気溢《あふ》れる会場になった。

芸術学院の学生演奏の柳琴《りゅうきん》は其の音色の美しさに聞く者の心琴《しんきん》を共鳴りさせずにおかない　それは中国民族の心の底を流れる繊細な光波であろう。

声量豊かな歌唱も聞かせていたゞいた。

仲良し　と題する自筆の絵を中国の皆様へ贈呈し　牡丹《ぼたん》の花の絵を中国の皆様から贈っていたゞいた。

牡丹の絵も　その後贈っていたゞいた蓮華《れんげ》の絵も　中国独得の筆と墨の芸術作品で　見れば見るほど味がある作品である。

私の作品は主に東京の　雅尚堂《がしょうどう》　と称する表具店で表装して貰っているのだが　外国の人々に差

しあげる作品に此の表装の美事さを加える事に大きな喜びを感じている。
書画も作品であるが　其れに加える表装も立派な作品であり　更に　作品を納める桐箱に籠められる箱造師の技量の高雅なることに私は　私の国の誇りを思う。

今年は私達夫婦にとって　金婚式の年になる。
東京の新宿にある京王百貨店で私の絵画作品展を開催することにしてあるが　この催しは　私から私の作品への心の贈りものである。

泰山《たいざん》のまつり

十月十五日　泰安市に入った。

宿泊は　華僑大厦　と言う大きなホテル。

初めて訪れる泰山の国。

ホテルの一室から眺める風景は思ったより整然とした街と建築物の装いである。

済南から泰安迄の風景は　道の両側だけを眺めるだけなので只《ただ》広漠とした中国大陸を通過した思いだけが残っている。

その中に生活する人々の中にこそ私の求める所があると思うのだが今の私には実現できそうも無い。

思いは泰山へ！

歴代皇帝が大切にしてきたと伝える山が何処《どこ》に　どの様に　聳《そび》え立っているのか。

古来　神仙の住む所と伝える泰山に秘められる霊気は？　と思いながら　翌日の満月祭々場も探す
必要があって　早速案内して貰うことにした。
バスに乗る。
日本の国なら日光の男体山へ登る　いろは坂　の様な感じの道を走ってゆくのだが　観光道路　に
霧が湧き霞が棚引く筈も無い。
人界に隔絶した霊山へ登りたかったら　改めて其の心を調え　礼を篤《あつ》くして　一歩〳〵泰山へ其の
歩みを進めねばならぬと認めざるを得ない。

坂道
右に大きくカーブする所
左側が深い谷
谷底に開けた「黒龍潭《こくりゆうたん》」を遠くから眺める。
その時　ひそやかな声が私にさゝやきかけてきた。
〝汝を此処《ここ》へ導きけるは余の義にあらず
只々　中国なる国土に此の国の力を蘇えらしめんと欲する為なり〟と。
私より其の声に応《こた》えて
〝さらば　其の希《ねが》いを成就せしむべき祭事を執り行うべき所を示せ〟と言う。
彼処《かしこ》なり

其処《そこ》に　霊波さながら霞の如く棚引き渡るを見る。

祭場が決まった。
これ以後は自由時間かと思ったのは早計《そうけい》。

登りゆく此の山は　全山　悉《ことごと》く神格を保つ巨大な生きもので　日垣宮主を招んだ天意を全山に漲《みなぎ》らせはじめた。
其の神気が私の歩く一足〳〵に響く。
足に響く泰山の声――古来　泰山を信仰する者多く　山道を歩む一足〳〵に神を念じ仏を念じつゝ往く　其の念々　幾重にも重なって山の如く積みて崩れず――此の念を解《と》く神が無い　此の念々を叶える神が無い――歩む者達は信ずればこそ念じ奉る――其の信を受け其の念を叶え給う神は何処《いずこ》にか在る！

日は昇り月は照り　霞立ち雲湧く泰山　雪深くして人を拒《こば》む所に　佇《たたず》み給う泰山神　汝《なんじ》は　そも如何《いか》なる故ありて此処《ここ》に在るや――（これは宮主より泰山神への言葉）

南天門に到る。
摩天雲梯《まてんうんてい》　切り立つ様な石段が彫りこまれた崖《がけ》が見下す限り続いている。

足下から吹き上げる風が心胆《しんたん》を寒くする。
南天門を潜《くぐ》ると其の奥が　天柱峰。
観光客のさゞめきに押され　私の心が天柱峰に届かない。
吹く風の中へ入って暫《しば》し瞑目し佇《たたず》む。
静かに眼を開いたら　私の立っている直下に美しい岩盤が露出している。
一面にコンクリートを敷いてある広場の中で其処《そこ》だけ岩が顔を出して　天の気を吸っていた。
何と　其処で泰山の精が息をしているではないか。
噫《ああ》　良かった
私は泰山と一緒に呼吸を始めた
右は千尋《せんじん》の谷
左も切り立つ崖
崖の上に鳥が一羽　飛んだ
黒羽に光が透いて見える鳥
あれは　鵲《かささぎ》
滅多に飛ばないのに？　と誰かの声
心の中で呼びかけてみた——　鵲《かささぎ》よ　お前が泰山の山の精霊なら一度に群れて飛び立てッ　と。

飛翔《と》んだッ　十羽　二十羽　三十羽
織り物の様に美しい黒羽から白光が透いて光が飛ぶ様だ。
有難う　泰山精霊さん。

一緒に居た友に足下の岩盤が泰山の神座《かみくら》であると教えた。
一人〳〵　靴を脱いで此の岩に坐る者　立った儘《まま》合掌する者が続いた。

山頂は直《す》ぐ其処《そこ》
目の前に石段がある
玉皇頂で　皇帝即位の式典を挙げる宮殿も見える。
その石段へ片足を掛け登りかけた　私。
一瞬　その足が停《とま》って動かない。
登ってはいけないと思った。
泰山の頂上は神の頭頂で　最も尊貴な神の峯《みね》である。
泰山は　今　観光客の足に踏まれ　山気を失いつゝある。
その頂きへ日垣宮主が同じ様に足を掛けてはならないのだ。
昇りつめた者は必ず下り坂になる道理がある。
泰山の頂きに昇りつめた皇帝は其の後　どうなったか。

石段の前で同行者揃《そろ》って記念撮影をして下山することにした。

歩き出した右側の店に名石が売っている。

私の傍に　日本拳法総師範の森良之祐氏が居た。

森氏の霊魂が私に語りかける――〝私の霊魂は今から五千年の昔　此の泰山の岩石から誕生しました〟と。

森さん　一寸《ちょっと》来ませんかと誘って店内へ入ると見事な石の数々が　ずらりッ　と並んでいる。
その中の一つに向って立つと　間違い無く森氏の霊魂に深い関係ある石だ。
森さん自身の霊源を祀ることが出来る。
棚に乗せられ　客を待つ石。
その石の一つ〳〵が　それ〴〵の縁に結ばれ　泰山を訪れる人の手許へ引き取られるとしたら　有難くもあり恐ろしくもある。
明日の満月祭に　泰山の磁気を集める神璽《しんじ》として　更に銘石を一体撰び求めた。

登拝終了。

黒龍潭《こくりゅうたん》の満月祭

一九九七年十月十六日　泰安市に陽《ひ》が昇った。
一同　洗身して泰山　黒龍潭へ向う。

海外の祭祀はスイスのレマン湖畔から始まって　ドンレミ村のジャンヌダルク新生祭　ナポレオン新生祭　更にフランス歴代皇帝のみたま祀りと言う様に　さま〴〵な祀りを続けてきたが　今　中国を訪れて仕え奉る祭祀は　私自身言葉に出せないほどの身中感情が働く。

血のつながりがある先祖に接する思いが強いので　気を引き緊《し》めてかゝらないと吾が身の中から事を破るおそれがある。

自動車が泰山への坂道を走る。
誰も　無言。
一歩踏み出した時が祭祀の開始と知っている皆《み》んなである。
私の心がスクリーンに化《な》って　黒龍潭の景色を映す。

其処《そこ》はS字形に曲って流れる川
浮き上って見える中洲
右上方から瀧の水が落ちる

やがて自動車が停《とま》った。
迷うこと無く　スクリーンに映った光景さながらの流れに向って急坂を下りると　其処に祭場があった。

既に　何度か訪れた様な感じを受ける懐かしい場所。
けれど此処は初めてだ。

右方から流れ出す水の落ち口の汚れを除くだけで爽《さわ》やかな祭場になった。

魂の故里《ふるさと》　と言う世界があって　人間ばかりか大自然にも霊魂が在り　其の霊魂の故里が存在する。
黒龍潭にも魂の故里がある。
其の故里に魂結びせねば黒龍潭の神々が動けないのだ。
動かないのでは無い　動けないのだ。

日本と言う国に国柄があって　此の国柄は「祭祀国」である。

地球のまつりをする国柄と言える。

日本国には地球上　悉《ことごと》くの国の神々を祀らねばならない使命がある。

国民が　此の事を　知らなくとも良い。

国土そのものが地球を祀る使命を与えられている。

従って　泰山の黒龍潭の神々　その魂の故里が何処《どこ》に置かれているか　日本の国土の神霊は知っている。

その日本国に生まれた日垣宮主の　祭祀力　は其の根元を日本の国土神界に置く訳である。

斯様《かよう》な使命と立場が無ければ　私の様に無力な存在が世界各地で　地球新生祭　など出来る道理が無い。


泰山黒龍潭と言う祭場が此処《ここ》に斯《こ》うして造られる迄に　一万年　かゝっている。

過去の人類史を集める　太陽の神界に於ける神々の手に依る祭祀に　五千年かゝった。

その過去を一点に集めて月の神界へ籠らせること五千年。

併せて一万年である。

祭場の図を示す。

通常　泰山の山麓の瀧の神の魂の故里は泰山であろうと考えるだろうが　此処は違う。

泰山と言う山と　流れ落ちる瀧のエネルギーを媒体にして降臨する神霊である。
その神を迎える力が必要で　悠紀《ゆき》の稲と主基《すき》の稲を用いる。
悠紀の稲も主基の稲も二つ揃《そろ》わねば　力　にならない。
大極が陰・陽　二極に分れる。
その二極の磁気・神力を　悠紀・主基に宿す。
此の稲は　種蒔き　田作りの初めに於いて格別の祀りをして育てるもので　日本国では天皇即位に限って使用している。
然《しか》しながら　悠紀も主基も日本国専用の稲では無い。
地球全体に亘《わた》って其の新生祭に供せらるべき大切な稲である。

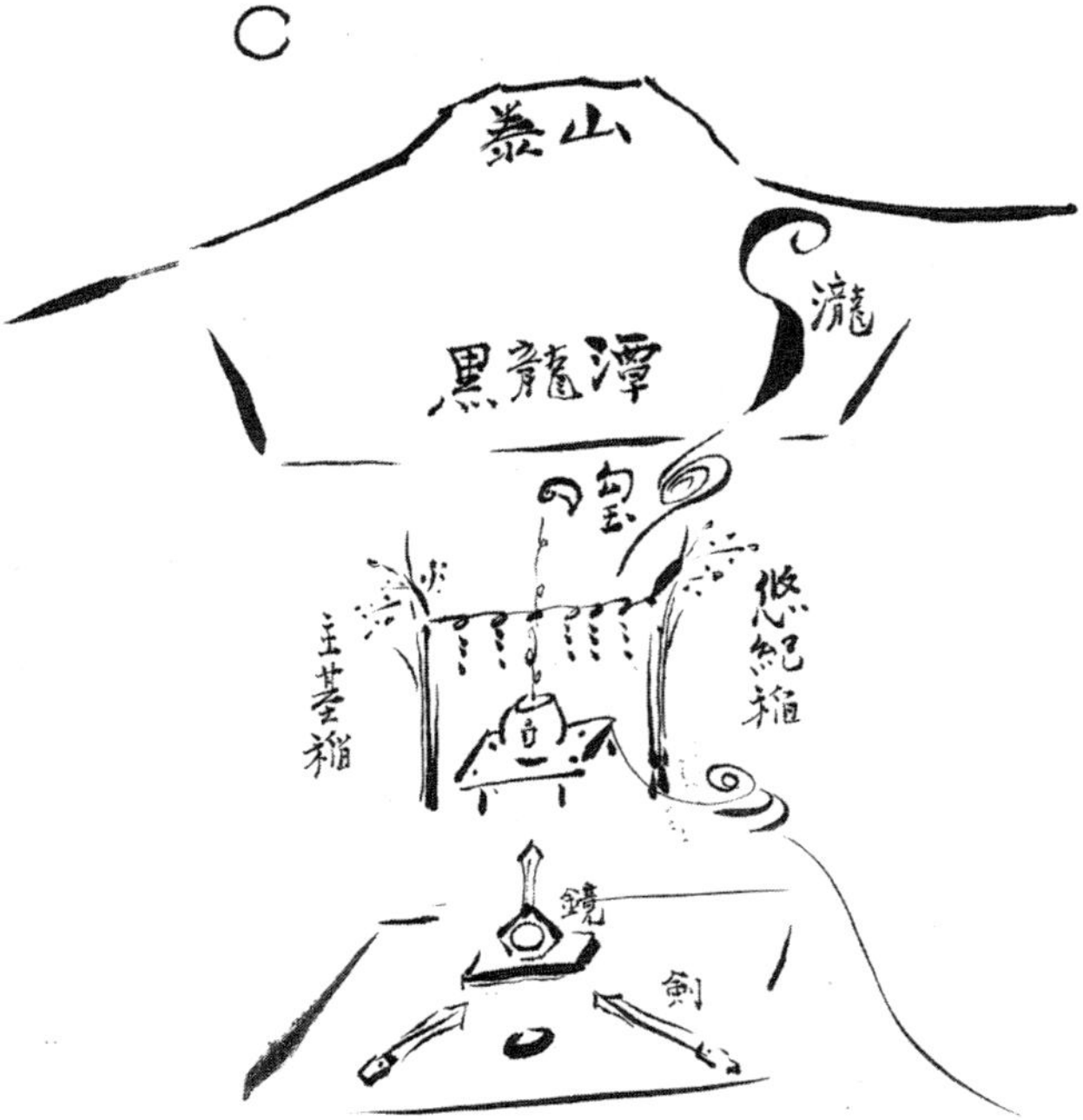

何故五十本を一把にするか。
神々が然《そ》うなさるからであると答えて置く。
重要なる事
意義深き事
其の尊貴の度《ど》が加わる程　理由　は無くなって事実だけがある。
紀行文も事実の綴り文である。

祭祀開始。
泰山の山下を五十メートル程地中へ入って行くと　其処《そこ》に巨大な岩座《いわくら》が在る。
その岩座は不思議なエネルギー・霊力・神力を発揮する。
其処は神の泉を湧かせる真奈井《まない》になっていて　世界中の政治の神力を集める。
昔　中国を統治した帝王が泰山を大切に祀った　其の所以《ゆえん》は此処《ここ》に在る。
私は　今　魂の世界で　世界の政治の中心点に向う。
出来るものなら　毎年　此の月の満月祭を此処で御仕えしたい。
泰山は世界の聖なる政治の神座であった。

太陽に黒点がある。
太陽の神界の黒点が龍魂に変幻《へんげ》して地球へ降臨する。
其処《そこ》に黒龍潭がある。

エジプトに不死鳥の伝説を生む　その原点を太陽の黒点神界に見る。

知らずや黒龍潭　汝自《なんじみずか》らの神魂の偉大なるを。
更に又　泰山山麓に　母なる泉　と知られる聖泉の持つ恵心の無限なることを。

今　日垣宮主が黒龍潭に振る剣光　きらめき　天線・地線　互《かた》みに結ぶ。
以後八千年に亘る世界の運行が出現してくることであろう。
以前八千年の間　神門を閉《とざ》せるところ　以後八千年の神門を開き給う。

祭祀は終っていない
始まったところである

中国に泰山ありて死者の帰り行く冥界を置くと伝え聞くが　日本国に赤城山ありて其処に冥界を置く。

赤城山に　泰洞湖　ありて赤神を祀り。
泰山に黒龍潭あり　赤神を祀る。
伝え聞く
今より八百年の昔　中国泰山より飛び来る龍神群ありて泰洞湖（今は大洞湖と書く）に鎮まると。

一九九九年旧暦元旦

十五　アリゾナ フェニックス 武道と祭祀の旅

中国の泰山黒龍潭《こくりゅうたん》の祀りに際して　不死鳥《フェニックス》再び蘇えると申し上げたのは　一九九七年十月であった。

幾何《いくばく》も無くして私は　ユカタン半島からフェニックスへ旅をすることになった。

ホピ族を訪ね　ハンフリーピークの満月祭を通してアメリカ大陸の神々に接することのできた私は神々の音信を通して再度の訪米を心に決めた。

一九九八年一月十九日　成田発　ノースウェスト航空　参加する者は二十名。

十四時五十分にフライト　七時三十分ロスアンゼルス空港に到着。

十時十分　更にロスアンゼルスからユカタン半島のカンクーンへ向った。

カンクーンで　シーザーズパーク　に投宿。

気温が跳ね上って　暑い。

薄着になってホテルから海を見る。

その海が西洋の海だ。

東洋の海と色彩が違って見える。
西洋の海の色は薄く感覚されるのは何故だろう。
まさか　東から出る太陽が西へ巡って来る間に　光を薄くしてしまうものでもあるまいにと思うのだが　その様な事　決して無いとは言い切れない。

海を眺める私の背後に　ふと　龍神の影を感じたので振り向かず　その儘《まま》　声を聞くことにした。

〝今から五千年の昔　此の龍神「サガミ振る龍神」は　日本の国　富士山龍神界に所属し相模《さがみ》の海（神奈川県の海）で活躍していたが　今回　宮主の案内と守護の為　まかり越しました〟と仰言《おつしや》る。
背中のあたりが少し重く感じるが　有難いこと、感謝申しあげる。
此の龍神はとても偉い御方で　通常　人間の案内などなされる御立場では無い筈であると知っている私。
今回の旅の重要なること　改めて思い知らされた。

人に栄枯盛衰あり　民族に栄枯盛衰あり　国家に栄枯盛衰がある。
今回　格別の祀りを　カンクーンで執り行うのは　滅亡したマヤ民族のみたま祀りを要求されたところに発するのだが　何故《なぜ》　今頃私にマヤ族のみたま祀りを要求するのであろうか。

なきがらの話

人は死んで　なきがら　を残す。
水は消える時　水蒸気になってしまう。
火は消える時　煙になってしまう。
人は死んでも肉体を残しているのは何故だろう。
人が生きているのは水と火と風のお陰と言える。
水の力が腎臓の働き
火の力が心臓の働き
風の力が呼吸の働き
此の中の一つが停止したら人は生きられない。
水が流れを止め　火が消え　風が止んだら死ぬのが人の肉体であるが　水と火と風が人間を生かしている間　人の肉体と一緒に水の霊体と火の霊体と風の霊体が働いていることに気がつく。

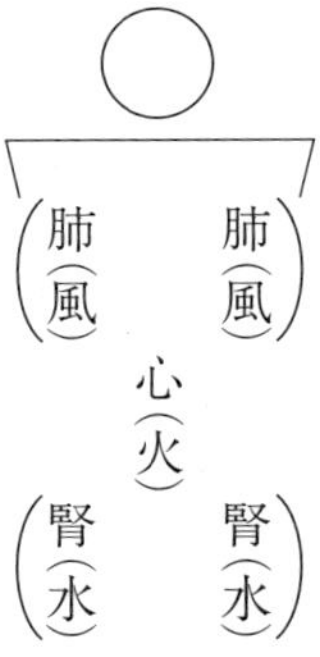

人体の水火風

そうすると
死後の肉体には暫《しばら》くの間　霊体の水と火と風の気が留《とど》まっていることに気がつく。
なきがらとは此の状態であるが　更に深く見てゆくと　もっと不思議な事にも気がつく。
一人の人間を形成した火と水と風の霊体が人格を形成している　その人格が姿を表す。

人格は目に見えないが霊体を保有する。

その霊体人格が霊波を振りおこすところにその人の　人柄　が出てくる。

えッ
人格が霊体を持つんですか？

いったい　どんな霊体なのか　良く分りません　と仰言《おっしゃ》いますか。

そうですネ
少し分り易くお話ししましょう。

戦争中　沢山の兵士を引き連れてゆく軍人が兵士から頼られる。

頼られるから責任を感じる。

責任が人間を成長させる。

成長してゆく　人間《いい》　とは其の人の霊体である。

その霊体が次第に拡大して其の中に兵士を包んでゆく力量が豊かに成ってゆく。

一国の総理が政治の中心になるのは　総理と言う霊体が　それだけの豊かさを備えるからである。

人格と人柄　其の背景に必ず此の霊体が存在する。
此の霊体は肉体が消滅しても　その後　ずっと存在し続ける。
そして　所縁の人に縁を結び　その人の人格に重なってゆく。
此の人格霊体は亡くなった人の　なきがらと無縁では無い。

私には沢山の前生があって　その一つ〳〵に人格が形成されている。
その人格霊体が　なきがらと共に埋葬されている。
今の世に生れた私は　その　前生のなきがらに導かれる様にして其の墳墓《ふんぼ》を訪れ合掌することがある。

前生の人格霊体が今の私に重なる。

斯《こ》の様に　なきがら霊体は人格霊体と共に生き続けている。
一度生れて一つのなきがら。
十度生れて十のなきがら。
そして霊体化する人格が存在する。

その霊体人格　なきがら
是《これ》を統轄する世界が　三日月と言う月の神の世界に置いてある。

マヤ族のまつり

ユカタン半島からグァテマラ・ホンジュラスにかけて　紀元三百年から九百年に亘《わた》り、巨大なピラミッドや神殿を造って栄えた民族がある。

非常に優れた暦法・数学を伝えている様であるが一面　宗教的感覚が異常であった。

生《い》け贄《にえ》（犠牲）を捧げる池があって　生きた人間を神に捧げる為の行事が連綿と続けられたと伝え聞く。

そのマヤ族が何時《いつ》の間にか此の地上から消滅してしまった。

遺跡だけが　今　日の目を見て観光地になっている。

「日本と世界のみたま祀り」　と称する行事を執り行っている日垣宮主にとって　マヤ族のみたま祀りは急を要するところである。

生け贄を捧げる風習は何故《なぜ》発生したのか？

物質文明が未開の頃　人の心は純粋であった。

その純粋人間が宗教行事として続けねばならなかった　生け贄の習慣　を　私は無視できない。

未開の民族の無智が奏《かな》でる音楽ですなど丶簡単に考えられない。

一つの行事が一民族の存在を支える。

現代人の感覚で二千年昔の人々の人生を理解してはならない。

此処《ここ》で私に寓話を一つ作ることを許して貰いたい。

寓話

紀元五百年の頃　マヤ族の中に一人の勇者が誕生した。
心の優しさ　力の強さ　姿の美しさ　全てが備わった勇者はマヤ族繁栄の象徴であった。
やがて此の勇者は外敵と戦って祖国を守ったが其の身も斃《たお》れ葬られた。
マヤ族守護の霊の導きで此の勇者は永遠にマヤ族を守り続ける為　チチェンツアと呼ぶ聖なる泉の中に沈められた。
その後　マヤの国では勇者と称する者を互いに戦わせ　勝者を此の泉の中へ沈める祀りを始めた。
勝者のエネルギーは聖なる泉の中で永遠にマヤ国の繁栄を保ち続けた。

此の話の様に　民族の誇り　が生け贄祀りを生んでいると思う。

その民族が何故亡んだのか？

分らない。

分らないがマヤ民族の繁栄を祈って死んだ者達の思いは生きているのだ。

その思いに応《こた》えてあげたい。

勇者の死が　今　マヤ民族を遥かに超えて地球民族　悉《ことごと》くの繁栄を祈る一助とならないものかと思った。

一九九八年と言う年は人の真心が天に届く年である。

だったら此の年でなければ此の祭祀は通らないと思う。

カンクーンでマヤ族の鎮魂祭を執り行う為　宮主が此処を訪れる?

これだけでは私の心が充たされない。

曽《か》つて此の国に栄えた民族には民族の人格神が居た。

その人格神を背景にせねば叶わぬ程の　大切な祭祀があるのでは無かろうかと思った。

そして一月二十日の鐘乳洞シケケン祭祀となる。

八千年来の秘庫を開く

バジャドリド市の観光名所　シケケン鐘乳洞内が祭場である。

洞窟の入口は薄く汚れている。

右上方に開いている自然の明り窓から軟らかな光が射す。

光の下は透明な泉の水。

その上方・左右は鐘乳石の肌の広がり。

中でも中央右寄りに下がる鐘乳石は異様な気配《けはい》を見せる。

ぎゅっと押しつぶされそうな気がする洞窟内に祭りの場を選定し　同行の人々の手を借り祭祀の準備に入る。

鐘乳洞の管理人に特別許可を貰って祭祀時間内は専用できる事になった。

・泉の中へ緑色の勾玉を入れる

・悠紀《ゆき》の稲と主基《すき》の稲を五十本立てる
・霊《たま》の齋城《いわき》水晶神体を置く
・紅と白の水晶球を置く
・剣を立て鏡を置き玉を置く

着座

愈々祭祀　開始

シケンと名付ける鐘乳洞であるが此処《ここ》に湧《わ》く泉は　チチェン霊泉の水であった。

忽ち司祭の神霊顕れて宮主に告げるところに依れば

〝数えきれぬ程の垣が囲らされている　其の中に鎮まる神がある。

霊垣《たまがき》が岩石となっているので其の岩扉《いわと》を開いて貰いたい

其処《そこ》に今から八千年昔　八千体の龍神を刺し籠らせてある〟と言う。

昨年十月は中国の黒龍潭に於いて八千年昔　刺し籠りなさった神々を迎え奉ったが　此処も亦《また》八千年昔の籠処《ろうしょ》であると言う。

八千年昔　此の地球に何があったのか。

日本の国でも八千年前に此の世に出顕した神座《かみくら》が幾つかある。

茨城県　筑波山神座。
四国の徳島の　大売都比女《おおげつひめ》神座。
此の二座は私が其の祭祀を格別にお仕え申しあげ　八千年来の歴史を知る所である。
今から八千年の昔　此の地球に何があったのか　誰一人知る者が無い。
知る者が無い地球に於いて　日垣宮主は何故斯《か》くの如き祀りをせねばならぬのか。
斯く言う宮主自身　其の悉くを知っている訳では無い。
只　私の前に訪れて来る地球の営みの一つが　私を祭祀の場に導き　其の折　其の時　私に要求する　心　がある。
其の心に沿って私の　地球まつりの旅　が繰り展げられている。
八千年前に此の世から姿を消した神々。
八千年前　此の世に姿を表した神。
神龍　神仙　夫れ〴〵の営みは人間の知見の彼方《かなた》に在るのだが　今　私は其の営みの中に此の身を置く。

地球上に　不思議　を売り物にして観光名所が名乗りを挙げている。
けれど　其の名所や旧跡の神霊は　人々に聞いて貰えない　声を　挙げ続ける。

此処はシケケンの洞窟内。

巨大な岩石さながら　鐘乳石　が白く光る。
その下の泉の水が　ゆるく　徐々に胎動を始めた。
上に鐘乳石
泉に其の影が映る
影の奥に　八千体を数える龍神群が潜む。
私の折る声が谺《こだま》して　泉水　がゆれると
蘇える龍神群と一緒に　マヤ民族のみたま達が再生しはじめた。
その一瞬の事だ。
合掌して坐っていた道友の中の一人に異変がおこった。
空中から血の滴《したた》りが　ポタリッ　と膝頭に落ち　忽《たちま》ち拳《こぶし》ほどに広がった。
何故　血の滴りがッ？
凝縮されたマヤ民族積年の思念《おもい》が　亡魂の哀《かな》しみが一滴の血となって落ちたのだ。

哀しみよ歓びに変れ　此のみまつりに！

さて　斯《こ》うして生れ変った　龍神群　ならびにマヤの民族は　以後　何をなさるのか。

此処《ここ》に　スダマ　の物語りを必要とする。

スダマの話

魑魅と書いてスダマと読む。

元来　深山幽谷に在る岩石や樹木　或は井泉《せいせん》の精気から生れる　人面鬼身《じんめんきしん》の化生《けしょう》　と思われているが　私の知る限り此のスダマは広範な世界に亘《わた》っていて簡単に説明はつけ難い。

私は時に応じて岩石の精と話をしたり樹木の精と心を通わせるので　人面鬼神と呼べば或《あるい》は樹霊・岩精と語り合っている折の宮主の姿であるかも知れない。

スダマを化生の者と簡単に片付けてはならない。

宝石の持つ霊力も刀剣の持つ霊力も　すべて　スダマのエネルギーである。

刀剣に刃紋がある　光彩がある。

宝石に美しい綾模様があり光彩がある。

此の　怪《あやかし》　がスダマの働きと思って貰いたいのだが　それすら　スダマの全貌では無い。

或る時　私は此の　怪《あやかし》　の本体を知るべく心を鎮めているうち　生物本能の神秘に触れた。

目の前に鳥の羽が見えてきた。

鳥の羽は　次頁の図の様に細い無数の羽毛《うもう》の集まりである。

その一本〳〵がアンテナになって　飛翔中の方向指示をすると知った。

同じ様に　宝石内の模様も刀剣の刃紋も　宇宙空間に充満する神気霊力を集める能力を秘める。

其の能力に感応してスダマが集まる　スダマが働く。

従って此のスダマに善と悪があって当然である。
最近　しきりに　中国を中心にして　気功学　なるものが流布《るふ》されているが　その気功に感応するスダマ群が無数に存在するのだ。
善　悪　交々《こもごも》である。

今　シケケンから再臨するスダマの一群が以後如何《いか》なる道を往《ゆ》くか　その責任の一端は斯《か》く言う私にもあると覚悟する。

日本の国に昔から狐狸妖怪《こりようかい》と言う表現で表わされる魑魅《すだま》の世界があるのだが　果して本当に狐や狸は妖怪なのであろうか。

私は最近　斯《こ》の様な伝え事の誤《あやま》ちが気にかゝってならない。

私が長い年月をかけて地球の精霊のまつりを続けている間　今迄知らなかった大自然の神秘に触れるところが少なくない。

雨が降り風が吹く　雪が舞い霰《あられ》が降る。

山野にさま〴〵な動物が住み鳥が飛ぶ。

それらの存在理由は無いものかと考えた。

何の理由も無く雨が降るか　風が吹くか。

何の理由も無く鳥が飛び獣が走るか。

なか〳〵私の感覚の中に此の答えが入ってくれなかったが漸《ようや》く理解する時が来た。

成田空港からロスアンゼルスへ飛んでいる空に雲が湧く　気流が流れる　其の中で私は知った。

〃大自然の存在するは　地球を存続せしむる為なり〃と。

雀が一羽　鳥が一羽　鷹《たか》が一羽　鷲《わし》が一羽と言う様に鳥が翔ぶ　その一羽のエネルギーが地球を保持してゆく大切な役目を果していると知った。

雨も風も雪も霰も　そして地震すら此の地球を存続させるエネルギーを生み続けると知った。

そして
その大自然が発散させるエネルギーが霊体化したところに　スダマの一群が発生してゆくと知った。

魑魅と称し　人面鬼身と表現してきたスダマの本体が是《こ》れである。

日本の国に戦乱が続いた時代がある。
紀元千三百年の頃　天皇家の争いから始まった戦乱の世が紀元千六百年の頃迄《まで》続いて沢山の人々が死んで行った。
人間の欲望が巻き起す戦乱ではあるが其の背後を見ると　見えない霊界で戦い続けるスダマの大群

が在る。

巨大なエネルギーを保持するスダマの一群を背景にして　政権を一手に握った者の一人に豊臣秀吉がある。


東京の国会議事堂に近く　日枝神社　と言う所があって神霊を祀っている。

私は日枝神社の霊界に　白猿神（五十センチメートルほどの背丈に拝し奉る）の存在することを知った。

国会議事堂は日本の国政を論ずる会堂であるが　其の国政の背後に日枝神社のスダマ群が働くこともある。

日本の国は全国に稲荷神社が置かれ人々の信仰を集めているが　稲荷神社の多くは其の霊界に　白狐神　を存在せしめる。

政治に政党がある様に白狐群にも党があって勢力を競っている。

それら　すべて　をスダマと称して宜敷《よろし》い。

人間とスダマの関係は深く地球の存続とスダマの活躍は切り離せない。

チチェンツアの話
美しいピラミッド風の建築物が高く聳《そび》え立ち　その周りは一面の芝草。
観光客の群が其の建物を中心に散策。

私は芝草の上に立ってチチェンツアと称する此の旧蹟の声を聞く。
長年月に亘《わた》って此処《ここ》はジャングルの中に隠され人の目に触れる事が無かったと言うが　何故《なぜ》　今になって此処が人の知る所になったのか？
崩れかゝったピラミッドが幾つもあって　何処《どこ》も彼処《かしこ》も亡び去ったマヤ族の亡霊集団に彩られている。
見ている私の周囲が激しく揺れてゆく
息が苦しくなって来た
世界が変る
身体の中の何かゞ破裂しそうになる
もう耐えきれない
オーイ　誰か塩と米を一握り持っていないか
ハイッ　そのつもりで持参致しました
ありがとう
塩を握って立つ私の前に　蛇の頭の型をした石像がある。
その横に　ずらりならぶ石の彫刻は昔　生け贄となって果てた戦士達の顔と光景。
只　静寂！
〝汝　諸霊　諸魂　吾がみたま祀りを受けて新生の光の中に蘇えれッ〟　と祈り　撒塩・撒米する。
是れで私の中の影は治まったが　マヤ国全土に及ぶマヤ民族の心が鎮まるのは未だ遠いであろう。

是れ以後はカンクーンの大地を治める精霊の役目になる。
翌《あく》る日　朝から私の咽喉《のど》がしきりに痛むので静養。
一月二十二日　カンクーン発　ダラス空港で飛行機を乗り継ぎフェニックスへ向った。
フェニックスは米国　銅の産地　そして近くに以前訪れたグランド　キャニオンが在り　現代化学が求めるウラン鉱山も在る様だ。
けれど
私が求めるフェニックスは水源をコロラド河に結んで流れる　バーデイリバー川の一点である。
緯度は日本の国　五島列島の辺りか。
何しろ土地を訪れるのは初めてゞ　何処《どこ》で祭祀をするかは地図の上で決めただけなのでフェニックス到着後　直ちにバスに乗車　祭場探しに出掛けた。
今回の祭祀は　黒神三日月まつり　である

黒神三日月まつりの話

月が出ると言う
月が隠れると言う
けれど　月は出たり隠れたりしない

いつでも真《ま》ん丸《まる》な姿で宙に浮いている。
それが　私達の前に姿を見せる時　新月から三日月になり　上弦から満月になり　満月から下弦そして無月で姿を消しなさる。
新月から無月迄の道具立てをなさるのは太陽様で　太陽のエネルギーを全開状態で吸収する月影が無月になる。
太陽エネルギーから離れ　月が神格を全開なさるのが満月の刻《とき》である。
その運行の中で地球は営々として生命力を蓄え　霊力を豊かにしながら万物を育《はぐ》くんでいる。
私は　満月の祭祀で月の神をおまつり申しあげるが　人間や其の他の生き物にとって　その生きざま　運命が　三日月　上弦　十三夜　満月　下弦等の節目〳〵に深い関係を持つことを知っている。
中でも　新月の三日前の月影が　人間の運命を支配する祭祀をする事を知るに及んで　毎月　此の月を黒神三日月と名付け　人間の世界の運命まつりを執り行っている。
遠く地球から二百二十万光年の彼方《かなた》に　アンドロメダの星神の世界が在ると聞いているが　其の星と人間の世界の運命の間に格別の結びつきがあると神訓を　承《うけたまわ》ったことがある。
その後　地球新生祭に伴って　此のアンドロメダ星と黒神三日月と地球の神磁気に触れて驚いた。
何しろ人間の肉眼で見る世界で全く手の届かない星の世界が　心の世界　で触れた時　此の全身全霊に響くことがあるのだ。
斯様《かよう》な体験は　通常　一生涯に一度だけと思うのだが　一度の体験は全生涯の体験であろう。
人の感覚は夢幻《ゆめまぼろし》の様に儚《はかな》いものと承知しているので　或は私の夢かも知れず　幻《まぼろし》かも知れない

と思うこともある。
けれど　人生そのものが夢幻《ゆめまぼろし》と言う古人もある世の中でもある。
空に架かる虹の橋だって一度は渡ってみたいではないか。
だったら　アンドロメダの星と月への　心の橋くらい私に架けさせて貰いたい。

フェニックスのまつり

バーデイリバーは大きな河。

水源はグランド　キャニオンの彼方《かなた》。

川岸に立ってみると目の下は洪水で削り取られて絶壁になっている。

対岸を眺める。

遠く　美しい三角山が　今にも立ち上りそうに見えた。

祭場決定。

此処《ここ》が一番良い。

祭場の右寄りに古木の林があって名も知らぬ木が　さながら老人の面影で立っている。

川の水を汲む。

その水にカンクーンのまつりで使った緑色の勾玉《まがたま》を入れ　勾玉の紐《ひも》を川辺へ引いてゆく。

日が落ちた。

三角山の上に宵の明星と一緒にオリオン星座が煌《きら》めきはじめた。

バーデイリバーの精霊達が左廻りに回り初めた。

此の祭祀をフェニックスまつりと言う。

不死鳥まつりと言う

火の鳥のまつりである

火の鳥再生まつりである

その祭祀を黒神三日月の神力で執り行うことに成っている。

左旋回する精霊群がやがて炎の車の様に変って行く（此の光景は写真に撮れている）

・ピラミッド三角山――霊祀りの山

・宵の明星　金星　太白星――黒神が映る星

・ソルトレイク　塩の湖――以前不死鳥まつりをした所

・ハンフリーピーク――一ッ火の神の山

・オリオン星――生命の泉の湧く所

・シケケン　チチェン霊泉の龍神群

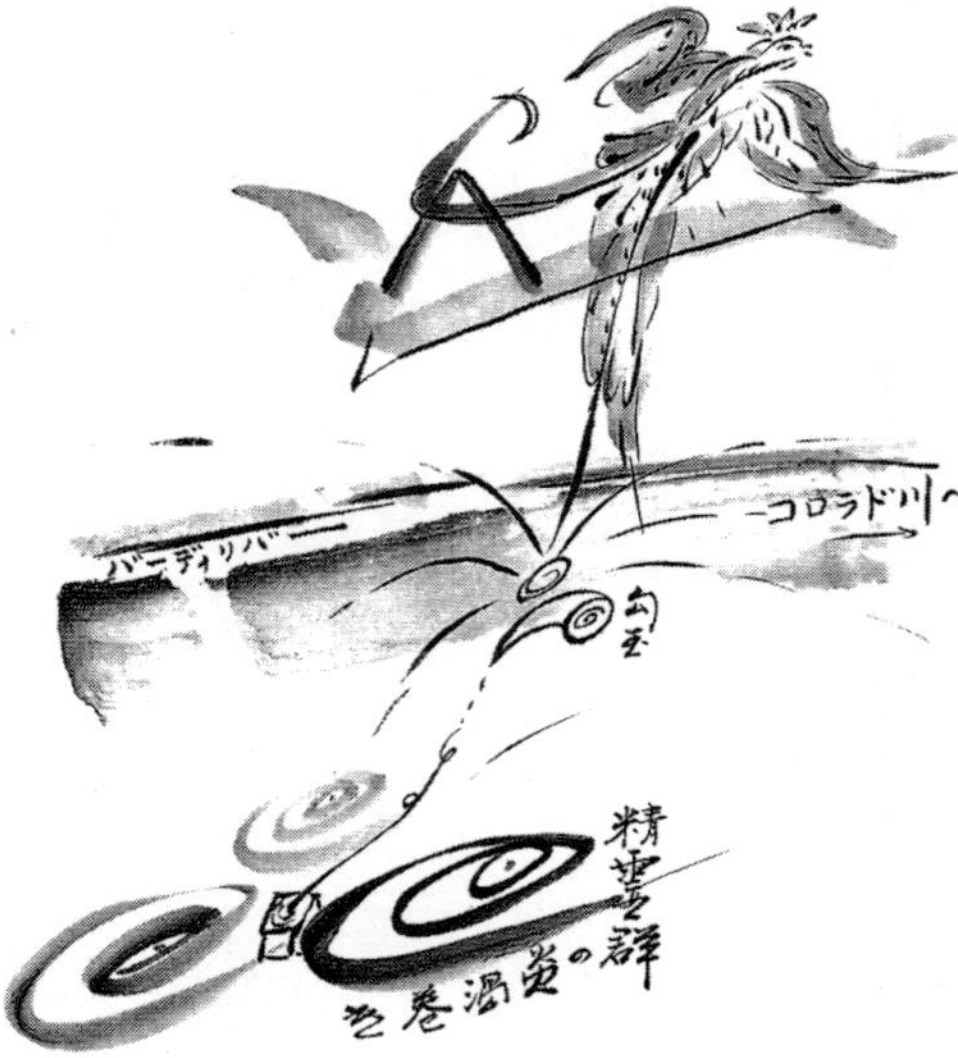

・中国泰山黒龍潭の龍神群
・日本国内に躍動する炎《ほのお》の鳳《おおとり》の神霊群
等々が今　フェニックスの川面に渦巻《うずま》きはじめた。

大鵬《たいほう》は想像上の鳥と言うけれど　想像力は無限に展《ひろ》がる。

北から南へ一挙に九万里を飛翔する大鵬の翼は幾千里なるかを知らずと言い伝える。

此の鳥は神で北極から一気に南極へ飛ぶ時　地球の磁気の中を飛翔する。

火の鳥　フェニックス　其の本体は地球それ自身の霊体化した姿にほかならない。
だから
フェニックスが蘇える時　地球が新生することに成る。

地球が亡びる時が近いと予言する者が居る。

日本は無くなると予告する人も居る。

予告が何の役に立つか　私には分らない。

地球の精霊に心を通わせてみれば　人々が何をすべきか　自然に理解できる筈だ。

私は毎日　祭祀を通して天地に触れ　地球新生の一端に尽くしている。

一人の人間の祈りで地球が変るものかと言う者がある　けれど　胸に手を当て　考えて貰いたい。

地球上の気象が天空の風の吹き方一つで急変する。

天空に吹く風が巻きおこす落差が一メートルあったら　地上の温度が　温帯から一度に寒帯に移行してしまう事があると聞く。

気象も万象（形になって表れているすべての物）も一見物理現象。

人間の意志など受け付けぬ様に見える。

ところが
祭祀を通して其の気象に語りかけ　万象に語りかけると　私の想念に応えてくれる。


人間の想念で天地が動く事実がある。

そこに神話・伝説が生きてくる。


〝火の鳥が五百年に一度アラビヤ地方からヒーリオポリスに飛来し　祭祀の炎に其の身を投入しその灰燼《かいじん》の中から幼鳥となって再生する〟


これがフェニックス　不死鳥の伝説である。

私は此の神話を真面目に考える。

アラビヤ地方だけでは意味が分からないのでアラビヤ地方の何処《どこ》から飛び立つのか調べると　此処《ここ》にメッカがある。

メッカは不死鳥の秘められた住処《すみか》と知った。

火の鳥がメッカから飛び立って炎の中に身を投げ入れると言うが　何故《なぜ》　その様な事をせねばならぬのかと思う。

そこで　又々　考察を加えると　其処《そこ》にイスラエル民族の民族神（民族を守護する神）の存在を知った。

イスラムは天国と訳すことができるのでイスラエル民族は天孫民族に成る。

日本民族は天孫民族であると自負して来たが　アラビヤにも天孫民族が存在し　フェニックス（不死鳥）の伝説を持つのは不思議なことである。

ヒーリオポリス　又はヘリオポリスは太陽の都の事を伝えるが　真実太陽の都は天国に相違無い。

現代のヘリオポリスはカイロの東北郊外に位置するが　伝説に生きるヘリオポリスは太陽神界であり　其処に五百年毎《ごと》に移り変る歴史の根源を置く。

思えば
ジャンヌダルクの再生祭をした時から遡《さかのぼ》ると　炎の中に其の身を置かれたのが　一四三一年　であり　さながらフェニックス投身焼滅である。

その再生祭を執り行った私が　今　更にフェニックスの祭祀をしている。

エジプトのピラミッド祀り
ボスホラス海の人間新生祭
カッパドキアの地球新生祭

等々が此の不死鳥伝説に結びつくと　今の世の流れがジャンヌダルク死後五百年　灰燼の中から再生する火の鳥の羽搏《はばた》きになるだろう。

私の祈りは地球に在る。

人が地球民族として生きるところに在る。

太陽の生命を貰って生きる地球人は個々の民族神を持つ民族・部族に分れているが　全部　まとめて　太陽民族に相違無い。


その太陽民族が地球に生存する為　地球は月と言う双生児を与えられている。

地球と月は双生児。

地球と月は互いに助け合うことに成っている。

地球に水が湧き川が流れ　海原が広がるのは月の神力である。

今　祭祀《まつり》をするバーデイリバーに水の神が居る。

バーデイリバーの水神様からのお話を少しお聞きしよう。

此の神様はコロラド川と言うバーデイリバー川の源流に居て　川の水を生み出す力を持っている素晴らしい神と聞いている。

川の神の話

日垣宮主様がフェニックスを訪れる事は前々から知っておりましたが　何をなさるのか全く知らさ

れておりませんでした。

コロラド川は私共が生み出す水から形成されますが　その水に載せる私共の心は誰も知りません。

川は黙って流れているのではありません。

川には川の心がございます。

水は川の心を表して波を立てます。

私は川になって流れながら川岸の土の心を併《あわ》せて新しい力になってゆきます。

太陽　月　星　の光と心に染まりながら次第に心を変化させ　やがて海へ出ます。

海に出た私達は其処《そこ》で水の力から解放され　海で炎に染まります。

そして海の心になります。

海になってもコロラドの心は失っておりませんので　私は再び天に昇ってコロラド源流へ雨となって戻ります。

曽《か》つてコロラド水神界で日垣宮主の心に触れた事のある私達は　ずっと川を流れまして　今　フェニックスまつりに逢うことができました。

感激！

神景を拝し奉るに　宵の明星の光が　みるみる豊玉媛《とよたまひめ》と申しあげる神の姿を表し　川の水玉を無数の躍動体に致します。

宮主のまつりにつれて躍動する　水玉　が夕闇の中に巨大な　鵬《おおとり》　の姿を浮び上らせました。

不死鳥の霊体であります。


これがコロラド川の水神のお話。

次は遠くに見える三角山の神様のお話。

山の神の話

皆様は泉の神を御存知と思います。

私の山は不思議な泉を山下に湧かせております。

その水は　亡くなった人のみたまを安らかに鎮めたり　新しく誕生させる力を持っております。

此の泉の水は　空にオリオンの星が出る時　此の山の精霊が　舞を舞う様に躍動致しまして　泉の精霊を沢山〳〵集めます。

泉の精霊は全身から清らかな水を溢れさせます。

人は精霊の力を受けて誕生します。

亡くなる人も此の精霊の恵みを貰って　肉体から分離する霊魂を星の世界へ御移しねがうのです。

泉の神々が申しますに　今日の祭祀は大変なおまつりで——人間の生命力を一点に集めて地軸へ結びなさいます。

地軸に結ばれた生命力は更に天軸に向います。

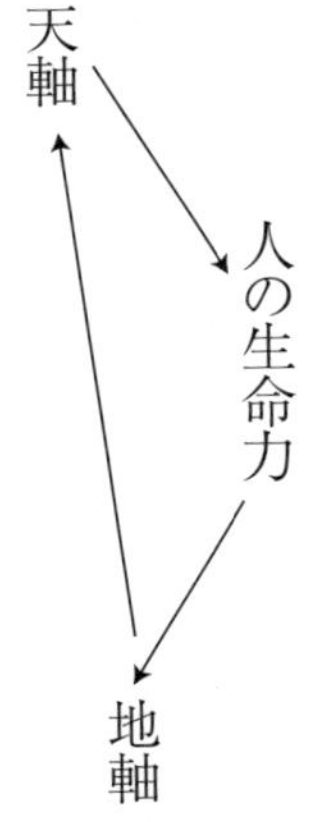

不思議な回転から大きな地球の変動が生れるのではないでしょうか。
私共には其のあたり迄しか判りませんが謹んで祭祀に参加いたします。

＊　＊　＊

祭祀が終って仰ぐ空に星が美しい。

美しさを遥かに超えて　只々　驚嘆するのみ。

天地遍満《へんまん》の神の心が山になり川になり星になっていると理解すれば　此の星の美しさは神の心の煌《きら》めきと思う。

合気古武道と友好協定

一月二十四日　スコッツデールにある「気の合気会」と称する武道稽古処を訪ねた。
道場主は　ファウラーリチャード氏。
其処《そこ》で私の美剣体道演武と武道のお話をすることになっている。

＊　＊　＊

皆《み》んな稽古着に袴を着用し　礼儀正しい。
はじめに私のお話を聞いて貰った。

私がイタリーのベニスで武道家の皆様に美剣体道を御見せした時　御世話して下さった人アルツウジ氏は　ミラノで演武会を開催した時　初めて逢ったイタリーの武術教授で　人望のあるワインの検査員でもある。

そのアルツウジ氏がイタリーの武術愛好者に連絡して　〝私の大好きな武術の先生が居るので是非集まって話を聞いて下さい〟と人集めしてくれた。

米国でお逢いする皆様からも　宮主の心が大好きと言って貰えると嬉しい。

日本の民族は長い間　諸外国と交際を断っていた　おかげで　純粋な心を磨くことができた。

米国は沢山の民族が集まっている合衆国であるが其の心は一つにならねばならない。

その心を養う為　私の伝える日本の古武道が役立つ事を希《ねが》っている。


斯様《かよう》な話に続いて武術を御見せした。

日本人は坐る生活が基本であるが　米国は椅子《いす》に腰掛ける生活が基本である。

従って武術の基本が異《ちが》って当前。

私は椅子に腰掛けた姿勢で演武をした。

今回の訪米に当って私は美剣体道を通して米国の人々と文化交流を願い「武道友好協定」を結びたいと思った。

その文章は次の様である。

〃武道は人間の真実を求め　これを体現体得する天地和合一心の道なりと確信する

吾れらは此の理想と信念を実現する道の友として爰《ここ》に友好協定を結ぶものなり

一九九八年一月吉日

日本国神道日垣の庭美剣体道会

代表者　日垣宮主　天栄人命〃

合気会の次は空手道場で主宰者は　マイクエリックソン氏である。

新しい時代の武術を確立する志をもって活躍中。

此処《ここ》で　私の話

＊　＊　＊

世界で一番弱い生きものが人間です。

みみずが一匹足でつぶされる　けれど　そのみみずが人の体内に入ったら大変な事になるだろう。

その弱い人間が世界中で最も偉大な力を発揮する力を持っている。

その可能性を人間の中から採り出す道が武術にある。

私達日本人は　民族の使命として　自己を殺して周囲を生かさねばならない。

若《も》し神様が日本民族に向って「世界を救う為　日本民族は亡びねばなりません」と言ったら日本民族は黙って亡びます。

それが日本の武士道であります。

サムライの道です。

今　地球上の民族は互いに心を結び　手を握らねばならない。

心を結ぶ道に日本の武術が在る。

世界中が経済第一主義で金儲けに走っているが　此の儘《まま》では人間が金銭に喰《く》われてしまうだろう。

人が真実の心を取り戻さなければ人類滅亡に到る。

経済力で世界をリードする米国が真実の繁栄力を　心の世界　に求めることを私は希望する。

武術は心の道であります。

武道が真実の指導者を造るのは心の力であります。


お話に続いて私は　弱者の武術をお見せした。

力の強いものが勝者になるとは限らない。

弱者不敗の道があるのです。


空手道場からも美しい演武を見せてくれた。

斯《こ》うして此処《ここ》で友好協定を結んだ。
若《も》し　アリゾナの神霊達が必要とするなら私の武術を要求するだろう。
だが道は遠い
此の道は　今　始まったのだ。

ホピ族へ

アメリカインディアン　ホピ族の事は最近各種出版物に依って広く知られる様になったが　其の心の世界は　謎に包まれていると思う。

今回の訪米に際して　ホピ族の祭祀部長的役割を果す　テッド氏の訪問を受け　親しく祭祀事《まつりごと》に就いて物語る機会を得た。

御夫妻仲良く私の宿舎へ来てくれたが　案内してくれた関口弘治氏とテッド氏が話をしている其の背景に二人の前生を見ることができた。

御二人とも其の昔一緒にホピ族の中に誕生した兄弟では無いか。

嬉々《きき》として遊ぶ二人の子供の姿が其処《そこ》に在った。

その宿縁を話して差しあげたところ　御二人は今迄の人生に映し出された因縁諸相を今更の様に確認し合っていた。

扨《さて》

ホピ族に昔から伝わる祭祀の行事に就いて　其の神秘を　いさゝか解明することを御許し頂く。

ホピの民族は民族の神話を今に伝えている。

その神話は純粋にホピの民族の所有するところで第三者の関知するものでは無い。

従って
私の説くところは神話外伝とも言うべき物語りである。

鷲族《わしぞく》　蛇族　太陽族　熊族　コヨーテ族　トカゲ族　オウム族　クモ族　弓族　火族　笛族　等々さまゞゝな部族を所有する此の民族は　現代人の感覚を以て観察すれば　取るに足りない幼稚な原始民族の様に受け取られるに相違無い。

ところが其の原始の中に大変な神秘性が入っていることを述べたい。

変身の話

人に前生がある。

此の世に誕生する以前　貴方は世界中の何処《どこ》かに一人の人間として生活していた筈である。

此の事は最近世界に常識になりつゝあるのだが　全く人の知らなかった前生物語りがあって　これを変身と称する。

肉体を持って生まれる人間は母胎から誕生するのだが　肉体以前の霊体人間の存在を知らねばならないと思う。

霊体人間――母胎――現体人間
ところが霊体人間にも　それ以前の世界が存在する。

つまり人間になる以前の世界が在る。

その世界を仮に虚空界と呼ぶ。

霊体以前の姿は人間以前の姿で自在に空中を往来する　その空中が虚空界である。

その虚空界に　海　山　川　野　草　木　鳥　獣　雨　風　雪　霰　がある。

米があり　麦があり　トウモロコシ其の他の野菜や果物がある。

樹木があり　岩石があり　狼や狐が住み　鷲や鷹が飛ぶ。

其のすべてが霊気であり霊体である。

此の世界で神々は其の活動に必要な霊体を表す――空を往《ゆ》く為の雲・霧・鳥　海を往く為の魚や潮流に変身なさる。

息もつかせぬ様に書いてしまう私自身の筆癖《くせ》を反省して　少しゆっくり話を進めてみる。

神様と言う御方《おかた》に出逢った事の無い人々が神様を拝《おが》む世の中って少し変です。

どうして神様ッ　と言って合掌してしまうのか是《こ》れもおかしなことです。

おかしな事だらけの世の中です。

その神様の話を勝手に物語り　勝手に書いている私も　おかしな人間かも知れません。

おかしな話でも本気で読んでください。

天地創造の神話が世界中に伝わっていますが　其の殆《ほと》んどが　寓話　の様に思えるのです

マヤの神話伝説やインカの神話伝説は　現代の様に文字が無かった古代から語り継がれたものであるだけに民族の膚《はだ》の匂いがする。

＊　＊　＊

暗闇・静寂
その中で創造主が大地を呼び出し　山と谷と川を造る
鹿と鳥を造る
土から人間を造る――水に入れると溶けてしまった
木から人間を造った――けれど魂が無い

やがて此の世界が滅びる

太陽と月と星が誕生する
そして新しい人間が創造されるのだが其の時　四匹の動物がトウモロコシを集めて来る（ジャガー　コヨーテ　オウム　カラス）と　トウモロコシが人間の血となり肉となった。

＊　＊　＊

これがマヤの伝説であるが　此の伝説を借りて私は神様と人間の話をしたい。
私は神を拝む時　何も考えず　思わず　無心になる――やがて私の全身が消えゆくにつれて目の前（目も無いのだが自然に見えてくる世界がある）に泉が表れたり川が表れたり岩石が表れてくる。

その他　樹木や舟など　さまぐ〜な姿が表れる。
その姿が人間の様に呼吸をしている神様である。
その姿が自在に変身しながら祭祀を展開する。
（但し　これは私の拝神の中の一例であって全部では無い）
海も山も川も岩石も樹木も　全て変幻自在の霊体である。
つまり
祭祀を執り行うのは人間で無く大自然の中の生き物である。
無形の神。
形や姿を持たない世界の創造主が天地創造と言う祭祀をなさる時　創造主の神の中の心の世界に霧が生れると忽《たちま》ち其処《そこ》に霧の霊体が発生し　岩石が想念の中に生れると其処に岩石の霊体が発生すると言う事になる。
海に変身する神
川に変身する神
魚に変身する神
空に変身する神
鳥に変身して空を飛ぶ神
森が生れ　狼が生れ鹿が生れる

創造主は斯《こ》うして御自身を太陽に変え　月に変え　星に変えなさった。
全部　これは霊界と呼ぶ世界で　私共人間の目には見えない。

神様が人間になる時　此の光景を展開なさるのだが其処《そこ》に　時間　と言う創造力が置かれた。

種子が大地に落ちて芽が出る迄の時間は創造力である。

神様が人間に変身する為に必要な時間がある。

一番基本になる時間が三千年と聞いている。

樹木が三千年の樹令を保ち続けると其の樹木から樹精が生れる。

その樹精の中へ神が入って人魂を形成することに成る。

人魂が次に現実の人間の姿に変身する。

動物の姿を取っていた神々が現実の人間の姿に変身する。


これは進化論とは違う。

蝶もトンボも蛹《さなぎ》から変身するのだが　変身以前の姿は全く異《ちが》う形をしている。

サナギは正《まさ》しく　変身界　である。

日本の国に古代の祭祀用具として用いられた　「鐸《たく》」は別名サナギと呼ぶ鈴のことである。
銅製の鐸が銅鐸《どうたく》で　古墳から発掘されたもの、何の為に使われたのか知る者が無い。
変身の神力がサナギなら神々が此の世に変身なさる　魂呼びの道具　と知られるであろう。
神を招《よ》び奉る鈴
神を招び奉る鐸
サナギ神宝を使って　蛹がトンボに成ったり　蝶に成ったり　蝉になる様に　神々が　神の山　になり　神の川　になり　神の島　になる。

是《こ》れだけお話申しあげると　ホピの伝説に血が通う。
サナギから生まれ変わった生きものが摂取する栄養が必要で　トウモロコシの精霊群が其の役目に当った。
人間で言えば　母の胎内の胎児の栄養が必要である様に　霊界サナギが摂取する栄養にトウモロコシの精霊が用意された。

ホピ族の祭祀録を拝見すると　蛇族　熊族　鷲族《わしぞく》　狐族　狼族　太陽族　等々　さまぐ〵な部族が演ずる舞踊がある。
ホピ族の親しい仲間から此《こ》の様な話を聞く私は　未だ此の目で其の祭祀に触れては居ないのだが　彼等の身体に触れ会話の中に流れるリズムから　マヤ族の伝説をはじめ世界各国に伝わる神話・伝説

同様に　神々の変身が感覚される。

〔著者略歴〕

日垣宮主天栄人命（ひがきみやぬし　あめのさかえひとのみこと）

地球新生神道日垣の庭宮主。美剣体道会範主。NPO地球文化交流会理事長。1923年千葉県生まれ。幼児期より篤く神を求め、生と死の疑点に立ち道を求む。一位流合気古武道範主の門に入り修練、後第二次世界大戦に出征。帰国後神道神修に専念。鹿島神宮内に20ヶ年に亘る禊・断食の後、「見神」の境に入る。以後地球と人類新生の祈りと祭祀を続けながら、古武道に「美剣体道」の名称を冠し、海外に日本文化の交流活動を展げている。著書多数。（本名は河野喜一と称す）

地球まつりの旅　上巻

2001年5月20日　初版発行

著　者　日垣宮主天栄人命

装　幀　谷元将泰

発行者　和田平作

発行所　今日の話題社
東京都品川区上大崎2-13-35ニューフジビル2F
TEL 03-3442-9205　FAX 03-3444-9439

組　版　麻布リベラル

印　刷　互恵印刷株式会社＋株式会社トミナガ

製　本　難波製本

用　紙　神田洋紙店

ISBN4-87565-514-2　C0014